U0816471

"十二五"职业教育国家规划教材
经全国职业教育教材审定委员会审定

普通高等教育"十一五"国家级规划教材

高等职业教育教学改革特色教材·财经通识课

# 公共关系

（第七版）

栗玉香 主 编

GONGGONG
GUANXI

东北财经大学出版社 大连
Dongbei University of Finance & Economics Press

**图书在版编目（CIP）数据**

公共关系 / 栗玉香主编．—7版．—大连：东北财经大学出版社，2024.2
（高等职业教育教学改革特色教材·财经通识课）
ISBN 978-7-5654-5091-4

Ⅰ.公…　Ⅱ.栗…　Ⅲ.公共关系学-高等职业教育-教材　Ⅳ.C912.31

中国国家版本馆CIP数据核字（2024）第009465号

东北财经大学出版社出版
（大连市黑石礁尖山街217号　邮政编码　116025）
网　　址：http://www.dufep.cn
读者信箱：dufep@dufe.edu.cn

大连图腾彩色印刷有限公司印刷　东北财经大学出版社发行

幅面尺寸：185mm×260mm　字数：310千字　印张：14.25
2024年2月第7版　2024年2月第1次印刷

责任编辑：张晓鹏　郭海雷　责任校对：刘贤恩
封面设计：原　皓　版式设计：原　皓

定价：36.00元

# 第七版前言

我们正身处一个前所未有的“百年未有之大变局”的时代。“大变局”一词是对当前世界各国所经历的态势的高度精炼概括，意指各国在政治、经济、科技、文化、安全等诸多重要领域，都在经历着前所未有的深刻调整期、动荡期、变革期。

国家形象塑造和传播能力建设是当前的一项重要工作，公共关系在这个领域发挥着前所未有的重要作用。从企业层面来看，为了在竞争中脱颖而出，需要通过信息、议题、细节、故事等来构建传播环境，与消费者建立心理层面上的亲密关系，这也离不开公共关系活动的开展。

自1996年首版发行以来，本书以精准的定位和富有特色的内容编排得到了众多师生的认可，一直长销不衰。普通高等教育“十一五”国家级规划教材和“十二五”职业教育国家规划教材的荣誉体现了市场对我们的认可，让编者队伍备受鼓舞。

党的二十大报告指明了以中国式现代化全面推进中华民族伟大复兴的目标任务，绘就了中国未来发展的宏伟蓝图。新时代新征程，对中国公共关系事业发展提出了新任务、新要求，也提供了广阔的空间。深化研究、积极推进公共关系理论与实践创新，充分发挥公共关系传播引导和协调各方的作用，对于阐释好党和政府的各项政策举措，广泛凝聚社会共识，汇聚起磅礴力量；对于对外讲好中国故事，为全面建设社会主义现代化国家营造良好外部环境，具有十分重要的意义。本次修订在继续坚持加强必要的理论知识传授的同时，强化了技能知识传授和实务训练的内容，并在各章正文和小栏目中融入课程思政相关内容，进一步提高了教材的时效性、务实性、前瞻性、趣味性、互动性和实践性。

修订后的教材突出了三个显著特点：

**(1) 注重实用，内容新颖。**全书以理论够用为度，兼顾可持续发展的需要，瞄准应用型、复合型及外向型人才的培养目标，注重学生实际应用能力的培养，在内容安排上重点突出公关实务与技巧，选取了近几年比较典型的案例。

**(2) 结构严谨，逻辑性强。**本书在体系建构上既坚持学科基本体系的科学性、系统性，又充分结合了高等职业院校的教学特点。全书共有10章，其中前5章为理论部分。

理论部分包括公共关系宏观、微观理论及公共关系史理论，公关主体、客体及媒介三大基本要素，公关机构、从业人员及公关活动方法等，内容安排紧凑，结构严谨。

实务部分的组织形象分析和设计、公众关系处理、公关宣传是三大要素逐一在实务上的展开，其他内容则是公关三大要素的综合体现。

**（3）可读性、可操作性强。**全书理论阐述深入浅出，图文并茂，内容丰富，生动活泼，富有可读性和吸引力。同时，根据教学的实际需要，分别在各章设“导引案例”“视野拓展”“延伸讨论”“案例分析”“实务训练”“本章小结”“课后思考”等栏目，便于课内外教学互动和效果检验，使学生能够尽快掌握从事公关活动的技能与技巧。

本书由栗玉香担任主编，负责全书的修订及统稿工作。济南工程职业技术学院李影老师负责教材思政内容的编写工作。张洋老师负责全书相关资料的搜集整理。

在修订过程中，编者参阅了大量的著作、报刊与互联网资料，在此对原著作者致以最诚挚的谢意。

由于编者水平有限，书中难免有不足之处，敬请广大读者批评指正。

编　者

2023年11月

# 目 录

# 第1章

## 公共关系概述

### 学习目标

知识目标：

1. 了解公共关系与庸俗关系、人际关系、市场营销的区别，公共关系产生与发展的历史与条件，中国公共关系产生与发展的历史，公共关系三大要素的含义、分类和基本特点。

2. 掌握公共关系的含义、当代公共关系发展的基本趋势、公共关系学的研究对象和内容、公共关系的职能与原则。

能力目标：

1. 在教师的指导下，结合案例，充分理解公共关系的含义、职能与原则，建立对公共关系基本知识体系的认知。

2. 结合相应的案例，在教师的指导下学会在实践中准确分析不同社会组织、不同公众及不同传播方式的特点，科学定位不同社会组织的公关诉求及其在公关活动中的价值。

### 基本知识点、基本能力点及能力拓展点

→基本知识点

公共关系的基本含义

公共关系与庸俗关系、人际关系、市场营销的区别与联系

公共关系学的定义及学科性质

公共关系学的知识体系

现代公共关系的产生与发展进程

公共关系的职能与原则

社会组织的含义及类型

公众的含义、特点及类型

传播的含义、基本方式及特点

→基本能力点

结合实例阐述公共关系的含义

结合实例阐述公共关系的职能与原则

结合实例分析不同社会组织的公关诉求

结合实例具体分析某一社会组织的公众分类

→能力拓展点

自己给公共关系下一个定义

提出应该纳入公共关系学中的其他内容

提出自己对社会组织的分类方法

提出自己对公众的分类方法

## 导引案例　#奥运冠军终身免费玩欢乐谷#微博热搜话题营销

**项目概述**

14岁中国小将全红婵在东京奥运会强势摘金后表达了想去游乐园的愿望，一时间，华侨城、长隆、方特等不少文旅企业纷纷发声，邀请奥运冠军全红婵及其家人队友们来打卡，开启了一场旅游企业“团宠”奥运健儿的行动。

欢乐谷迅速决策，面向奥运冠军提供终身年卡，并向获得奖牌的选手及教练提供优惠政策。通过一场“短平快”的社交媒体活动，欢乐谷高站位切入此轮致敬奥运健儿的行动，从众多品牌中脱颖而出，展示了欢乐谷的品牌特质、品牌价值和品牌温度，广泛吸引用户参与话题讨论，打造爆款社会化营销案例。

**项目调研**

（1）网络平台舆论环境积极正向。东京奥运会没有线下观赛，所有的关注都聚焦在媒体平台上。奥运赛场上积极拼搏的运动健儿极大地鼓舞了国人，吸引了奥运会期间微博的巨大流量。因此东京奥运会是品牌打造社交话题的重要时间窗口：一套新的偶像标准已经初具雏形，刻苦训练、积极向上的体育健儿代表了一种社会提倡、国人期待的价值观方向。品牌以奥运为切入点，激励、回馈奥运健儿，是非常恰当的且应立刻付诸行动。

（2）多个品牌已经行动，实现差异化成为挑战。8月5日下午，主题公园品牌长隆展开行动，宣布邀请全红婵及中国游泳队前往游玩，并赠送年卡。8月5日晚，#广州长隆给跳水队送年卡#话题短暂登上微博热搜榜。华侨城集团带领包括欢乐海岸、甘坑客家小镇、欢乐田园、古劳水乡等众多品牌齐发声。8月5日晚，新浪广东通过微博发起#广东人民推荐全红婵去哪玩#话题，再一次将网友的热情推向高峰。

在这样的背景下，欢乐谷仅依靠前期发出的邀请是不足以从众多品牌中脱颖而出的，如何设计一个全新话题，打造爆款案例，成为品牌方面临的重要课题。

**项目策划**

（1）传播策略。在众多品牌致敬奥运健儿的大环境下，欢乐谷需要站在新高度，思考话题设计，并从策略上体现差异。

（2）内容创意。

首先，是华侨城品牌的高维路径。上海哲基数字科技有限公司深圳分公司是华侨城集团与欢乐谷的品牌公关全案年服务商，因此8月5日晚分别与两家紧急召开会议，鉴于华侨城集团母公司的定位，以及遍布全国的多元复合业态，建议由华侨城集团战略性放弃流量，充分发挥中央企业（简称央企）的高站位和高格局，主动升维，聚焦#国家队宠国家队#话题，设计互动玩法，广泛邀请各央企兄弟单位微博联动，在共同庆贺奥运健儿取得佳绩的同时，将企业的发展成就融入其中，展示国家队实力与国家荣誉，同欢乐谷的市场化营销手段拉开区隔、留足空间。

其次，是欢乐谷品牌的议题设置。项目组摒弃传统的企业蹭热点逻辑，从“议题设置+传播管理”的角度进行内容再造。以“公众性+争议性”为审视原则，项目组将最初设定的话题#欢乐谷向奥运健儿致敬#调整为副话题，重新设置#奥运冠军终身免费玩欢乐谷#为主话题。

公众性：比起欢乐谷要做什么，网民更关心的是奥运冠军，因此在话题设计上，项目组将主体位置留给奥运冠军，并主动将欢乐谷“降格”为一种场所性表达，即在此话题中，欢乐谷不以品牌的身份出现，这样的“降格”表达实现了一个具有新闻性、满足公众期待的话题。

争议性：由于微博话题的字数限制，必须决定话题词是锁定在“奥运冠军”还是“奥运健儿”。有赖于前期设计的#欢乐谷向奥运健儿致敬#的副话题，项目组最终决定主话题只保留“奥运冠军”。多数情况下，网民热情和急切的表达会超过冷静克制的阅读，因而话题在设计时，充分考虑了“良性讨论”的纳入：是否只有冠军值得最高礼遇？通过议题设置项目组预设了三类互动受众：第一类为“吃瓜”网友，只是看热闹，不会发表意见；第二类为“叫好”网友，为欢乐谷品牌的正能量鼓掌；第三类为“质疑”网友，认为亚军、季军甚至是遗憾未得奖牌的选手，都值得尊敬。

“叫好”网友和“质疑”网友之间，将会围绕“是否应该唯成绩论”展开多轮讨论与互动，这本质上是一次由欢乐谷主动发起的积极讨论，无论哪种观点，都有充足的出发点和论据，讨论也是源于对奥运冠军的尊重和喜爱。议题由此真正进入公共舆论场，发酵出更多内容。

**项目执行**

（1）传播内容：“1张卡面设计+1条官宣微博”构成本项目所有传播物料，以“短平快”的方式推进。

（2）华侨城集团高维话题互动：8月6日，由华侨城集团官方微博发起并@各央企官博，添加#国家队宠国家队#统一话题，将各央企的发展成就与游乐园的环境氛围做创意贴靠，为各央企展示成果打开空间；各央企官博收到华侨城集团的@后，转评回应，其中中国核电、南方电网、中国船舶、中国电子等众多国有企业积极参与。

（3）欢乐谷热搜话题打造：8月6日8：00，品牌官微正式发布消息，并创建话题#奥运冠军终身免费玩欢乐谷#，新浪广东、凤凰网体育、网易体育等众多机构类大号，以及各领域微博达人纷纷加入话题传播，并带领微博网友热烈讨论。

#奥运冠军终身免费玩欢乐谷#于8月6日22：49登上全国热搜榜，23：10全国搜索量迅速上升进入第二个高峰值，直至23：55达到顶峰。

最终，主话题#奥运冠军终身免费玩欢乐谷#阅读量超3.5亿次，讨论量超3.8万次，登上热搜榜第一。副话题#欢乐谷向奥运健儿致敬#阅读量超728万次，讨论量超3 000次。

**项目评估**

微博平台：双话题累计超3.6亿次阅读、4万次讨论。8月6日微博热搜榜前50在榜时间超10.5小时，占据全国热搜第一时间长达2.5小时。

资讯平台：在未发布任何新闻稿件的情况下，获得百度、今日头条等资讯平台的主动关注和报道，累计新增超600万条搜索结果。

视频平台：在未主动生产任何视频的情况下，新浪视频、抖音、快手等短视频平台及各大机构媒体和自媒体自发制作视频报道，累计实现视频播放超1 500万次。

问答社区：知乎、虎扑等社区平台，亦实现网友自发创建话题及讨论，相关深度发帖内容近300条，总浏览量超155万人次。

全平台累计实现曝光总量近4亿次。本活动具有以下亮点。

（1）以“1张卡面设计+1条官宣微博”，撬动近4亿次曝光。全程品牌官方放出物料仅为“一张图片+一段微博官宣信息”，通过有效议题设置激发公众参与讨论热情，并吸引机构媒体、自媒体、大V（微博上活跃，有着大群粉丝的用户）、KOL（关键意见领袖）的主动报道和传播，参与者自发为品牌创作了海量的资讯稿件、评论文章、视频新闻等。

（2）以40万元预算，实现全国热搜榜第一。此次社交媒体战役，项目组基于对议题设置的充分信心，未选择采买微博商业热搜点位资源，仅依靠部分微博KOL参与，并在过程中引导网友正向积极讨论，成功以低成本实现了热搜榜第一。

（3）以一场社交营销战役，推动股价上涨。8月6日晚微博热搜榜第一为欢乐谷所属的上市公司“华侨城A”的股市表现带来了极大的助力。8月6—7日，华侨城A收获两个“涨停”，虽然周末股市并未开市，但这股热情依然持续到了8月9日（周一），直接推动股价上涨5.8%。

（4）从开始策划到登顶，27小时实现目标。由于事件新闻性转瞬即逝，留给执行团队的时间异常紧张，整场营销活动于8月5日20：00正式拉开序幕，经与华侨城集团和欢乐谷的快速会议和灵活决策，至8月6日22：49登顶热搜榜，全程只用约27小时，成功帮助欢乐谷在这轮热点中脱颖而出。

（5）话题吸引受众广泛，讨论热烈活泼。本次活动中，话题更是吸引了前奥运冠军冯喆的参与，并与网友形成了有趣的互动。

资料来源　金旗奖编委会. 2021最具公众影响力公共关系案例集［M］. 北京：中国财富出版社，2022.

讨论内容：此次公关活动成功之处是什么？亮点有哪些？体现了哪些公关原则？

讨论要求：查阅相关背景资料，做好记录。

分析提示：从公共关系的职能和原则等方面着手。

## 1.1　公共关系和公共关系学

### 1.1.1　公共关系

1）公共关系的起源及认知

公共关系（public relations，PR），简称公关，首次出现是在1807年美国总统托马斯·杰斐逊的国会演说中。公共关系作为一种活动，在人类社会产生的同时就出现了，但一直处于比较原始的状态，直到20世纪初，现代意义上的公共关系才开始在美国产生和发展起来。

人们对公共关系的认识至今还很不统一。20世纪70年代中期，美国著名的公共关系学者莱克斯·哈罗（Rex Harlow）博士就搜集到472个公共关系的定义，相关统计结果显示，公共关系的定义已有上千条之多。公共关系含义的众说纷纭，说明公共关系作为一门学科还不成熟，人们对公共关系本质认识的统一还需要一个过程。同时，公共关系涉及面广，内容非常丰富，认识的角度不同，学者界定所强调的重点也各有差异，这是一个学科在发展过程中出现的必然现象。

**视野拓展1-1**　　**公共关系的不同定义**

1976年，美国公共关系研究和教育基金会资助莱克斯·哈罗博士在搜集和分析了472种定义后，将公共关系定义为一种特殊的管理职能——帮助一个组织建立并保持与公众之间的交流、理解、认可和合作；参与处理各种问题与事件；帮助管理部门了解民意，并对之做出反应；确定并强调企业为公众利益服务的责任；作为社会趋势的监测者，帮助企业保持与社会同步；以有效的传播技能和研究方法作为基本工具。

1978年8月8日至10日，在墨西哥城召开的各国公共关系协会第一次世界大会通过如下定义：公共关系是分析趋势、预测后果，向组织领导人提供咨询意见，并履行一系列有计划的行为，服务本组织和公众共同利益的艺术和社会科学。

国际公共关系协会将公共关系定义为具有连续性和计划性的管理功能——通过公关活动，公立的和私人的组织、机构借助对舆论的评估，尽可能地调整自己的政策和措施，依靠有计划的、广泛的信息传播，赢得与其相关的群体的理解、同情和支持，以更有效地合作，更好地实现共同利益。

美国公共关系协会征询了2 000多名公关专家的意见，从中选出四则定义向社会推荐：第一则，公共关系是企业管理机构经过自我检讨与改进，将其态度公告社会，从而获得顾客、员工及社会的好感和了解这样一种经常不断的工作。第二则，公共关系首先是一个人或一个组织为获取大众之信任与好感，迎合大众之兴趣而调整其政策与服务方针的一种经常不断的工作；其次是对此种已调整的政策与服务方针加以说明，以获取大众了解与欢迎的一项工作。第三则，公共关系是一种技术，其作用在于激发大众对于任何一个人或一个组织的了解并产生信任。第四则，公共关系是企业管理机构用以检验大众态度、检查本企业的政策与服务方针是否得到大众了解与欢迎的一种职能。

中国学者王乐夫、廖为建等人在《公共关系学》一书中将公共关系定义为一种内求团结完善、外求和谐发展的经营管理艺术，即一个社会组织在自身完善的基础上，运用各种信息沟通传播的手段，协调和改善自身的人事环境和舆论气氛，使本组织机构的各项政策、活动和产品符合相关公众的需求，争取公众对自己的理解、信任、好感与合作，在双方互利中共同发展。

资料来源　李道平. 公共关系学［M］. 北京：经济科学出版社，2003.

2）公共关系的基本含义

根据公共关系所包含的内容及特质，我们认为：公共关系是社会组织为了塑造自身形象，通过传播、双向沟通手段和活动影响公众的科学与艺术。对于公共关系的基本含义，可以从以下五个方面来理解：

（1）公关活动的根本目的是塑造社会组织自身的良好形象。组织形象是公共关系理论的核心概念，是贯穿公共关系理论与实务的一条主线。

（2）公共关系是社会组织通过传播、沟通手段影响公众的活动。公共关系的主体是社会组织，客体是公众，手段是传播、沟通。换言之，社会组织、公众和传播、沟通是构成公关活动的三大要素。

（3）公共关系主体与客体之间的交流、沟通是双向的。只有通过双向沟通，公众才能接受社会组织发出的信息，社会组织也才能接受公众的信息反馈，从而不断改善组织生存和发展环境，调整自身形象，实现组织的最终目标。组织与公众之间双向沟通关系使公共关系同其他关系区别开来。

（4）公共关系既是一种状态，也是一种活动。公共关系是一种客观的社会状态，即公共关系总是在特定的社会关系状态和公众舆论状态的基础上展开。与此同时，公共关系必然影响和造成一定的社会关系状态与公众舆论状态。公共关系同时又是一种活动，即公关活动主要指作为组织的一种经营管理行为的“公共关系实务”。公关组织在一系列比较规范和专业化的公关活动中与其公众进行沟通、交流，以求互相尊重、理解、支持与合作，达到树立组织良好形象的目的。

（5）公共关系既是一门科学又是一门艺术。从理论上讲，公共关系是一门科学，有其较完整的学科体系；从实务运作上讲，公共关系又是一种艺术，对这种艺术掌握和运用的好坏，直接影响着公关工作的成败。公共关系是科学与艺术的统一体。

## 延伸讨论1-1

在市场经济不完善的条件下，社会上存在一些对公共关系的庸俗甚至是错误的认识。比如，将公共关系与“拉关系”“走后门”“不正之风”“腐败现象”联系在一起等。

讨论内容：（1）你还能够列举出哪些对公共关系的庸俗认识？

（2）怎样区别公共关系与庸俗关系？

3）公共关系与人际关系

人际关系是依赖某种媒介并通过个体交往而形成的人与人之间的关系，亦即私人关系（private relation），如以血缘为纽带而形成的父母与子女的关系、以职业为纽带而形成的上下级关系和同事关系等。

公共关系与人际关系联系紧密，公共关系以人际关系为基础，良好的人际关系有助于组织内部环境和外部环境的和谐与改善。组织的联系主要是个人与个人之间的联系、组织与组织之间的联系，以及一个组织中的若干人与另一个组织中的若干人之间的联系。公共关系实务工作除了运用大众传播的手段，也常常通过人际沟通来进行。但二者又是不同的，区别主要表现在：

（1）目的不同。公共关系的目的是为组织在社会公众中树立良好的形象，建立组织与社会公众之间的良好合作关系；人际关系的目的是为个人结良缘、交朋友，是实现个人的心理需要，建立个人与个人之间和谐的人际环境。

（2）结构不同。公共关系的主体是社会组织，在组织与公众的交往中实现的是组织的宗旨，体现的是组织的价值观念、行为规范。作为其客体对象，公众也是一个整体概念，即使是通过人际交往的形式来实现的公共关系，构成关系的主客体仍然是两个集合体。人际关系则是个人与个人之间的关系，其主体与客体都是个体，实现的是个人的意愿、目的，体现的是个人的价值观念和行为规范。

（3）沟通方法不同。公共关系尽管也需要人际沟通的手段，但它主要是运用大众传播和群体传播的技术和方法，如报纸、电视、广播、网络，或召开记者招待会、大型集会等。人际关系则以个人的言语举止为媒介，采用个人之间面对面的直接交谈，或借助电话、书信、微信等社交平台、即时通信等其他技术和方法。

相比而言，公共关系要比人际关系复杂得多。组织在开展公关工作时，不能把它简单地当作人际关系来处理；即使是以个人身份出现的，也必须增强自己的角色意识，要通过个人之间的关系将组织与公众联系起来。

## 延伸讨论 1-2

搞好公共关系离不开好的人际关系。

讨论内容：（1）上述观点是否正确？为什么？

（2）列举实例说明公共关系与人际关系之间的区别与联系。

4）公共关系与市场营销

对企业而言，公共关系与市场营销有着密不可分、相辅相成的关系，但公共关系不等同于市场营销，二者的主要区别在于：

（1）适用范围不同。公共关系的适用范围比市场营销要广得多。市场营销是企业独有的一种经济活动，而公共关系适用于包括企业在内的一切组织。在企业中，市场营销只是企业经营管理的一个方面，而公共关系则贯穿于企业管理的全过程；市场营销的对象主要是消费者，而公共关系的对象除消费者之外，还有政府公众、社区公众、投资者等。

（2）追求目标不同。市场营销以推销产品为目标，是一种纯粹的商业行为，较多考虑的是企业的经济利益。公共关系追求的是组织形象，以实现社会整体效益为目标。

（3）工作内容不同。市场营销工作的主要内容包括产品、价格、渠道、促销四个方面。公关工作的主要内容包括搜集信息、咨询建议、协调关系、策划、传播等，这一系列工作渗透于企业的每一项管理之中，当然也渗透于营销管理之中。现代企业常把二者紧密地结合起来，在市场营销中运用公共关系，使市场营销从以消费者为中心扩展到以整个社会公众为导向，与整个社会环境保持和谐，扩展企业的生存和发展空间。

就企业而言，公共关系主要有以下五方面作用：公共关系最根本的作用在于塑造企业在公众心目中的良好形象，增进其知名度、美誉度和信誉度；公共关系最突出的作用在于促进产品的销售；公共关系的基础作用是收集和企业决策相关的重要信息，诸如公众需求信息、公众对产品评价的信息、公众对企业形象评价的相关信息；应对突发事件，进行危机公关；对企业内部而言，公共关系可以起到凝聚人心、协调工作、沟通关系的作用。

## 延伸讨论 1-3

在现实中，许多企业都将公关活动运用于市场营销，目的是通过公关活动为市场营销创造一个和谐的环境，为整个市场营销战略的实施开辟道路。企业通过塑造企业形象，使消费者树立对企业的信任和对产品的信心，从而成为企业忠实的顾客。同时，成功营销的产品能使消费者满意，使企业在其公众中建立起良好的形象和信誉。

讨论内容：（1）企业搞公共关系仅仅是为了促销吗？

（2）联系一些实例说明公共关系在市场营销中的应用。

### 1.1.2 公共关系学

公共关系学是研究社会组织的公关活动及其规律的科学。它是一门具有应用性、综合性、交叉性的独立学科。

公共关系学是公共关系实践活动的反映，它的研究对象是公关活动现象及其内在规律。根据对象的特点和研究的需要，公共关系学的研究可分为公共关系理论和公共关系实务两个部分，本书就是按照这两个部分思路进行安排的。

1）公共关系理论

公共关系理论包括宏观部分和微观部分。公共关系理论的宏观部分（见第1章）主要考察公共关系的产生、公共关系在现代社会中的地位、作用、职能和原则，概述公共关系的三大基本要素（社会组织、公众、传播）。

公共关系理论的微观部分（见第2～5章）主要从理论方面分别详述公共关系的三大要素，即对公关机构和从业人员、公众心理与行为、公关传播、公共关系的工作程序（四步工作法）等进行详细考察和研究。

2）公共关系实务

公共关系实务是本书的重点。本书主要从实务视角对公关三大要素逐一展开，包括三大要素单项实务以及综合实务（见第6～10章）。

（1）组织形象分析与设计。社会组织因性质不同，其目标也不同。组织形象分析与设计的首要内容是分析并确定公共关系目标；其次是进行缜密的公关策划并有步骤地实施公关计划，力求达到预期效果；最后还必须认真搞好公共关系的效果评估。

（2）公众关系处理。恰当处理公众关系是搞好公关工作的重要一环。公众关系处理主要包括：内部公众关系的处理，如员工关系的处理、投资者关系的处理等；外部公众关系的处理，如顾客关系的处理、社区关系的处理、媒介关系的处理等；公共关系的危机处理，包括公共关系危机处理的原则、基本策略等。

（3）公共关系宣传。在当今社会中，公共关系宣传主要包括公共关系的新闻宣传、公共关系的广告宣传、公共关系的实物和人员宣传等。

（4）专题公关技巧。专题公关主要指赞助活动、展览会、庆典等各种形式的专题公关活动，其实施策略与技巧直接影响组织创造良好社会环境的工作目标和塑造组织良好社会形象的根本目的的实现。公关谈判也是专题公关一项重要内容，恰当地运用公关谈判的策略与技巧，对成功地开展专题公关活动具有重要的意义。

（5）公关语言和礼仪。组织良好的公共关系状态维持和公关活动开展离不开公关语言艺术和公关交际艺术，诸如如何说服别人、如何行握手礼、怎样与人打招呼、餐桌上如何找到自己的位置、如何宴请客人、如何接待、如何与人交谈、送花有何讲究、如何与国际公众交往等。

# 1.2 公共关系的产生与发展

## 1.2.1 公共关系产生与发展的进程

作为学科的公共关系是现代社会的产物，明显带有现代社会文明的印记，然而作为一种社会现象的公共关系不是今天才有的，古代就存在着许多类似于现代公共关系的实践活动。

1）古代公共关系

（1）外国早期的公关认识及活动。

西方的一些公共关系学者认为，公共关系始于古希腊。早在2 300多年前，古希腊的著名学者亚里士多德在其《修辞学》一书中就强调了传播者的可信性，并提出修辞是争取和影响听众思想与行为的艺术。西方公关学术界认为，《修辞学》是最早探讨公关语言艺术的专著。可以将那时的诗人看成古代的公关人员。因为诗歌有韵，既便于记忆，也便于流传，有钱的王公贵族为了树立自己的形象，就雇用诗人给他们写赞美诗。这种行为实际上就是一种公关活动。那时在罗马，人们还巧妙地把诗歌运用到宣传政府的政策之中。

**视野拓展 1-2　　外国早期公关活动案例**

古罗马时期著名诗人维吉尔的田园诗，从表面看只是赞美乡村生活，但实际上是受政府委托而作，目的是减轻城市人口过多给政府带来的压力。这是一个用诗歌来宣传政府政策的公关活动的典型例证。

恺撒的《高卢战记》是古代第一流的公共关系著作。当时，恺撒被派往高卢去统帅军队，他为了实现个人的政治目的，在古罗马军团的进军途中，派人把他本人和军队的情况写成报告送往罗马。这些报告所使用的语言完全是人民群众的语言，生动活泼，常常在罗马广场被人们传诵，影响很大。因此，当他作为胜利之师的统帅返回罗马以后，人们便拥戴他当了皇帝。

（2）中国早期的公关认识及活动。

我国公共关系学者认为，早在周代，我国就有了类似于公共关系的观念与活动。西周末年就有人针对周厉王施暴政而带来的怨声载道、民怨鼎沸的情况，提出了“防民之口，甚于防川”的观点，认为社会舆论的好坏会直接关系到政权的稳固与否，强调应重视公众传播，调整施政措施。这种观点，与现代公共关系中重视信息反馈的观念是一致的。

春秋战国时期百家争鸣，诸子从各自学派的立场出发，提出了许多类似于公共关系方面的论述。例如：孔子主张“己所不欲，勿施于人”，表达一种为他人着想的原则，并强调在人际交往中要讲求信誉，认为“人无信不立”“人而无信，不知其可也”，这种主张与公共关系中讲求诚信的原则也是一致的。孟子认为“仁言不如仁声之入人深也，善政不如善教之得民也”。这些都强调了舆论传播的重要性。此外，墨子主张“兼爱、非攻”、与人为善的交往原则；兵家主张“攻城为下，攻心为上”，推崇“不战而胜”，纵横家主张“远交近攻”“纵横捭阖”的政治、外交政策等。

### 视野拓展1-3　肩负使命，推进中国公共关系创新发展

新时代新征程，中国公共关系事业肩负使命。我们要高站位、广视野，以习近平新时代中国特色社会主义思想为指引，勇于担当、奋发作为，为中国式现代化建设承担起我们的责任，做出我们应有的贡献。

一是精心开展对外传播，展示良好国家形象。伴随着中国与世界的关系发生历史性变化，越来越多的中国企业、机构走向世界，中外交往越来越密切，国际社会更加期待了解中国、听到中国声音，加强国际传播成为中国公共关系事业突出重要的任务。公关行业具有人脉广、资源活、渠道通的天然优势，是开展国际传播的重要阵地。要充分调动行业资源力量，积极开展人文交流、品牌宣介等各种对外传播活动，打造行业立体发声格局。作为行业的引领者，中国公共关系协会要做优做强现有交流品牌，在生态文明建设、脱贫攻坚与乡村振兴、中华文化展示推广等领域持续发力，展示立体生动的中国形象。要抓住后疫情时期有利条件，助力服务企业等各类组织走出去，加强品牌推介、有效扩大国际影响，既服务企业发展，又推动中外交往、增进民心相通。

二是加强沟通协调职能，推动治理体系进步发展。现代化社会治理，要求协调好社会各方关系，形成社会有共识、个人有动力，充满正能量、共同向未来的社会生态。政府部门要充分发挥公共关系沟通协调和传播引导职能，通过新闻发布、政策宣介等，介绍好各项政策举措，汇聚发展合力。社会各个领域、各组织机构、各类企业要加强公关智力支撑，制定好战略规划、协调各方资源，有效组织实施。要努力提升广大公民的公关素养，推动各行业从业人员熟悉公共关系，有理念、懂方式、善实践。要熟练掌握和运用现代危机公关原则方法，面对重大风险挑战和突发事件时，及时发声、精准回应，化解危机、塑造形象。要发挥行业协会作用，加大开展宣介、推进工作力度。面向各级党政机关、企事业单位等开展舆情应对、新闻发布、危机处置、声誉管理、国际传播等业务培训，提升各行业、各级领导干部和相关人员的能力与水平。

三是把握技术变革机遇，助力公关领域创新发展。当前，大数据、云计算、5G、人工智能等新技术飞速发展，社交媒体、平台网络等新媒体形态高度发达，特别是自媒体的快速发展，催生传播方式、传播格局发生剧烈变化。公共关系要顺应时代要求，勇于革新理念、创新手段方式。要充分借助AR、VR、XR、元宇宙以及人工智能、无人机、智慧大屏等各种现代技术载体，开展灵活多样的信息传播和形象展示，提升公关活动的丰富性、实效性，推动公关行业跨越式发展。要善于总结，加强公共关系理论研究，深入把握新技术、新媒体发展趋势及其对经济社会发展的影响。要充分发挥各类会员单位、行业机构优势，通过公关领域的创新发展，为我国数字经济贡

献行业智慧。

资料来源　郭卫民. 肩负使命，推进中国公共关系创新发展［N］. 环球时报，2022-12-23（15）.

古代那些类似公共关系的认识和活动与现代意义上的公共关系不是等同的。因为古人的这些认识和活动带有浓厚的功利性，是自发产物，而现代公共关系的产生有其特定的历史条件和社会原因，是社会发展的内在要求，是自觉产物。

2）现代公共关系

现代公共关系以公共关系职业的出现为开端。其主要标志是，公关活动从传播活动中分离出来，成为一种自觉的、有特定目的的工作；公共关系学成为一门独立的学科。

（1）艾维·李开创公关职业。

艾维·李是美国佐治亚州一个牧师的儿子，早年先后就读于普林斯顿大学和哈佛大学，后相继在《纽约日报》《纽约时报》《纽约世界报》做过记者，是公共关系职业的开创者。

公共关系职业的出现源于“扒粪运动”。19世纪末至20世纪初，美国的市场经济迅速发展，一些产品的制造商为了推销产品，开始了大规模的广告宣传活动。有些公司甚至雇用专职广告人员为其工作，以追求最大利润为目标，对于劳资关系、重大事故、环境污染等一些重大原则问题则置之不理，有的甚至采取弄虚作假、制造新闻的手法来愚弄公众。这些丑恶行径引起了社会舆论的强烈不满和抨击，大量严厉谴责资本家丑行的文章配以社论漫画铺天盖地而来，并提出了“让公众知道事实真相”的口号，这就是美国历史上有名的“扒粪运动”。经过这场运动，许多企业主都意识到改善企业与公众的关系是企业生存和发展的关键所在，必须采取适当的方式才能获得公众的理解。于是，一种代表企业利益、帮助企业与公众“对话”并从中获取劳务费用的新职业应运而生。

艾维·李是公共关系这一新型职业的开创者。他于1903年开办了一家正式的公共关系咨询事务所，使他成为向客户提供公关咨询并收取费用的第一位职业公关人，这一举措也标志着现代公共关系的开始。艾维·李依靠自己的努力，通过一系列卓有成效的公关实践活动，使公关工作在社会上产生了很大的影响并正式成为一门职业，他自己也成为一位著名的公共关系专家，被人们尊称为“公共关系之父”。

**视野拓展1-4**　**艾维·李的公关思想与公关实践**

艾维·李的公关思想核心是“说真话”。他认为，一家企业或公司唯有将本身的真情实况告诉公众才能赢得好的声誉，如果披露真相对自身的生存和发展不利，那就应该及时调整或改变自身的行为。艾维·李的公关信条是“凡有益于公众的事业，最终也将有益于企业或组织”。

艾维·李的公关实践主要包括：

（1）成功地帮助洛克菲勒财团摆脱困境。艾维·李咨询事务所的第一个客户就是深受“扒粪运动”困扰的洛克菲勒财团。该财团当时被人称为“强盗大王”，企业内外的公众都怨恨洛克菲勒，罢工运动更使他一筹莫展。在此状况下，他求助于艾维·李。艾维·李劝洛克菲勒认真调查造成罢工的具体原因，将真实情况公之于众，并请工人领袖与资方一道协商解决劳资纠纷。此外，他还建议洛克菲勒一方面提高工人的薪金及福利，另一方面多从事一些社会公益事业，如建学校、公园、医院等。在采取了这一系列措施之后，洛克菲勒财团改变了形象，摆脱了困境。

（2）成功地帮助处理了1906年宾夕法尼亚州的铁路事故。那次事故使许多人丧生。铁路公司的老板想把事情的真相隐瞒下来，但艾维·李认为血已经洒在路上，伤员们在痛苦中呻吟，事实是瞒不住的。于是，在征得其同意后，他立即赶到出事地点，并组织记者尽快赶到，向他们介绍真实情况，回答他们的提问，尽可能为他们的工作提供方便。他建议认真地查清发生这次事故的原因，对死难者家属进行赔偿，对受伤者给予很好的医治。新闻记者不仅报道了事故，同时也报道了一系列善后措施。铁路公司的老板惊奇地发现，公开的报道不仅没有对其不利，反而使公司树立了前所未有的最佳形象。

（2）伯内斯为公共关系理论奠基。

爱德华·L. 伯内斯是公共关系学科的开创者，是20世纪深刻影响美国的100位名人之中唯一的公关人。1913年，伯内斯被聘为美国福特汽车公司的公关部经理，第一次世界大战爆发后，伯内斯参加了“美国公共信息委员会”，其具体工作是向国外的新闻界提供有关美国参战情况的背景及解释性材料。第一次世界大战后，伯内斯一方面和夫人在纽约开办了公关公司，另一方面则将主要精力投入到公共关系的理论研究及教学中，并取得了巨大成就。

1923年，他写成并出版了公共关系著作《舆论之凝结》，被西方社会视为公共关系理论正式诞生的标志。伯内斯被公认为公共关系学的创始人，被称为“公共关系理论之父”。同年他在纽约大学首次开设并主讲公共关系课程，标志着公共关系作为一门独立学科的开端。1925年，他完成了教科书《公共关系学》的编纂工作，从理论上对进入20世纪以来美国的公共关系理论与实践进行了较好的概括与总结并使之成果化，标志着公共关系学科的基本形成。1928年，他又完成了《舆论》一书的写作，标志着公共关系的基本理论和方法已经形成一个较为完备的体系。

伯内斯正式将原先从属于新闻界的公共关系分离开来，并为其成为一门独立而系统的学科奠定了理论基础。而且是他将1897年美国《铁路文献年鉴》中出现的“公共关系”一词与艾维·李的公关思想结合在一起，使“公共关系”一词首次有了科学含义并很快流行。伯内斯在公关理论上的贡献，对于公共关系学科的形成和进一步发展具有划时代意义及里程碑作用。

1924年，《芝加哥论坛报》发表社论，称“公共关系已经成为一种专门职业，一种管理艺术和一门科学”，倡导企业主管和社会各界重视公共关系。这标志着公共关系学作为一门学科已经得到社会认可。1937年，美国斯坦福大学开设了公共关系学专业，从此公共关系成为大学中的一个专业。1947年，美国波士顿大学开办了世界上第一所公共关系学院，开启了公共关系学硕士、博士研究生教育。

### 视野拓展1-5　伯内斯的公关思想与策略

伯内斯的公关信条是："企业不仅要为社会及公众所了解，更要获得公众的谅解与合作。只有这样，企业才能得到稳定而持续的发展，不会被意外打击所击溃。"

伯内斯的公关策略是"公关活动的立足点是'投公众所好'"，主张一个企业或组织在决策之前应首先了解公众爱好什么，对企业或组织有什么要求或期望，在确定公众价值取向与态度之后，再有目的地着手宣传工作，以满足公众的要求。

3）当代公共关系

（1）当代公共关系理论的发展。

当代公共关系理论的迅速发展集中体现在多种公共关系理论的出现上。这里仅对主要理论的核心观点进行概要介绍。

①双向对称理论：公共关系是一方面把组织的想法与信息传播给公众，另一方面把公众的想法与信息反馈给组织。只有这样，才能够达到双向沟通，从而产生对称平衡的良好环境。公共关系的最终目的是要在组织与公众之间形成一种和谐的关系。

②公共关系工作六部曲：公共关系活动包括估计形势—确定目标—确认公众—选择传播媒介与技巧—编制预算方案—评价结果。公共关系工作六部曲从公共关系决策管理层面解决了管理过程和管理环节上的理论问题。

③RACE公式："RACE"是公共关系活动的四个主要环节。R（research）——研究；A（action）——行动；C（communication）——传播；E（evaluation）——评估。

④公共关系职能模式：组织与公众的双向影响是通过公共关系机构的传播来实现新的公共关系职能的模式。

⑤公众分类理论：公共关系公众可以分为"非公众"→"潜在公众"→"知晓公众"→"行动公众"。

⑥公共关系角色：公共关系人员表现为两种主要角色和三种次要角色。两种主要角色是传播的技术人员和传播的管理者；三种次要角色是熟练的专业技术人员、传播的推进者、问题解决的促进者。

⑦公共关系目标管理：公共关系管理三项基本目标是领先指标，即公共关系人员对公共关系项目实施结果的预测和估计；线性指标，即公共关系人员按照组织所面临的问题，采用符合组织实际情况的方法，来进行公共关系活动，实现所应达到的目标；趋势指标，即公共关系管理者根据已经取得的成果（即公共关系活动绩效）来展望组织今后所面临的公共关系状态。

⑧公共关系管理阶段理论：柯特利普和森特在公共关系管理上提出了"四段论"模式，认为公共关系管理应该是寻找事实和反馈信息、提出公共关系计划项目、开展公共关系活动和进行信息传播、对公共关系活动效果进行评估。他们强调，"组织与公众的良好关系必须经过精心的策划，必须经过特定的步骤和过程才能完成"。汉尼斯等人提出了公共关系管理"五段论"，即树立发现问题的意识、对问题进行限定、分析有目的

选择以及可能的结果、评估方案和选择行动的契机、对公共关系方案进行验收。

⑨格罗尼公式：公共关系管理公式应该是："觉察"→"构筑"→"规定"→"选择"→"确认"→"行为"→"觉察"。

⑩杰夫金斯的公共关系计划管理：杰夫金斯提出，在进行公共关系计划时，必须注意四个法则，即确定公共关系工作的目标，这个目标要符合实际情况，与预期结果相一致；估计所花费的人力、时间与资金；选择成员、时机来实施项目；确定项目实施的可能性，如人力、设备和预算等，从而实现公共关系计划管理的基本内容。

⑪公共关系营销：公共关系与营销的融合是两大学科发展的必然，从此公共关系有了产业化的依托，营销进入了"大营销"时代。1986年，科特勒（P.Kotler）提出了"大营销"概念，把"市场营销组合"4Ps（即产品、价格、促销和销售渠道）发展为6Ps，即产品、价格、促销、销售渠道、政治和公共关系。

⑫网络公共关系：20世纪末至21世纪初，互联网的广泛应用使得人类在传播沟通领域经历了一场革命。米德伯格（D.Middleberg）是第一代网络公共关系专家中的典型代表。

（2）当代公共关系组织与教育的发展。

1955年，国际公共关系协会（IPRA）在英国伦敦正式成立，标志着公共关系已作为一门世界性的行业而独立存在，作为世界各地从事公共关系研究与实践专业人员的唯一集合者，IPRA发挥了重要作用。1959年，欧洲公共关系联盟成立；在此前后，比利时、意大利、法国、瑞士、日本等国的公共关系协会也相继成立；1987年6月，中国公共关系协会成立。随后，许多国家的国家级公共关系组织和地方性公共关系组织不断建立和完善。

公共关系的学科化使公共关系教育事业迅猛发展。以美国为例，早在20世纪80年代就有292所大学开设公共关系课程，其中有10所大学设有公共关系博士学位，23所大学设有硕士学位，93所大学设有学士学位。公共关系教育事业的发展，大大提高了公关从业人员的素质，也更快地推动了公关事业在世界范围内的发展。

（3）当代公共关系发展的基本趋势。

①公共关系的职业化和行业化。公共关系在美国初兴时还未能从根本上摆脱新闻业的范畴，自伯内斯以后才逐步从新闻界分离出来，如今却作为一门全新而独特的社会职业而蓬勃发展。美国公共关系协会（PRSA）拥有会员11 000多人，全美专职公关从业人员达20万人之多，较大的公关公司就有2 000多家，从总统到平民都求助于公关公司。世界许多国家的公共关系事业都呈迅猛发展的势头，从业人员、设立机构、活动经费等均年年递增。

②公共关系理论的规范化、国际化。公共关系初兴时，具体称呼并无定规，活动范围、方式、对象、原则等方面更是没有统一标准，根本谈不上规范，加上当时的公关活动主要在美国展开，也谈不上国际化。随着第二次世界大战后整个世界范围内公共关系学科的普及与公关活动的广泛开展，公共关系的理论体系与操作体系日益走上规范化、国际化的轨道。国际公共关系协会、区域性公共关系协会、不同国家的公共关系协会在

成立之初，都制定了相应的规章，积极促进公关活动的规范化。

③公关活动主体及功能的多元化。初期公关活动的主体是企业，其社会功能还仅限于经济领域。当代的公关活动的主体日趋多元化，除了企业，政府、事业团体、军事单位、宗教部门等各类社会组织都不同程度地开展公关活动，形成了不同的行业公关特色。主体的多元化带来了功能的多元化，公共关系的社会功能早已超出了单一的经济领域，而在社会生活各领域发挥着重要作用。

④公关活动技术手段的现代化。初期公关活动的传播手段主要是报纸杂志的新闻宣传，单一传播手段在一定程度上限制了公关活动的影响面。随着科学技术的迅猛发展，公关活动的技术手段日益现代化，广播、电影、电视的推广运用，互联网的广泛应用，卫星空间传播工程的兴起，科学研究方法的不断出现等，不仅扩大了公关活动的范围，也大大强化了公关活动的效果。

### 1.2.2 公共关系在中国

公共关系作为一门新兴的学科和职业，在20世纪60年代初传入我国港澳台地区。一些跨国公司在那里设立分公司，按照国际惯例在内部设立专门的公关机构，聘用受过专门训练的公关人员从事公关工作，使公关工作一开始就具有较高水准并取得显著效果。这立即引起这些地区其他企业的关注和纷纷仿照——设立公关机构、培训公共关系专业人员，使公共关系在这些地区迅速发展起来，为公共关系于20世纪80年代初传入我国内地奠定了很好的基础。

1）公共关系实务首先得以发展并显得活跃充实

20世纪80年代初，随着深圳、珠海、汕头等经济特区的建立，一批外商涌进特区投资兴办企业。外资企业中的宾馆、饭店及游乐中心的管理者出于工作的需要，同时也为了引进国际通用的管理方法，率先成立了公关工作机构，配备了专职公关人员，开展公共关系实务活动。随后，沿海的一些国有企业也陆续开展了公共关系实务活动。1984年11月，广州白云山制药厂成立了我国内地国营工业企业的第一个公关部，每年拨出占产值1%的经费开展公关活动，在调节本企业内部公众关系和增强企业凝聚力方面都取得了很大的成绩。其后，公关工作机构不仅先后出现在一大批大型企业中，而且出现在一些较先进的中小企业中，并逐步扩展到一些非营利单位。

2）公共关系专业机构不断建立、健全

1985年1月，美国最大的公关顾问公司之一“伟达”率先在北京设立办事处；同年6月，美国另一家国际性的公关顾问公司“博雅”同新华社新闻发展公司签订协议，合作开展公关业务。1986年1月，我国内地的第一个公关团体——广东地区公共关系俱乐部成立；同年7月，我国内地第一家公关公司——中国环球公关公司在北京成立；同年11月6日，我国内地第一个公关协会——上海市公共关系协会成立。1987年6月，全国性的公关组织——中国公共关系协会成立，标志着公共关系已在全国范围内普及并引起重视。紧接着，1988年4月，国际公共关系协会中国分会正式成立。1991年4月，中国国际公共关系协会在北京成立。根据中国国际公共关系协会（CIPRA）在北京发布的

《中国公共关系业2022年度调查报告》，2022年，中国公共关系行业保持了微幅增长，行业营业规模约为765.3亿元人民币，年增长率为2.6%，是近十年以来增幅最小的一年。调查显示，2022年度中国公共关系服务领域前5位分别是汽车、IT（通信）、快速消费品、互联网、金融。IT（通信）行业排第二位，市场份额略有增加；与2021年度相比，快速消费品企业对公共关系的需求超过互联网企业，跃升到第三位，互联网排第四；金融行业市场份额略有增长，排名第五；制造业从去年的第五位下降到第六位；本年度医疗保健业市场份额微幅增长，排名第七；娱乐文化业、旅游业受疫情影响，市场份额有所下降，分别排第八和第十位；奢侈品行业对公共关系的需求有所增加，回归榜单前十，排名第九。

**视野拓展1-6　2023“一带一路”年度汉字发布**

由中国公共关系协会和汉中市人民政府共同主办的2023“一带一路”年度汉字发布活动在陕西汉中举行。活动以“深化互信、凝聚共识”为主题。经过相关领域权威专家学者和媒体评选推荐，“信”字最终在9个候选汉字中脱颖而出，成为2023“一带一路”年度汉字。

活动结合汉中特色文化，通过朱鹮舞、陕南民歌、情景表演、专家解读、书画作品创作展示、创意汉服秀等多种文化展示形式，全方位、立体化、多角度地对“一带一路”年度汉字进行了创意解读。现场还揭晓了吉祥物朱鹮的名称为“文小洋”。

据悉，自2016年以来，中国公共关系协会精心打造“一带一路”年度汉字发布活动，旨在借助汉字这一独特符号阐释中华文明精髓、讲好中华文化故事，促进共建“一带一路”国家人文交流与文明互鉴，如今已发展成为社会各界认可度较高的汉字文化传播平台。

此次在汉中举办2023“一带一路”年度汉字发布活动，对进一步丰富提升汉中的城市文化内涵，深度融入共建“一带一路”大格局、加快高质量发展具有十分重要的意义。汉中将以此次“一带一路”年度汉字发布活动为契机，加强中华优秀传统文化对外传播，切实把文化资源优势转化为推进高质量发展胜势，在融入共建“一带一路”大格局中贡献更多力量。

资料来源　杨露雅．“一带一路”年度汉字发布［N］．陕西日报，2023-05-24.

3）公共关系的理论研究和教育培训全面发展

公共关系实务活动活跃的同时，国内许多专家、学者开始结合我国政治、经济、文化的特点来研究中国公共关系的理论问题，并在理论界掀起了一股研究公共关系的热潮。

1986年11月，由中国社会科学院新闻研究所“公共关系课题组”编写的《公共关系学概论》正式出版，这是我国第一本系统、全面论述公共关系理论与实践的专著。1989年1月，由权裕主编的《公共关系》作为我国第一份关于公共关系的杂志出版发行。此后，汪钦主编的《公关世界》、中国公共关系行业期刊《国际公关》等一大批介绍公共关系的刊物相继问世。中国公共关系协会和中国国际公共关系协会分别注册了自己的官方网站。

公关教育事业迅速发展。1985年1月，深圳市总工会举办了国内第一个公共关系培训班，揭开了我国公关教育的序幕。同年9月，深圳大学公共关系专业（专科）开始招生。此后，复旦大学、中山大学等百余所高校先后开设了公共关系课程。1994年，原国家教委批准中山大学创办了我国第一个公共关系本科专业，同年，教育部正式批准中山大学和首都经济贸易大学招收公共关系方向硕士研究生。到2013年，全国设置有公共关系学本科专业的高校为18所，其中211高校（含985高校）8所，招收公关专业硕士研究生的高校有4所，招收公关方向博士研究生的高校有4所，基本建立了高职、本科、硕士、博士层次完整的人才培养体系。除了上述公共关系学本科专业教育、研究生层次公共关系教育以外，还有公共关系本科方向教育、公共关系学第二学士学位教育、公共关系专科专业教育、公共关系辅修专业教育、高等教育自学考试公共关系专业专科本科段教育、公共关系课程教育、公共关系专题培训（面向公务员和企事业管理人员）、公共关系职业培训（面向公共关系从业人员和潜在从业人员）等多种公共关系教育类型。

为适应公共关系事业发展的需要，原劳动和社会保障部于1997年11月15日设立中国公共关系职业审定委员会，加快了中国公关从业人员职业化的进程。

（1）明确“公关员”名称，列入了《中华人民共和国职业分类大典》（简称《职业分类大典》）。1999年5月，原劳动和社会保障部正式发行了《职业分类大典》，公共关系正式列入《职业分类大典》，分属第三类。这标志着国家已正式承认公共关系这一职业。

（2）制定公关人员的国家职业标准和考核规范。1999年年初，经原劳动和社会保障部正式批准，国家职业资格工作委员会公关专业委员会成立。该委员会召开了公共关系国家职业标准鉴定会、公关职业培训和鉴定教材编写会，并正式出版了权威培训教材，在全国20家单位设立了职业培训点。该委员会还制定了公关员职业鉴定试题库。2000年，该委员会颁布了《公关员国家职业标准》，并于同年12月3日组织了首次公关员资格全国考试。

（3）确立公关员职称评定系列。2003年6月，该委员会在原劳动和社会保障部职业技能鉴定中心的指导下，组织专家对《公关员国家职业标准》进行了修订。在职称评定方面，原人事部职称司将公关人员列入“高级经济师电脑测评系统”，与决策人员、管理人员、营销人员并列为4个子系统。

4）公共关系行业发展面临的挑战

（1）公共关系行业分化趋势明显。预计未来伴随激烈的市场竞争和行业的跨界融合，一部分公司会做大做强，成为服务领域广泛、跨界整合明显、国际化程度高的综合性公司，一部分公司则专注于深耕某一垂直领域，成为技术性强的专业型服务公司。还有小部分不能跟随市场变化做出调整的公司，可能被逐步淘汰出局。

（2）线上业务是大方向，同时线下业务逐步恢复。过去几年受疫情影响，线上业务需求激增，比如短视频传播、直播带货、网上教学等相关业务需求不断增加。

数字化转型已成为行业发展大趋势，疫情过后也将继续保持提升。此外，旅游和活动传播等线下业务将得以较快恢复。

（3）企业更加注重内部公关。企业成本管理、裁员与增效、公司信誉与社会责任再次受到关注。一些优秀企业领导人会注重成本与效率，内部公关逐渐成为企业品牌形象的重要组成部分。

（4）未来如何加强国家形象传播、服务企业“走出去”，成为一个崭新课题。公共关系行业如何利用自身优势，通过创新手段，帮助中国企业“走出去”，如何在“一带一路”沿线国家讲好中国故事，是全行业面临的挑战。

（5）资金问题依然是公关公司发展过程中面临的挑战。公共关系行业主要服务对象集中于大中型企业，导致作为专业服务的公关公司在结算方式上处于劣势。较长的赊销账期及垫资等问题，使得公关公司资金状况不甚乐观，再加上运营成本的日益攀升，一定程度影响了公司的壮大做强。在外部融资方面，融资难、融资贵也是公关公司面临的共同挑战。

**实务训练 1-1**

实训内容：（1）选择周围同学、附近的企业、政府及其他社会组织进行调研，了解其对公共关系的认识、对中国公关行业的评价及其公关需求。

（2）选择某一组织的公关部或者专业的公关公司进行调研，了解其公关活动的运作情况、经营业绩及发展战略。

实训要求：自由结成调研小组，拟定调研提纲及调查表，撰写调研报告。

## 1.3　公共关系的职能与原则

### 1.3.1　公共关系的职能

公共关系的职能是指某一独立的社会行业或社会组织在公关活动中应具有的功能或应发挥的作用。一般来说，公共关系应具备如下职能：

1）收集信息，了解变化

公共关系的活动周期也是从收集信息开始的。在公共关系职能范围内应当注意优先收集两类信息：

（1）组织形象信息。组织形象信息是公众对社会组织在运行中所显示的行为特征和精神面貌的反映。公关工作的总体目标就是塑造组织形象，所以收集组织形象信息就成了公关活动的一项重要内容。组织形象信息主要包括公众对组织领导机构的评价，公众对组织管理水平的评价，公众对组织内部一般工作人员的评价，公众对组织提供的产品（或服务）的价格、性能、质量、用途等主要指标的反映与评价等。

（2）组织运行状态及其发展趋势信息。这类信息包括内外两个方面：就内部来说，主要是指组织自身运行情况及其与组织预定总目标之间的差距，以及它可能的发展趋势；就外部而言，包括所有对组织运行及其发展趋势发生或将要发生影响的情况。这类信息是组织及时调整运行机制、塑造组织形象的重要依据。

在收集信息的同时，公关人员还要分析信息，了解变化，特别要注意了解社会环境的变化，如国家政策和社会舆论的变化，市场形势、产供销的变化，以及组织自身的变化等。

#### 实务训练 1-2

实训内容：为自己的学校或者某企业设计一套收集组织形象信息的方案，并进行实际的信息收集活动。

实训要求：自由组成小组，拟订方案，撰写组织形象评估报告。

2）参谋咨询，提出建议

参谋咨询、提出建议职能直接影响组织决策，是高层次的公关工作。为了完成咨询和建议的任务，公关人员必须对收集到的信息进行整理、选择、分类、归档等处理工作。信息的处理既是信息收集的结尾，又是咨询和建议的开端。较常见的公关咨询和建议有两方面：

（1）社会组织知名度和美誉度评估咨询。这类咨询主要是从公共关系的角度对一个组织的方针、政策、计划和行动进行评议并提出改善意见，及时为组织决策层提供参考，从而使组织正确决策。特别是当组织形象受损时，公关人员更应及时反映现状并提出切实可行的建议，以便尽快改善组织形象。

（2）公众情况的咨询建议。这类咨询主要包括公众的一般情况咨询、公众的心理变化和趋势咨询，以及公众的专门情况咨询及建议等。

#### 延伸讨论 1-4

有人认为，对企业而言，公关部就像顾问，有问题时他们的作用可以显现出来，平时也就是个摆设。但也有人认为，公关部对企业决策而言是必不可少的，公关部应当进入企业的决策层。

讨论内容：企业公关部是否应该进入决策层？

3）加强沟通，协调关系

沟通与协调是组织塑造形象过程中减少与相关公众发生摩擦、促进了解与共识的有效途径。在整个公关运作过程中，沟通各种信息、协调各方面关系是公关工作的专门职能。

（1）公关沟通与协调的类型。公关工作的沟通与协调主要有两类：一是组织内部的沟通和协调，应该作为公关部门的一项经常性工作。公关部门首先应协调好上下级关系，其次还应主动配合领导协调组织内部各平级部门的关系。二是组织外部的沟通和协调。公关部门要特别注意协调好组织与许多外部因素的关系，并把与组织目标直接相关的公众作为沟通与协调的重点。

（2）公关沟通与协调的方式。一般来说，当双方关系处于和谐状态时，沟通的重点应当是通过不断传播本组织的业绩来保持和强化在公众中的良好形象；当双方关系处于不和谐状态时，沟通的重点应该首先是解剖自身，反省组织的责任，然后客观地分析双方关系的状态，并提出具体的改进意见和措施；当双方关系处于不明朗状态时，沟通的重点首先是用善意的态度来表达自己的明确主张，竭力使对方消除逆向心理因素，为双方的信息交流创造正常的、平衡的心理条件。

4）应对突变，处理危机

社会环境因素变化的不确定性，有时会导致一些意想不到的事件发生，影响组织的正常运行，甚而演化为组织危机。应对突发事件、处理危机是公共关系比较突出的职能。公共关系中的突发事件主要包括人为纠纷和重大事故灾难两大类。突发事件往往来势迅猛、影响面大、后果严重，对遭遇突变的社会组织威胁极大。一旦有突发事件，公关人员必须以高度认真的态度和十分清醒的头脑，准确地把握处理这些事件的原则和对策。

5）传播组织社会责任

面对经济全球化带来的机遇和挑战，企业存在和发展的目的不再仅仅是追求自身的利益最大化，而是要更多地满足社会对企业的各种要求，承担企业对政府、内部员工、消费者、投资者、社区、环境等各利益相关方的责任。

倡导和宣传企业所履行的社会责任，是公共关系在企业社会责任中发挥独特作用的支撑。企业社会责任有效地进行社会传播，可以帮助塑造负责任的企业形象，维护相关利益方的关系，提升企业品牌的美誉度，为企业发展创造良好的生态环境。

企业社会责任建设逐渐成为中国“走出去”企业与国际相关机构和企业开展合作的重要前提，有助于“走出去”企业实施本土化战略、获得可持续发展的竞争优势。为了强化公共关系思维，推动企业社会责任发展迈向更高水平，一是要着力强化公共关系在企业社会责任发展中的战略引领地位，二是要积极推动公共关系参与企业社会责任建设全过程，三是努力放大公共关系在企业社会责任建设中的传播优势，四是要充分发挥公共关系促进国际交流合作的重要作用。

### 1.3.2　公共关系的原则

公共关系的原则是指社会组织在开展公关活动中必须遵循的基本要求。公共关系的原则主要有：

1）实事求是原则

公关活动的实事求是原则要求公关工作的展开必须以事实为依据。尽管公关活动离不开传播艺术与宣传技巧，但仅凭传播艺术与宣传技巧是不能争取公众、树立形象的。公共关系中的传播活动必须以事实为第一性，以技巧为第二性。任何一个公关机构或公关人员，在着手进行某项公关活动之前，应以实事求是的态度，尽可能全面、客观地掌握事实材料，了解事实真相，并在此基础上制订出工作方案。“事实胜于雄辩”应是公关工作的格言。

2）双向沟通原则

双向沟通原则强调传播、沟通是公共关系的重要手段，是沟通双方相互传播、相互了解、减少误解、达成共识的有效途径。贯彻这一原则应注意：沟通双方应具有一定的“共识域”，否则，信息反馈无法形成；沟通双方应互为角色，使沟通成为一种良性循环活动；沟通双方应根据反馈来自我调节，不断完善自身形象，达到既定目标。

### 延伸讨论 1-5

有人认为，对于企业而言，公关就是对企业进行包装，通过大量广告对外传播。也有人认为，企业公关的目标是获得外部公众对组织形象的认可，需要通过与公众进行互动才能实现。

讨论内容：企业形象包装与公众互动哪个更重要？

3）互惠互利原则

互惠互利原则强调公共关系应以组织与公众互惠互利、平等交易为基础。公共关系是由社会组织和公众双方利益的需要而建立起来的一种社会关系形态，而社会关系的协调平衡本身就有关系双方需要互补的要求。组织与公众联系的过程，实际上就是双方彼此谋求需要满足的过程，只有双方都感到得大于失或至少得失相当，其关系才能持续发展。公关人员必须奉行“利益平等、在实现本组织自身目标的同时也要让公众获益”的互惠互利原则。

4）开拓创新原则

开拓创新原则强调开拓创新是使一个组织永远保持生命活力的一个重要因素，也是一个组织在激烈的竞争中使自己立于不败之地的法宝。敢于创新，才能做到人无我有；善于创新，才能达到人有我新；离开创新，公共关系就会陷入绝境。一个崭新的创意、一个崭新的举措往往能使公关工作出奇制胜，获得意想不到的效果。

5）尊重人格原则

尊重人格是世界公关从业人员的职业道德准则，许多国家的公共关系法规都对此做了原则性阐述。《国际公共关系道德准则》（又称《雅典准则》）在第一条就明确指出：公关从业人员应努力做到“为建设应有的道德、文化条件，保证人类可以享受《世界人权宣言》所规定的诸种不可剥夺的权利做贡献”。在第五条再次强调：“尊重并维护人类的尊严，确认各人均有自己做判断的权利。”《英国公共关系协会职业行为准则》在第一条也明确指出：“各会员在其职业活动中应尊重公众利益和个人尊严。”

6）全员公关原则

全员公关原则强调公关工作绝不仅仅是公关专业人员的专利，在社会组织中，上至最高领导，下至普通员工，都应把自己看作公共关系工作人员。社会组织要想在公众面前树立一个美好的形象，仅凭公关机构策划几次专题公关活动是远远不够的，组织的全体成员都要树立自觉的“公关意识”，通过自己的一言一行，很自然地扮演公关角色，共同塑造组织的美好形象。

### 延伸讨论 1-6

有人认为，既然公关是一种专门活动，就没必要强调全员公关。但也有人认为，组织形象的塑造仅靠公关人员是不可能实现的，组织形象也应体现在组织中的每个人身上，有成效的公关活动是专门活动和每个人言行的有机结合。

讨论内容：全员公关是否可以代替独立公关人员的工作？

## 1.4　公共关系的三大要素

### 1.4.1　公共关系的主体——社会组织

1）社会组织的含义

社会组织是人们有计划、有目的、有组织地建立起来的一种社会机构，它有领导、有目标，成员间又有明确分工和职责范围，还有一套规范的工作制度。

社会组织是社会分工的产物，任何社会组织都有自己独立承担的社会职能。如果组织不能履行自己的社会职能，也就丧失了其独立存在的价值。

社会组织的运行涉及多方面的因素，公共关系要协助处理好这些因素的关系。从外部环境因素和内部组织因素两个角度，公共关系通常被认为是“内求团结、外求发展”的一门艺术。

### 延伸讨论 1-7

在鸿星尔克的官网上，写着这样一句话：“一个企业不应该只是关心自己企业的利益，还应该有强烈的社会责任感，回馈社会，帮助弱势群体。在鸿星尔克看来，企业是社会不可或缺的一部分，从社会中获取资源，就应该回报社会、负有一定的社会责任。”作为社会的一分子，承担起社会责任是每一个企业发展的底线。在不断创造经济价值的同时，企业还需要看到社会和国家的需要，奉献出自己的一份力量，与社会共同成长进步。

2021年，鸿星尔克因捐赠物资，受到了巨大关注，网友称赞其为“国货之光”，充分体现了大家对于鸿星尔克社会责任感的认可和回应。社会担当在很多年前就被刻入了鸿星尔克的基因，他们奉行“取之社会、回馈社会”的理念，更是把社会责任纳入了企业文化内核。

讨论内容：从公关角度看，企业该如何处理创造财富与社会责任的关系？

2）社会组织的类型

社会组织因性质、结构、功能和活动方式不同而呈现多样性。按照不同的分类标准可以将社会组织分成若干类别。

（1）按照组织的社会职能划分

社会组织按照组织的社会职能可以划分为经济组织、政治及行政组织、文化组织。组织所接触的公众因组织的社会职能的不同而有所差异。

（2）按照组织目标与受益者关系划分

社会组织按照组织目标与受益者关系可以划分为营利性组织、公益性组织、互益性组织、公共性组织。营利性组织以追求经济利益为目标，通过市场竞争获取期望的经济利益；公益性组织属于非营利性组织，以其特定的服务对象的需求为目标，提供满足公益对象需求的服务；互益性组织以满足内部成员的利益和共同目标为导向；公共性组织以维护社会和公众利益为目标。

不同的组织分类方法可以把组织分为不同性质的类别，但不同分类也存在一定的交叉。公共关系的主体无论采取何种分类，其关键都是准确把握不同社会组织之间的联系和区别，准确把握特定公关诉求内容及诉求对象。

**案例分析 1-1　　加强文化品牌建设，重塑武汉城市形象**

2014年，武汉城市形象宣传片《大城崛起》发布，从地理位置、自然资源、人口、历史背景、现代发展、战略意义、未来展望等多个方面介绍了武汉的两江三镇，为人们展现了“一城秀水半城山”的武汉风貌。在《大城崛起》的城市形象宣传片中，“武汉，每天不一样”的武汉口号，“敢为人先，追求卓越”的武汉精神也得到充分展现。

武汉市每年都结合城市发展实际，对城市形象宣传片《大城崛起》进行更新制作，生动诠释“武汉，每天不一样”的城市口号。2016年4月，武汉市委宣传部推出2016年版城市形象宣传片《大城崛起》，通过新浪网、凤凰网、长江网等20多家网站及自媒体平台播出，受到各方关注。为完善城市形象标识系统，市委宣传部在宣传片中增加了园博会获奖、获批全面创新改革试验区、荣膺全国文明城市称号、地铁城环、城市合伙人等城市发展亮点，并制作成中文版、英文版、西班牙语版，供武汉市出访团队对外交流使用。

2016年4月10日，武汉国际马拉松大赛全程路段经东湖、黄鹤楼、长江大桥、晴川桥，几乎囊括了最美、最具特色的武汉地域标志性建筑和风景，令国内外马拉松爱好者为之神往。2016年6月29日，“我的公交我的城”重大主题宣传活动走进武汉，新华社、《人民日报》、中央电视台等10余家媒体和《湖北日报》等地方媒体采访了武汉市城市公共交通发展及公交都市创建推进工作。

资料来源　根据长江网《武汉每天不一样》栏目相关网络资料改编.

讨论内容：（1）这次武汉市政府公关面对哪些公众？

（2）这次武汉市政府公关中的诉求是什么？

（3）武汉市政府公关行动有哪些成功之处？

### 1.4.2　公共关系的客体——公众

1）公众的含义与特点

（1）公众的含义

公众是因面临某些共同问题而与组织的存在和运行发生相互联系和作用的个人、社会群体、组织的总称。基于对公众概念的理解，公共关系是采取有效方法塑造组织在公众中的良好形象，从而维持和发展组织与公众之间的良好关系。

（2）公众的特点

①复杂性。社会组织在分析自己所面对的公众时，会发现他们是相当复杂的，存在着种族、文化、性别、年龄、经济、政治等各方面的差异，但这些差异并不影响他们对某些特定的事物产生共同的兴趣、认识及与某一社会组织存在共同的关系。

公众的复杂性决定了公关工作的复杂性。某项公关活动，可能对一些公众能起到很好的作用，而对另一些公众则会产生负面效应，策划公关活动之前，要充分考虑到这项活动所涉及公众的共同兴趣。

#### 延伸讨论 1-8

现在不少企业对消费者市场进行了较为明确的细分，即把自己的消费对象明确定位为某一类社会群体，比如化妆品定位在女性、服装定位在儿童等，公关活动的受众目标也相应地定位为这些消费群体，但有些公关活动的效果并不理想。

讨论内容：（1）市场细分与公关公众选择有什么不同？

（2）如何理解市场细分下公众的复杂性？

②变动性。社会组织运行的动态性决定了相应公众的变动性。对任何组织来讲，公关活动的具体对象都是处于不断变化中的，稳定的公众是相对而言的。

#### 延伸讨论 1-9

每年学校招生期间，考生、考生家长，甚至他们的亲戚朋友，都会成为学校的公众，而录取工作结束以后，只有那些已经被录取的考生和他们的家长还将继续作为学校的公众。另外，学校还会遇到新的公众，比如学校要扩大校园，征用附近的土地，那么附近土地上的居民立即会成为与学校发生联系的新公众。

讨论内容：（1）分析自己学校在不同时期的公众的变化。

（2）分析奥运会主办国在奥运会前、会中和会后的公众的变化。

③同质性。公众之所以成为公众，就是因为他们面临共同的问题，比如，要实现的共同目标、要表达的共同意向、要满足的共同需求、要维护的共同利益……总之，只要有一批人或一些团体、组织具有这些共同点，就形成某个社会组织所面对的一类公众。

④相关性。公众并不是抽象而空泛的概念，总是与特定社会组织相关联。这种相关性表现在：公众的态度和行为对组织具有影响力和制约力；组织的运作措施也会对公众

产生明显的影响。重视相关性的目的在于定位公众对组织的需求以及组织的公关诉求。

2）公众的分类

公众分类的目的是强化公关活动的针对性。不同的分类标准形成不同的公众分类结果。

（1）内部公众和外部公众

根据公众与组织成员的关系可将公众划分为内部公众和外部公众。

①内部公众。内部公众是指社会组织内部的所有成员。内部公众具有相对稳定性，联系比较密切，有时会形成一种类似“大家庭”的氛围。内部公众公关的目标是使全体员工有一种归属感，自觉自愿地为组织效力，成为组织内“求团结”的基石。

②外部公众。外部公众是一个比较宽泛的概念，凡非本组织成员即属外部公众。外部公众对特定的组织来说，具有不稳定性。随着组织的运行，外部公众的成员、人数、态度、行为等都会发生变化。对某一社会组织来说，外部公众纷繁复杂，对其进行认真分析并分别采取不同的对策是开展公关工作的有效途径。

（2）受欢迎公众、不受欢迎公众和被追求公众

根据组织对公众的好恶可将公众划分为受欢迎公众、不受欢迎公众和被追求公众。

①受欢迎公众。受欢迎公众是指那些与组织相互认可的公众，如主动前来的赞助者、慕名而来的采访者等，他们对组织的经营方针和工作目标表现出浓厚的兴趣并主动希望合作，而组织对他们也非常欢迎。

②不受欢迎公众。不受欢迎公众是指那些对组织构成威胁或有损组织利益的公众，如有偏见的采访者、调查者及纠缠不休的拉广告、拉赞助的组织和个人，他们对组织或抱有成见和敌意，或向组织提出过分的要求……

③被追求公众。被追求公众是指组织一厢情愿地认为符合自己需要的公众，而这类公众对组织是否感兴趣还是个未知数，如体育和演艺明星、社会名流、专家学者、政府官员等。这就要求设法建立沟通渠道，讲究交往艺术，使其对组织产生兴趣并采取对组织有利的行动。

### 延伸讨论 1-10

有人认为，企业要塑造形象必须请名人做形象代言人。也有人认为，请名人做形象代言人并不必然有利于企业塑造形象，关键是要有所选择。

讨论内容：（1）企业形象代言人是否一定要请名人做？为什么？

（2）简单分析所了解的成功与失败的企业形象代言人案例。

（3）组织公众和非组织公众

根据公众的组织状态可将公众划分为组织公众和非组织公众。

①组织公众。组织公众是指与组织有特定关联的其他社会组织。这类公众涉及面很广。比如，组织正常运行涉及的各类组织和群体，如水电供应单位、社区、政府、商场、学校等。组织公众有时对组织的生存和发展至关重要。

②非组织公众。非组织公众是指不具组织形式的公众。这类公众可能是因某种偶发因素而形成的，如因某企业污染环境而受到侵害的居民、某一交通事故的受害者及其家属等；也可能是某些周期性短暂聚集的群体，如暑期在一些避暑胜地出现的各种旅游团体和个体；还可能是一些具有固定关系的人员，如商店的老主顾等。

（4）非公众、潜在公众、知晓公众和行动公众

根据组织与公众关系的密切程度可将公众划分为非公众、潜在公众、知晓公众和行动公众。

①非公众。非公众是指还未与组织发生关系的公众。如果按公众的定义来衡量，他们还不能算是公众，因为他们既不受组织的影响，又不影响组织的运行。之所以要提出非公众这一概念，目的在于减少公关工作的盲目性。

②潜在公众。潜在公众是指事实上已与组织产生联系但自身却尚未意识到的公众。由于他们还没有意识到问题的存在，也不会有什么行动，但问题一旦暴露，他们就会迅速成为知晓公众和行动公众。之所以提出潜在公众这一概念，是为了加强公关人员的预测意识，对于组织运行过程中可能出现的各种后果都要提前分析并制订应对预案，防患于未然。

③知晓公众。知晓公众是指意识到问题的存在并急于了解原因和解决方法的公众。知晓公众一旦形成，组织应采取主动的公关姿态，以便同公众交流信息，增强公众对组织的信任感。尤其是不利于组织的问题已被知晓后，不应采取回避的态度，否则就会失去引导舆论的机会，酿成严重后果。

④行动公众。行动公众是指在知晓的基础上付诸行动的公众。行动有积极与消极之分，公关部门尤其要注意那些对组织不利的消极行动，如诉诸大众传媒、政府有关职能部门，甚至诉诸法律。公关人员要努力让公众了解组织为解决问题所持的真诚态度和所做的实实在在的工作，力争变压力为动力，变被动为主动。

### 实务训练 1-3

实训内容：（1）择一案例，辨析非公众、潜在公众、知晓公众及行动公众。

（2）分析案例中组织对不同公众的公关策略。

实训要求：自由结成小组，撰写小组分析报告。

（5）首要公众和次要公众

根据公众对组织的重要程度可将公众划分为首要公众和次要公众。

①首要公众。首要公众是指那些对组织的生存和发展起关键作用的公众，如组织的员工、外部公众中的一些关键人物等。这类公众有时并不一定很多，但与他们之间关系的处理却往往会给组织带来很大的正面效应或负面效应，是组织公关活动的重心所在。

②次要公众。次要公众是指那些对组织的生存和发展有一定的影响，但不起关键作用的公众。此类公众要比首要公众多，处理与他们的关系也相对次要。但次要是相对于首要而言的，也并非固定不变，今天的次要公众可能转化为明天的首要公众。

除了以上主要的五种分类，还可以根据不同标准做出不同的分类，在具体的公关工作中对公众分类的标准只有一个，即对开展公关工作有利和有效。

### 1.4.3 公共关系的媒介——传播

1）公关传播的含义及基本要素

（1）公关传播的含义

传播是连接公共关系主体和客体的纽带，组织公关活动实质上就是向公众传播和与公众互动的过程。公关传播是组织利用各种媒介，有计划地与公众进行双向信息沟通的活动。

（2）公关传播的基本要素——5W

①Who，是信息的发布者（传播者），在公关活动中，一般指某一社会组织。

②to Whom，是指信息的接收者（接受者）。在公关活动中，一般指公众。

③through Which channel，是指信息传递的途径和渠道（简称信道）。在公关活动中，信道既可以是文字、图画，也可以是广播，还可以是电视、互联网……

④say What，是指信息的内容。在公关活动中，信息的内容十分广泛，既包括各方面的知识、事件、消息，也包括各种观念、态度、情感等。

⑤with What effect，是指某一信息经传播后所产生的效果。在公关活动中，传播效果往往与信息反馈紧密相连，信息发布者可以根据信息接受者的反馈来检验传播效果，并相应地调整行动方案。

2）公关传播的基本方式及其特点

个体自身传播、人际传播、组织传播和大众传播是公关传播的基本方式。

（1）个体自身传播及其特点

个体自身传播，也称“个体内向交流”。其特点是信息的传者与受者同为一体。平常我们所看到的人的自言自语、自我欣赏、自我陶醉、自我反思等，都是这种传播的具体表现。从传播学的角度看，个体自身传播是人类一切传播行为的基础。

（2）人际传播及其特点

人际传播，即个体与个体之间的传播与沟通。其特点是双方参与性强，传播符号多样，信息的传递和反馈同时进行或间隔时间很短，感情色彩强烈。平时我们所看到的人与人通过语言、动作、表情所进行的面对面沟通，以及通过电报、电话、书信、电子邮件等进行的非面对面沟通，均是这种传播的具体表现。在信息时代，电子邮件是使用较为广泛的人际传播形式，网络音视频聊天、微博、微信等作为新兴的人际传播方式也不断受到追捧。从传播学的角度看，人际传播是人类最常见、最广泛的一种传播方式。

（3）组织传播及其特点

组织传播，即组织与其成员、组织与其所处环境中的公众之间的传播与沟通。其特点是传播的主体是组织，传播的对象十分广泛、复杂，传播有明确的目的性和可控性。平时我们所看到的一个组织为实现其目标所进行的组织内部的上下沟通、平行沟通，以及与外部组织所进行的广泛而复杂的交流，均属这种传播的具体表现。从传播学的角度来看，组织传播是疏通组织内外沟通渠道、密切组织内外关系的一种重要传播方式。

（4）大众传播及其特点

大众传播，即组织通过大众传媒，如报刊、书籍、广播、电视、网络等，将复制的信息传递给分散的大众。其特点是传播机构高度专业化，传播对象高度大众化，传播手段高度技术化，传播内容高度通俗化。几乎所有的人天天都会或多或少地接触到报刊、书籍、广播、电视、网络等，可见这种传播方式覆盖面之广、影响之大。从传播学的角度看，大众传播是现代科技高度发展的标志，随着通信技术的不断发展，大众传播的现代化程度也必将进一步提高，其作用也必将愈加重要。

**视野拓展1-7**　　**微博与微信：微时代的公关平台**

微时代的到来，让我们有了更多的传播方式，微力量让我们之间的距离越来越近，不断地改变我们的生活，加快了信息的传播速度。可以说，微博和微信是微时代不可或缺的传播工具。在微时代里，微博与微信正是充当了维护企业形象、进行公关活动的最佳平台。

一、微博与微信的区别

1. 平台属性。微博是一个相对公开的平台，在微博上发布的信息可以被任何人浏览，且可以以裂变的方式进行碎片化的信息传播。而微信则是一个更私密的平台，在微信平台上，用户间的好友关系建立在双方共同意愿上，只有相互关注的用户才能互发消息。微信在功能设置上更加偏向社会关系的完善。

2. 传播特性。微博信息的传播没有限制，可以通过用户转发在最短时间占据互联网的每个角落，但由于每个用户关注的人较多，微博信息更新过快，因此多数用户对微博信息的接收是随机的。微信相对于微博，虽在传播范围上略逊一筹，但微信的传播优点在于精准，微信公众平台发布的信息，所有关注的用户都可以收到，相对于微博浅社交、广传播的传播特性，微信更专注于建立深社交、精传播的平台。

3. 用户关系。在微信上，用户需要互加好友才能相互交流，因此用户间呈现对等关系，而微博用户间不需要互加好友就可以单方面看到对方的微博，是一种非对等的多向度错落关系。

4. 时间同步性。微信主要基于用户同时在线发布消息，因此信息到达率可达100%，而微博主发送的信息粉丝需要在线时才能及时浏览到，或者信息未被浏览就会被淹没在快速更新的微博中。因此微博是差时浏览信息，粉丝接收信息是不同步的。

二、微博与微信在企业公关中的优势

1. 蝴蝶效应。如果企业需要进行品牌曝光以及营销活动的推广，利用好简短的140字，微博的蝴蝶效应将会帮助企业产生巨大的经济价值。微博的传播是一对众的N次方传播，传播速度极快，从这个角度上说，微博的价值高于微信，微博是公共话题讨论的区域，而微信更注重一对一的交流，在微信公众平台上用户之间互动性差。在微博上，很容易通过转发与讨论促成一个热点话题，从而将企业推向舆论的风口浪尖，达到前所未有的宣传效果。

2.客户关系管理。在飞速发展的互联网时代，微信已经拥有了6亿多用户，可以说关注企业的每个微信用户都有可能成为企业的潜在客户，这是微博不可比拟的。而当今时代强调的是精准营销、效果营销和许可营销，微博嘈杂的大环境很难精准定位客户，源源不断的广告也很容易引起粉丝的反感，而微信更注重的是用户体验。微信通过对话机制，可以使企业与客户进行很好的沟通，对客户关系的维护能力很强，很容易加深顾客对品牌的好感度，继而为企业带来再次消费与口碑效应，这种传播速度虽然慢但影响极深，信任度很高。因此相比而言，微信更适合做销售转化以及客户关系管理。

资料来源　佚名．微博和微信谁的营销能力更强？[EB/OL]．[2014-03-09]．http：//blog.sina.com.cn/s/blog_d8f81e610101f1ro.htm.经改编．

## 本章小结

公共关系是社会组织为了塑造自身形象，通过传播、双向沟通等手段和活动影响公众的科学与艺术。公共关系学是研究社会组织的公关活动及其规律的科学，是一门兼具应用性、综合性、交叉性和边缘性的独立学科。公共关系学的研究领域可分为公共关系理论和公共关系实务两个部分。

公共关系有一个从萌芽到成熟的发展、演变过程，中外古代都有许多类似于现代公共关系的思想与活动。现代公共关系以公共关系职业的出现为标志。公共关系从传播活动中分离出来，成为一种自觉的、有特定目的的工作，并逐步形成学科化的理论体系。当代公共关系发展的基本趋势表现为：公共关系自身的职业化、行业化，公共关系理论的规范化、国际化，公关活动主体及功能的多元化，公关活动技术手段的现代化。

公共关系的职能主要有：收集信息，了解变化；参谋咨询，提出建议；加强沟通，协调关系；应对突变，处理危机；传播组织社会责任等。开展公关活动应遵循的原则有：实事求是、双向沟通、互惠互利、开拓创新、尊重人格、全员公关等。

公共关系的主体——组织，仅指社会组织。社会组织是人们有计划、有目的、有组织地建立起来的社会机构，社会组织因性质、结构、功能和活动方式不同呈现多样性，依据一定的标准可将组织分成若干种类。

公众是因面临某些共同问题而形成并与组织发生相互联系和作用的个人、社会群体、组织的总称。公众具有复杂性、变动性、同质性、相关性。为了使组织的公关活动更有针对性，可以根据不同的标准、从不同的角度对公众进行分类。

公关传播是社会组织利用各种媒介，与公众有计划地进行双向信息沟通的过程。5W构成传播的基本要素。个体自身传播、人际传播、组织传播、大众传播作为公关传播的基本方式具有各自的特点。

## 课后思考

（1）如何理解公共关系就是争取对自己有用的人？

（2）公共关系也是生产力，你同意这种说法吗？

（3）结合某一组织谈谈公共关系的职能。

（4）近年来，公关从业人员中女性越来越多，难道公关工作更适合女性吗？

（5）除了本章列举的社会组织分类标准，社会组织还可以如何分类？

（6）除了本章列举的公众分类标准，公众还可以如何分类？

（7）如何理解公众的变动性与同质性的关系？

（8）尝试设计一份公众信息传播方式调查表。

# 第2章

# 公关机构和从业人员

## 学习目标

知识目标：

了解公关机构的类型、特点，掌握社会组织有效选择公关机构的方法。

能力目标：

了解公关从业人员应具备的基本素质，掌握提高公关从业人员素质、有效培训公关从业人员的途径与方法。

## 基本知识点、基本能力点及能力拓展点

→基本知识点

公关部的类型及特点

公关公司的类型和特点

公关社团的类型和特点

公关从业人员的基本素质和能力

公关从业人员的培养

→基本能力点

科学选择公关机构

合理设置组织内部公关机构

选择公关人员并进行有效培训

→能力拓展点

拟订公关部及公关公司内部设置计划

拟订公关从业人员选择及培训计划

导引案例 疲于奔命的京东公关部

京东商城CEO刘强东的微博营销玩得炉火纯青，让人望而生叹，但他在微博上也时有“直言快语”。这可是苦煞了京东的公关人员，不仅要一直关注东哥的微博，还要随时准备应付突如其来的各种舆论，真是相当地忙碌。

刘强东在微博上的一些“直言快语”和某些一时兴起的个人言论，经常把京东推到风口浪尖上，让京东的公关人员疲于应付。刘强东在微博上放话要“掀起价格战”，其他几家竞争对手于是立马“排兵布阵”，“真刀真枪”地以促销措施回应，而声称要“掀起价格战”的京东，反而迟迟不见动静。记者们满怀期待地致电过去，却得到公关部“具体措施还没出台，不方便透露”的答复。

看来这次是东哥在晨会时一激动、一手快，就把微博发出去了，又打了可怜的京东公关部一个措手不及。不得不说，作为一家如此大规模公司的CEO，发个微博也得跟公关部好好商量商量，起码也得设计好说辞。

竞争对手天猫公关部对媒体回应：“天猫从来没有、也不会假定某个目标来进行天猫自己的促销计划”，“我们只有一个目标，帮助平台商家更好地销售，让消费者获得更大的实惠。任何可能的市场手段都在可采取的范围之内”。

此前，面对当当网李国庆（微博）的“京东的钱只够烧到2012年8月至10月”的炮轰，刘强东很爽快地直接亮明，京东的现金账户不低于60亿元。不过，就算是为了澄清现金流吃紧的传言，其实刘强东也不用把自己的家底露出来，这样反而更挑起了大家都来“算算账”的热情。

苏宁易购常务副总裁闵涓清在2012年7月16日发布微博：“一个一贯坚称投入巨资买地自建物流的电商，已将上海、沈阳等地块出售给外资工业地产商，以补充紧缺的现金流。”矛头直指京东，此次刘强东倒是没有直接回应。

京东公关部就更没有回应了。不知道是不是被一直处于风口浪尖的京东和“直言快语”的刘强东给整怕了，感觉京东公关部好像一直都奉行着“少说少错，多说多错”的准则，一向都以“不方便透露”“传闻不实”等来回应大多数人的质疑。

刘强东7月10日还在微博上称：“行业艰难的时候是淘汰部分不合格人才的良机，没必要为见风头不好立即跑掉的‘人才’而遗憾。”7月11日即传出消息，京东COO沈皓瑜离职。于是又有各种关于高管如乙壤月、姜海东、沈皓瑜等纷纷离职原因的传言：有猜与IPO搁浅有关的，有猜不看好京东发展的，甚至还有猜与刘强东的行事风格有关，称其过于强势、固执的。传言满天飞，大家又来找京东求证了，当然，不出意料地又得到了公关部“不方便透露”的回应。

资料来源 吴琴．京东CEO刘强东微博嬉笑怒骂欢 公关部疲于奔命［N］．证券日报，2012-07-23.

讨论内容：（1）京东公关部为什么会疲于奔命？

（2）你认为京东公关部尽到职责了吗？

（3）如果你是京东公关部经理，你会如何做？

讨论要求：(1) 查阅相关资料，形成问题分析背景。

(2) 小组讨论，由小组代表发言，通过辩论开拓思路。

分析提示：从公关部职能分析入手。

## 2.1 公关机构

公关机构是专门从事公关工作的社会组织、团体及部门，其包括公关公司、公关社团、社会组织内部设立的公关部。

### 2.1.1 公关部

公关部是社会组织为达成自身目标而设置的专门从事公关工作的内部职能机构。国际上对组织内部公关机构的名称尚无统一规定，公关部是运用最广泛的名称，此外也有公共事务部、公共信息部、公关广告部等称谓。

1) 公关部的性质

公关部在组织中处于“中介”和“边缘”的位置，是一个重要的职能部门。对内，公关部要向各子系统提供信息，协调职工之间，部门之间，职工、部门与领导之间的关系；对外，公关部介于组织与外部公众之间，代表组织发布信息，分析预测环境发展变化趋势，协调组织与外部公众之间的关系。公关部在组织中履行公共关系的职能，是组织的信息情报部、决策参谋部、宣传外交部。

#### 延伸讨论 2-1

现在，企业普遍认识到公关的价值，并设置了相应的机构。但在实际工作中，有些企业的公关部成了“接待部”“外联部”“公关营销部”。

讨论内容：公关部应不应该成为“接待部”“外联部”“公关营销部”?

2) 公关部的设置原则

(1) 规模适应性。公关部的规模应当与组织的规模及其发展相适应。大型组织可设立人数较多、门类齐全、分工细致的公关部；中型组织可设立人数不多、具有综合性的多职能公关办公室；小型组织可以不设立公关部，通过任命专职的公关人员或从公关公司聘请公关顾问来开展公关工作。

(2) 整体协调性。设置公关部应与组织内部各部门相协调，如果有冲突，应进行适当的调整，以免产生矛盾，影响正常工作。同时，人员的配备应考虑整体效应，以使公关部协调一致地工作。

(3) 工作针对性。组织的性质不同，公关工作的目标、内容、方法也不同，面对的公众也不同。不能盲目照搬或仿效别人的做法，而应遵循“针对性”原则，根据组织自身的性质以及组织特定的公众对象来设置公关部。

（4）机构权威性。公关部是代表组织工作的，一言一行都关系到组织的形象和整个事业的发展。这就要求组织对公关部应足够重视，使其具有一定的权威性。

延伸讨论2-2　　某公司公关部职责

（1）负责公司企业品牌、项目品牌发展战略的制定、策划、组织、实施、推广等管理工作。

（2）负责公司企业文化建设和CIS体系建设。

（3）开展公共关系调研，及时了解政府及有关部门出台的房地产政策及实施要求，了解新闻媒介关注的焦点，了解房地产产业发展状况及趋势，将调研情况及时整理成材料并向领导汇报。

（4）搞好公共关系协调，协助公司各部门加强对外工作联系，有计划地开展各项公关活动，参与政府及有关部门组织的活动，与社会各界建立起长效、可行的公共关系。

（5）加强与新闻媒介的联系和沟通，通过安排公司领导人接受媒体采访，拟发公司业绩新闻稿件，举行新闻发布会等活动，争取媒体的支持，提高公共关系协调的质量和效率。

（6）参与公司项目的年度、月度市场推广策划方案的评审。

（7）负责对广告公司进行评价与选择，以及各类广告的设计发布及监测。

（8）负责对集团内各部门所有对外公开发布的文稿进行审核，安排好媒体以及相关的新闻发布并进行监测。

（9）编撰公司简介、周报、内刊、大事记等。

（10）负责公司突发性事件紧急处置时的对外联络和报告，协助相关部门做好突发事件的善后处理工作。

资料来源　根据中国公共关系网相关资料改编而成.

讨论内容：你认为该公司公关部的职责规定是否合理？为什么？

3）公关部的类型

根据组织对公关工作的重视程度，公关部主要有三种类型：

（1）部门所属型。公关部隶属于组织中的某一职能部门，如办公室、经营部、广告部等，并由所在部门负责人兼任公关部负责人。具体隶属于哪一个部门取决于组织对公共关系职能的重视程度。

（2）部门并列型。将公关部视为与其他职能部门并列的独立职能部门，地位相当，各负其责。

（3）总经理直接领导型。公关部与组织最高决策层直接建立联系，其负责人由组织的最高决策人兼任。此种类型的公关部可参与组织的最高决策，具有一定的权威性。随着公共关系的重要性逐渐为人们所认识，公关部在组织中的地位大大提高，越来越多的组织设置总经理直接领导型的公关部。

4）公关部的内部结构

为了有效发挥公关部的职能，其内部必须合理分工，并设置相应的机构。公关部的内部结构设置形式有以下几种：

（1）对象型，即按公关工作对象设置公关部的内部结构，如图2-1所示。

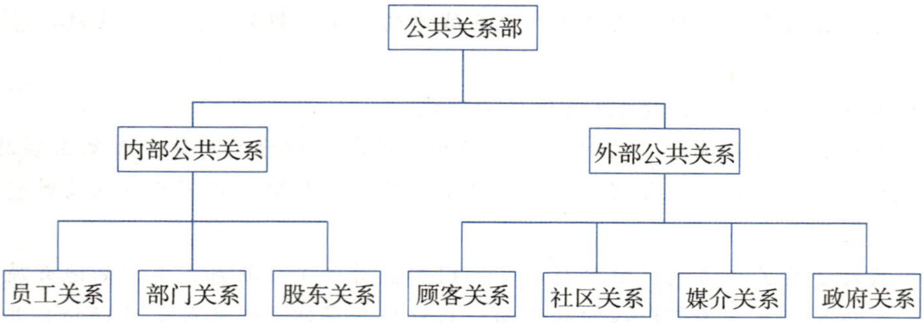


图2-1　按公关工作对象设置

（2）手段型，即按达成公关目标的具体手段设置公关部的内部结构，如图2-2所示。

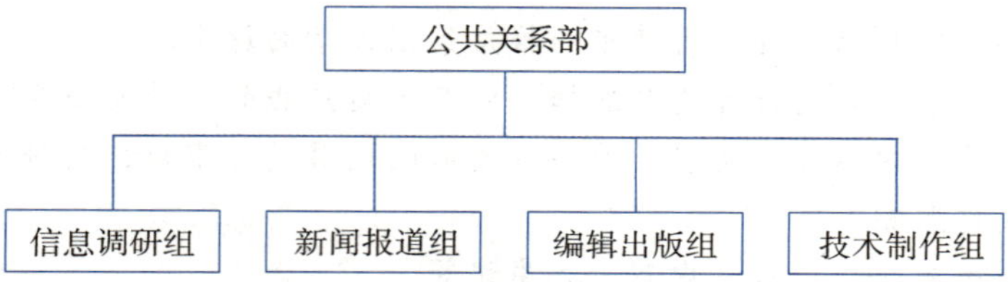


图2-2　按达成公关目标的具体手段设置

（3）区域型，即按活动区域设置公关部的内部结构，如图2-3所示。

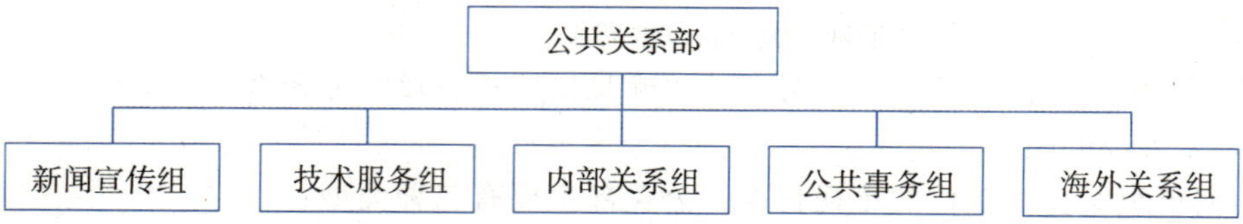


图2-3　按活动区域设置

（4）复合型，即按综合需要设置公关部的内部结构，如图2-4所示。

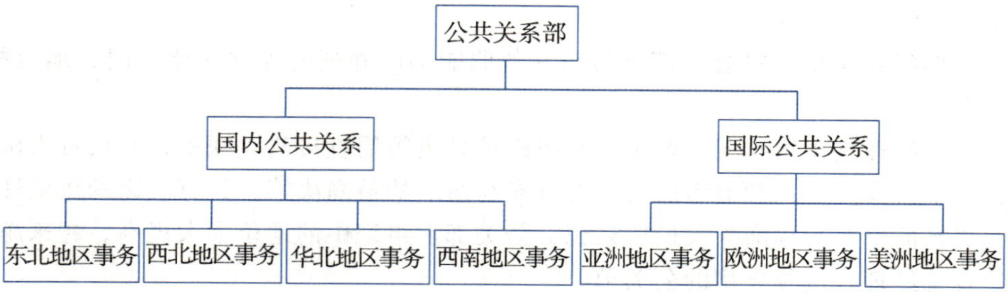


图2-4　按综合需要设置

**实务训练 2-1**

实训内容：调查分析某组织公关部门的机构设置情况及效果。

实训要求：自由结成小组，撰写调研报告。

**案例分析 2-1** **某宾馆公关部的设置**

某宾馆公关部在总经理的直接领导下，负责协调宾馆内外关系和塑造企业形象的重要职能。在对外关系方面，公关部通过接待、出访活动或通过新闻传媒力求在公众面前树立宾馆的最佳形象，从而为宾馆的经营和发展营造良好的社会环境。在对内关系方面，公关部根据总经理的指示，协调各部门的宣传推广活动，促进宾馆经营目标的实现。除此之外，公关部还通过各种渠道广泛搜集信息，为总经理的经营决策当好参谋。

（1）公关部的具体职能包括：①协调宾馆内外关系，树立宾馆的最佳形象；②统筹规划，开展宾馆在国内市场方面的宣传推广活动；③协调、组织对VIP客人的接待工作；④配合有关部门对员工进行企业精神的宣传教育。

（2）公关部机构设置如图2-5所示。

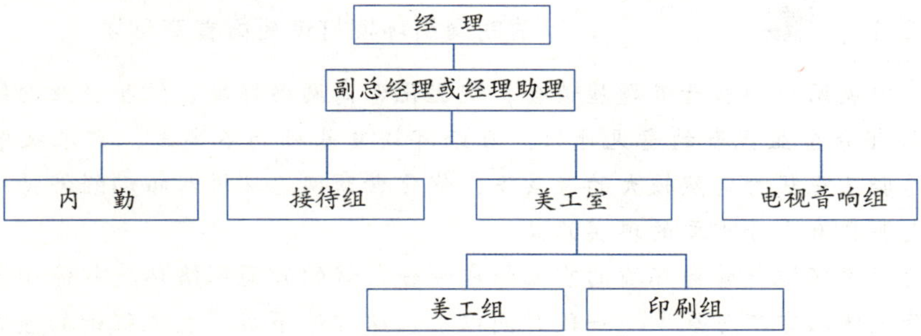


图2-5 公关部机构设置

（3）公关部岗位设置为：部门经理1人；副经理或经理助理1人；接待组人员2人；美工室主任1人，美工3人，印刷主管1人，工作人员1人；电视音响组主任1人，工作人员7人；内勤1人。

讨论内容：（1）该宾馆公关部在宾馆的地位如何？

（2）该宾馆的公关部主要承担什么职能？

（3）该宾馆公关部的内部机构设置及人员配备是否合理？

（4）从本案例中可得到什么样的启示？

分析提示：从公关部的职能、地位、内部机构设置及人员配备入手。

## 2.1.2 公关公司

公关公司又称公关咨询公司、公关顾问公司，是指由各具专长的公关专家组成，专门为各种社会组织提供公关咨询、从事公关活动的有偿服务机构。

1）公关公司的业务范围

公关公司根据客户的需要开展工作，并按照一定的标准收取费用，其主要服务内容包括：

（1）为客户做形象调查、形象设计、决策咨询、公共关系状况诊断，收集、汇编有关情报资料，如市场动态、政治、经济、文化、科技等情报资料。

（2）为客户组织有关市场营销活动，包括承办产品推广会、贸易展览会、展销会等。

（3）为客户制定近期和远期的公关目标，制订公关计划，并组织实施，评估公关活动效果，策划、组织各种公关活动，如剪彩仪式、庆典活动、联谊活动、赞助活动等。

（4）协助客户与有关公众联络沟通，建立和维持良好关系。

（5）为客户策划新闻传播，如制造新闻、撰写新闻稿、选择新闻传媒、组织新闻发布会等。

（6）进行公共关系培训。

（7）一般性公关服务，如设计、印刷各种文字宣传资料，制作纪念品、视听材料等。

**视野拓展2-1**　　**以清朗网络环境打造更好营商环境**

近日，中央网信办召开专题座谈会，就优化营商网络环境、保护企业网络合法权益等问题听取部分企业代表的意见建议。在经济恢复基础尚不牢固，需求收缩、供给冲击、预期转弱三重压力仍然较大的背景下，优化营商网络环境对推动经济持续好转、实现高质量发展具有十分重要的现实意义。

清朗的网络环境是营商环境的重要组成部分。好的营商网络环境就像阳光、水和空气，对经营主体而言不可缺少。一段时间以来，从捏造事实、主观臆断的虚假信息，到歪曲解读、蓄意炒作的不堪言论……网络上时不时出现一些影响经济发展、抹黑营商环境的奇谈怪论。这些违法违规行径给企业和企业家的形象形成了冲击，也给全社会的发展信心和稳定预期造成了破坏。

网络不是法外之地，营商网络环境更要有章可循。正因如此，中央网信办聚焦网上破坏营商环境的典型问题、突出问题，旗帜鲜明维护企业和企业家的合法权益，切实解决困扰企业和企业家的网上有害信息。特别是今年4月，在全国范围内启动为期3个月的“清朗·优化营商网络环境保护企业合法权益”专项行动，重点治理打着“网络兼职”“招聘写手”“市场营销”“负面舆论公关”“有偿删帖”等名义招募网络黑公关、从事黑灰产等十类网络乱象，为企业聚精会神干事业、心无旁骛谋发展营造良好的网络舆论氛围。

当前，我国经济发展面临的困难挑战很多，经济工作必须要从战略全局出发，从改善社会心理预期、提振发展信心入手。越是严峻复杂，越要增强定力、坚定信心。优化营商网络环境，是始终坚持“两个毫不动摇”“三个没有变”的有力体现，是激发经营主体活力、努力完成经济社会发展目标任务的必然要求，也是保障产业链供应链稳定，维护国家产业和经济安全，保持和提升国际核心竞争力，推动经济健康发展的迫切需要，必须高度重视、严密部署。

营商环境只有更好，没有最好。“进一步加强网络侵权举报受理”“进一步提升举报处置效果”“进一步加强问题账号等的管理”“进一步加大宣传、辟谣和曝光力度”，座谈会上提出的针对优化营商网络环境的四个“进一步”，为稳妥有序深入开展清理整治工作提出了明确要求，释放出国家保护企业合法权益的鲜明信号。下一步，要提高思想认识、健全工作机制，开展工作督导、加强宣传曝光，切实推动专项行动取得实效。

网络环境也是营商环境。坚持问题导向，采取务实举措，优化营商网络环境，保护企业网络合法权益，就一定能为经营主体营造稳定、公平、透明、可预期的网络环境，让更多企业安心搞经营、放心谋发展，在高质量发展之路轻装上阵、大胆发展。

资料来源　岚山．人民网评：以清朗网络环境打造更好营商环境［EB/OL］．［2023-09-07］．http：//opinion.people.com.cn/n1/2023/0604/c223228-40005760.html.

2）公关公司的类型

公关公司种类繁多，根据不同的分类标准可以将公关公司分为不同类型：

根据其业务范围不同，公关公司可划分为综合性公关公司和专业性公关公司。根据其组织方式不同，公关公司可划分为中外合资、中外合作、有限责任公司、私营公关公司等。根据公司活动区域不同可划分为跨国经营公关公司、跨地区经营公关公司、地方性公关公司等。

（1）综合性公关公司。这类公司专业人才较齐全，技术手段较先进，业务范围较全面，经济实力较雄厚，能为客户提供全面的公关服务。

（2）专业性公关公司。这类公司的经营规模和业务范围较综合性公关公司小，主要有两种类型：①专门为特定行业提供公关服务，如专门为工商企业、旅游服务企业提供服务；②专门为客户提供某个方面的公关服务，如专门为企业收集信息、制作视听材料、制作公关广告等。

**视野拓展2-2**　　**蓝色光标的公共关系服务**

蓝色光标是一家为大型企业和组织提供品牌管理与营销服务的专业企业，公司的业务有社区灯箱、智能电视广告投放、公共关系传播、线下活动策划执行、数字全案传播、移动互联网广告投放、大数据研究和海外传播业务，服务内容涵盖营销服务的整个产业链，服务地域覆盖全球主要市场。

蓝色光标成立于1996年，于2010年2月26日在深圳证券交易所创业板上市（股票代码：300058）。自公司登陆创业板以来，坚持贯彻“内生式增长”和“外延式发展”并重的发展战略，连续多年保持了高速增长。营销智能化和业务全球化是公司未来的发展战略，公司愿景是成为智能营销行业的知名者。

公司持续服务于约2 000个国内外客户，其中财富500强企业150多个。客户涵盖信息技术、汽车、消费品、房地产、互联网、金融、文化娱乐等行业品牌。公司总部位于北京，在国内各大区域设有分支机构，并在亚太、北美、欧洲拥有国际业务网络。蓝色光标现有员工6 000余人，2017年前三个季度营业收入约104亿元人民币。

公司在努力创造经济效益的同时，也积极履行社会公益方面的责任和义务。蓝色光标公益（蓝公益）通过资助、公司志愿服务、员工志愿者活动等方式支持和参与公益项目，主要涉及教育、环保、NGO支持等领域。除了直接的公益资助外，公司以专业能力为公益组织提供服务，历年来向多家公益组织提供了持续性的咨询志愿服务。

资料来源　根据蓝色光标官网资料编写.

3）公关公司的优势

客户愿意委托公关公司从事或代理公关业务，是因为公关公司有公关部所不具备的优势：

（1）观察问题较客观。公关公司与客户之间没有直接的利益关系，不受组织内人事关系制约，开展工作不带有感情色彩，能公正、客观地观察问题。

（2）社会联系广、信息灵。公关公司长期从事公关工作，与各种社会组织有密切联系，信息来源广，渠道畅通，能为客户快速、准确地提供信息咨询服务。

（3）所提建议具有权威性。公关公司的工作人员由各具专长的公关专家组成，公关专家有丰富的工作经验，所提建议、方案能切中要害，具有较强的说服力，容易受到组织决策者的重视。

（4）具有灵活性和经济性。客户可根据临时需要随时聘请公关公司处理公关问题，灵活性强。对于规模较小或公关业务较少的组织，内部设置公关部需要增加人员和经费，委托公关公司处理公关事务既简单又实惠。

公关公司尽管有上述优势，但因其是不隶属于某一组织的独立机构，往往对组织缺乏全面、深入的了解，所提出的方案有时也可能不切合组织实际，难以实施，或者不能达到最佳效果。

## 视野拓展 2-3

**2022 年度 TOP30 公司榜单**

（排名不分先后，按公司品牌英文名排序）

| | | | |
|---|---|---|---|
| 浙文天杰 | AmaxZ | 朗知传媒 | Longwise |
| 注意力 | APR | 嘉利智联 | mrg |
| 蓝色光标 | BlueFocus | 明思力中国 | MSL China |
| 森　博 | Cenbo | 奥　美 | Ogilvy |
| 传智数字 | Chuan Digital | 罗德传播 | Ruder Finn |
| 新意互动 | CIG | 鱼得水 | Smart fish |
| 中青旅联科 | CYTS-LINKAGE | 尚诚同力 | Topline |
| 迪思传媒 | D&S Media | 君信品牌 | Trustwin |
| 时空视点 | EVISION | 汪氏数字 | WINS |
| 际恒锐智 | GXEVER | 和智传信 | WISE BRAND |
| 海嘉传媒 | HIGHER+WISER | 智者品牌 | WISEWAY |
| 伟达公关 | Hill+Knowlton Strategies | 沃姆互动 | WOM |
| 百孚思 | iForce | 开普天下 | Worldwide Companion |
| 爱　创 | itrax | 相顺传播 | XS |
| 狼　卜 | Langbu | 哲基咨询 | Zenconsulting |

资料来源　中国国际公共关系协会. 中国公共关系业 2022 年度调查报告［R］. 北京，2022.

### 2.1.3　公关社团

公关社团泛指社会上自发组织起来，从事公共关系理论研究，开展公共关系实务活动的群众组织或社会团体。

（1）综合型公关社团。其主要指不同地区的公共关系协会，如中国公共关系协会、中国国际公共关系协会、上海公共关系协会等。此类社团多为民办官（政府部门）助，其职能是服务、指导、协调、监督。

（2）学术型公关社团。其主要指公共关系学会、研究会、研究所等学术团体，如北京公共关系学会、上海公共关系学会。此类社团通过举办研讨会、学术交流会总结公共关系实践经验，研究公共关系理论及其发展趋势，为公共关系实践提供理论指导。

（3）行业型公关社团。其主要指行业内部设立的公关社团，如旅游公共关系协会、中国高等教育研究会公共关系专业委员会。行业型公关社团可根据本行业的特点有针对性地开展公关工作，能从组织上保证公共关系在某一行业的深入发展，是一种很有前途的公关社团形式。公共关系的行业化在国际上已成为一种发展趋势。

（4）联谊型公关社团。其主要指以联谊为主的公关社团。这类社团名称各异，有公共关系俱乐部、公共关系沙龙、公共关系联谊会等，它们一般没有固定的活动方式，也没有严密的组织机构及严格的会员条例，其主要作用是在成员之间沟通信息、联络感情、建立良好的人际关系。

（5）媒介型公关社团。其主要指以报纸、杂志等传媒为依托建立的公关社团。此类社团直接利用媒介探讨公共关系理论，普及公共关系知识，交流公共关系实践经验，传播公共关系信息。

**视野拓展2-4**　　**中国公共关系协会**

中国公共关系协会（China Public Relations Association）成立于1987年，由公共关系专业机构、新闻媒体、教育科研机构、政府有关机构和企业界人士等自愿组成，是全国性、学术性、广泛性的非营利性社会团体组织。

中国公共关系协会最高机构为理事会，理事会每年举行一次全体理事大会，审议前一年工作并就重大问题进行决策。协会目前下设7个专业委员会，分别由协会理事担任相关领导。这些委员会是：教育培训委员会、学术委员会、政府公共关系委员会、新闻与传播委员会、国际与台港澳交流合作委员会、企事业公共关系委员会、文化艺术委员会，委员会在协会的领导下为行业和会员服务。

中国公共关系协会的常设机构为秘书处，设秘书长和副秘书长若干名。秘书处下设多个中心，由正副秘书长具体分管相关工作，具体包括行政中心（综合办公室）、媒体中心、业务中心。

资料来源　根据中国公共关系网相关资料改编.

## 2.2 公关从业人员

公关从业人员是指专门从事组织机构公众信息传播、关系协调与形象管理事务的调查、咨询、策划和实施的人员（以下简称公关人员）。

### 2.2.1 公关人员的素质

公关人员的素质是指公关人员的必备条件，包括心理素质、职业道德、知识结构、能力结构等。

1）公关人员的基本素质

（1）自信。自信是公关人员应具备的基本心理素质，是其取得事业成功的基石。充满自信的人，敢于竞争，勇于拼搏，自身的潜能能够得到充分发挥，往往能创造奇迹；而缺乏自信的人，遇事畏缩不前，常低估自身的能力，前怕狼后怕虎，行事不果断，往往错失机会。

（2）心理承受能力。无论成功还是失败，顺境还是逆境，公关人员都要善于控制自己的情绪和行为，以豁达乐观的态度对待工作中的困难和挫折，面对情绪激动、性格暴躁的公众，能心平气和地听取其意见和建议；应具有很强的事业心和进取心，对工作满腔热情，不畏艰难，勇于负责，持之以恒。

（3）开放的性格。从公关工作的需要看，公关人员的性格最好是开放型、稳重型，并有涵养、宽容和积极乐观。公关人员与各类公众交往时，应有宽宏大度、容人容事的气量，能求同存异，包容他人的弱点与不足，不斤斤计较。

（4）广泛的兴趣爱好。公关人员要与各行各业的人打交道，广泛的兴趣爱好有利于公关人员拓展社交空间，结交更多的朋友。公关人员应积极培养自己多方面的兴趣爱好。

（5）良好的气质。公关人员的气质最好是活泼型的，对工作热情而稳重，善交际而不急躁。兴奋型的人也可以从事公关职业，但工作中要注意避免感情用事。

2）公关人员的职业道德

1965年雅典举办的国际公共关系大会通过了《国际公共关系协会行为准则》，1968年德黑兰会议对此准则进行了修改。美国、英国、尼日利亚等国公共关系协会结合自己的实际情况先后制定了自己的职业道德准则。我国第四届全国省市公关组织联席会议于1991年5月23日通过了《中国公共关系职业道德准则》。

各国公共关系职业道德准则的具体条文虽然不尽相同，但都强调了下列条款：为社会进步做贡献；尊重人格；以自己的言行赢得公众的尊重和信赖；坚持真理，真实传播信息；对公众必须公正，维护公众利益；不谋私利，不得损害其他组织的正当利益。

3）公关人员的知识结构

（1）公共关系专业知识。公共关系学是公共关系实践的理论概括，总结出了公共关系的基本规律、程序，介绍了具体公关活动的基本技巧、方法，是公关人员从事公关活动的理论指南。公关人员只有掌握公共关系的基本原理和方法，遵循公共关系的基本规律，灵活运用公共关系技巧和方法，才能有效地达成公共关系的目标。

（2）与公共关系密切相关的知识。公共关系从某种意义上讲是一种管理活动，借鉴了管理学中行为科学的许多理论；公共关系以传播为手段，需大量运用人际传播、大众传播技术；公关工作直接面对社会、面对人，需研究人的心理、态度、行为。由此可见，公共关系是一门涉及管理学、市场营销学、传播学、社会学、心理学等学科的综合性的边缘应用学科。公关人员应该了解与其密切相关的这些学科的知识。

（3）开展特定公关工作所需的专业知识。如果公关人员要为商业企业开展公关工作，就必须了解流通领域的基本常识、商业竞争的规律等；如果一个企业要开拓国际市场，就需要了解国际公共关系知识，国际市场营销知识，国际市场竞争的基本格局，对象国政治、经济、文化、风俗习惯等方面的知识。只有这样，才能胸有成竹，有的放矢，取得良好的公关效果。

4）公关人员的能力结构

公关人员的能力是其知识、经验、个性的综合体现。公关人员应具备的基本能力包括创新应变能力、组织能力、表达能力、自控能力、社交能力、专业技能等。

（1）创新应变能力。公关工作只有不落俗套，以新颖的策划、别开生面的形式、独具匠心的技巧，才能满足公众求新、求异的心理，为公众所关注。这就要求公关人员大胆探索，不断进取，敢于创新。

（2）组织能力。组织能力是指有计划、有步骤地从事某种活动，并使之达到预期目标的实际操作能力。公关人员经常要组织各种庆典、参观、纪念、接待、记者招待会等活动。组织这些活动时应能统筹安排，使每项活动主题明确、层次分明、时间紧凑、协调统一，给活动参加者留下深刻印象。

（3）表达能力。表达能力包括文字表达能力和口头表达能力。公关工作经常要借助于文字传播信息、表达思想、宣传组织、树立组织形象，如撰写新闻稿、广告词、调查报告、演讲词，制订公关计划，编制公共关系刊物等，因此要求公关人员有较强的文字表达能力，而且这种能力不是一般人可替代的。公关工作的最终对象是人，任何一项工作都必须与人交往，口头表达能力强的公关人员，能准确、简洁、明了地表达思想，传递信息，收到吸引人、说服人、打动人的良好公关效果。

（4）自控能力。自控能力是一个人自己控制自己情绪的能力。公关人员经常要与各种类型、性格各异的公众打交道，经常要面对愤怒的消费者、客户，个人生活、工作中经常有令人不愉快的事影响个人情绪，所有这些都要求公关人员有较强的自控能力，不把自己的情绪带到工作中，否则会影响组织形象和声誉。

（5）社交能力。社交能力是指善于与他人交往的能力，是衡量一个人对现代社会适应程度的标准之一。擅长社交的人能使自己与社会、周围环境、他人之间迅速消除隔阂，建立起和谐、协调的关系，帮助组织达成公关目标。

（6）专业技能。从事公关工作需要掌握和运用各种专业技能，如摄影、美工、调查等，但并不意味着每一个公关人员都需要具备各种能力，事实上，大多数公关人员只需要具备一种或几种能力，就能胜任工作。

## 2.2.2 公关人员的培训

1）培训目标

公关培训的总目标是经过培训使公关人员具备应有的素质和能力，并能遵守公共关系职业道德规范。培训目标依组织的不同需要而异。

（1）培训公关工作的组织者和指挥者，应注重全面的知识结构和能力结构，要求被培训者在专业教育的基础上系统地学习和掌握与公共关系密切相关的其他学科的知识，并具有较丰富的实践经验。

（2）培训承担公关工作中技术性较强工作的人员，如广告设计、美工、摄影、新闻写作等，应侧重专业技术知识和能力的培训，要求被培训者接受相关专业的正规教育或专门培训。

（3）培训维持公关部门的日常活动的辅助或事务性工作人员，应侧重一般工作素养（特别是仪表、礼节、道德品质）的培训。

2）培训途径

（1）学历教育。

学历教育指在高等院校设置公共关系专业并为相关专业开设公共关系课程，培养公共关系专门人才。我国高校开设公共关系课程已相当普遍，教育部已将公共关系作为普通高校行政管理、工业经济、企业管理、旅游经济、市场营销、广告学等专业的专业课。目前，全国已有300多所大学开设了公共关系课程，部分大专院校开设了公共关系专业。高等学校培养公共关系专门人才，课程设置较系统、科学，学生可以全面掌握公共关系基本理论和实务知识，毕业后能直接从事公关工作。

（2）社会教育。

社会教育是学校教育的补充形式，主要面向成人，有面授和函授两种方式，主要采取公共关系研讨班和短期培训两种形式。

① 研讨班的参加人员多为社会组织的公关负责人或公关机构的负责人，他们一般都已具备一定的公共关系专业知识，并有丰富的实践经验。研讨班的具体内容多为专家专题讲座，介绍公共关系领域的新理论、新技术、新方法，或者是参加者相互交流经验，共同探讨公共关系领域的新问题，总结公共关系实践的新成果。

② 短期培训的对象可以是已有一定公关知识和经验的公关人员，也可以是有志从事公关工作的其他人员。短期培训一般根据学员的需要开设课程，可以帮助学员提高公共关系理论水平，也可培训某项具体公关技能，是一种针对性强、收效快的培训方法。我国早期从事公关工作的人员基本上是通过短期培训走上工作岗位的。

（3）组织培训。

组织培训是指社会组织根据自身需要及人员特点，对公关人员进行培训。这种培训注重实用性，学员经过培训能很快适应工作需要。北京长城饭店是国内最早着手对公关人员进行培训的企业。1983年开业之初，长城饭店公关部编制了自己的公共关系教材——《北京长城饭店公共关系培训指南》，采用边学边干的岗位培训方式，经过一年多的学习和实践，公关部的人员基本上都熟练掌握了公共关系知识和一种业务技能，并能组织一些公关活动。

3）培训方法

公共关系工作知识密集、实践性强，因而有其特有的培训方法，归纳起来主要有：①文献阅读，包括公共关系概论、公关顾问专业指南、案例研究与分析等；②课堂讲授，由专业讲师系统讲授公共关系原理、实务、技巧以及职业发展趋势等；③业务研讨，以项目组形式就具体个案进行分析、策划、实施、评估，进而提炼升华；④言传身教，由高级专业人员对低级别人员进行“传”“帮”“带”，通过专业工作中的具体指导，来提升专业人员的职业技能；⑤模拟训练，以项目组形式进行模拟项目的演练，由高级专业人员进行点评；⑥行业交流，安排专业人员参加行业内的业务交流活动，包括讲座、研讨会及其他活动。

**案例分析2-2**

### 刘焱：公关是大智的积累

智者品牌的创始人刘焱也许创造了公关行业的几个之“最”：升职最快，最年轻的中外合资公关公司总经理，最快把创业公司带上新三板。2011年刘焱和几名合伙人一起创立智者品牌，服务的客户包括宝马、英菲尼迪、凯迪拉克、劳斯莱斯、玛莎拉蒂、东风雷诺、雀巢、华为、荣耀、唯品会、腾讯视频等知名品牌，近年来业务的迅速增长使智者品牌成为继蓝标、迪思等巨型公关服务公司后业务扎实、人才济济的第二梯队公司。在短短几年业务过亿的基础上，智者品牌保持着30%的年增长率。

刘焱参加工作16年，除了实习经历外，只在两家公司工作过，一个是宣亚公关，一个是她自己创立的智者品牌，相比公关行业人员的频繁跳槽，刘焱是超稳定的一种。

2003年，在经历了一段实习经历后，刘焱就加入宣亚，赶上宣亚和中国公关业迅速成长的年代。刘焱喜欢写东西和琢磨事情，在宣亚服务于德意志银行之时，她的任务是把银行分析师写的报告做成新闻稿，安排媒体采访银行的专家。根据银行出具的报告写新闻稿是公关公司的“规定动作”，如何提炼内容庞大、专业性强的报告，找到与中国媒体的关联性？全球报告如何与中国读者关心的事情相连接？这些事情的历练（提炼思想和写作过程）使得刘焱迅速成长起来。

快速成长的公关人，都会有这种强迫深入学习的自制力。26岁的时候，刘焱接手公司的大客户长安福特，开始带6个人，后来团队增加到接近40人。刘焱说她很感激宣亚的创始人张秀兵，给她这样一个初出茅庐的小孩这么大的信任和责任。2008年，刘焱被派到宣亚与世界第一大广告集团宏盟集团下属公司合资的公关公司担任董事总经理，那一年她才28岁。

2010年，刘焱离开宣亚，想着做一个小而美的、专业的公司，一年后智者品牌成立。公司的发展打破了刘焱最初的规划。如今，智者品牌已成为一家200多人的中等规模公关公司，2016、2017连续两年入选公关行业TOP30。在2012年签下大客户华为后，智者品牌2013年签下英菲尼迪，迎来汽车领域的业务爆发。我们还都能记起当年英菲尼迪赞助“爸爸去哪儿”节目，品牌一炮打响。

公关公司并不直接参与企业的广告、赞助决策，公关传播内容的来源是品牌的价值主张，一定要在战略层面帮助客户建立一个体现品牌价值、与消费者连接、有话题传播性的价值主张。刘焱团队提出“冲突美学”、力量和浪漫、自然与工业、东方与西方、感性与理性的对比。从这个主题出发，他们策划了英菲尼迪“设计之夜”和一系列后续内容。

刘焱说，她的任务是找到更强的人，去做她做不到的事情，为他们赋能，也挑战他们。她提出公关的专业境界有三个，第一重界是：看山是山；第二重界是：看山不是山；第三重界是：看山还是山。专业的第一重界就是把该做的事情做好并对规则产生膜拜。第二重界充满思考和困惑，比如坚持主张还是对客户言听计从，发现客户判断错误是提出还是高情商地漠视？到了第三重界，开始接受理想和现实之间的距离，拥有一种力量，可以拒绝自己认为的非专业，就像毛姆的《月亮和六便士》，月亮是崇高的理想，而六便士是现实与卑微。在公关这个行业里，熬到有一天，看山还是山。

资料来源：李国威. 刘焱：公关是大智的积累［EB/OL］.［2019-02-13］. http：//www.5ipr.cn.

讨论内容：（1）刘焱的经历带给你什么启示？

（2）如果你有志于公关职业，请谈谈你的具体设想。

## 本章小结

公关机构是专门从事公关工作的社会组织、团体及部门，包括公关公司、公关社团和社会组织内部设立的公关部门。公关从业人员是指以从事公关工作为职业的人员。公关从业人员应具备良好的心理素质、知识结构、能力结构等。培训是提高公关从业人员素质的有效途径，目前我国以学历教育、社会教育和组织培训等途径为主。

## 课后思考

（1）各种公关机构的特点如何？怎样选择公关机构？

（2）公关人员必备的素质有哪些？你觉得自己还有哪些方面需要改进？

# 第3章

# 公众心理与行为

## 学习目标

知识目标：

1. 了解公众心理的含义及基本特点，把握公众角色心理、群体心理的基本特征。

2. 掌握公众知觉、态度、需要、流行与流言等心理与外在行为的关系，以及个体、群体公众心理及公众心理变化的认知途径和方法。

能力目标：

在教师指导下，结合案例充分理解公众心理与行为的关系，掌握通过外在行为表现准确判断公众心理活动，或者通过引导心理变化使公众产生组织期望的行为的方法。

## 基本知识点、基本能力点及能力拓展点

→基本知识点

公众心理的含义及特点

角色心理、群体心理的含义及特征

公众不同心理需求与行为表现的关系

个体公众心理、群体公众心理及公众心理变化的认知途径与方法

→基本能力点

结合实例阐述公众心理与行为的关系

结合实例阐述公众心理的认知途径与方法

→能力拓展点

判断某一个体公众或者群体公众的心理

提出在特殊环境下影响公众心理的因素

提出引导公众心理变化的途径和方法

**导引案例　　《2022未来消费趋势洞察报告》解读**

《2022未来消费趋势洞察报告》从消费动力、到家消费、到店消费及品牌创新的角度为未来消费"画像"。

该报告由阿里新服务研究中心携手上海外国语大学行为科学课题组、本地生活到家KA数字化运营部、本地生活商家联盟、本地生活市场与用户策略研究团队共同发布。

在到家消费方面，报告公布了面向未来的到家消费十大城市、十大品类以及主要品类品牌榜。报告显示，面向未来，一线及新一线城市到家消费遥遥领先。2021年，上海、杭州、北京、深圳、广州、武汉、苏州、成都、长沙、南京年轻人到家消费位居前十；与2020年相比，武汉上升了5位，北京上升了1位。

从品类上看，茶饮、小吃在最受年轻人欢迎的到家消费品类中名列前茅。从品牌上看，本土品牌和新锐品牌表现亮眼，其中多家上榜品牌以平价、国潮为特色，体现了面向未来的青年一代兼顾品质、潮流和性价比的消费特征。

同时，报告发布了面向未来的到家消费主要品类TOP5品牌榜单。根据2021年Z世代到家消费主要品类中各品牌订单量占比，可以得到2021年Z世代到家消费主要品类TOP5品牌榜，其中蜜雪冰城、华莱士、阿香米线、牛家人在各自品类中拔得头筹。

在到店消费中，Z世代人群更注重沉浸式和氛围感，最爱可以带来享受的高性价比娱乐。面向未来的到店消费将体现在一站式玩乐、轻社交、颜值潮流、自我塑造、体验经济等方面。

同时，报告指出，盲盒经济、健康食品、"一人食"、本土化、数字化、国潮、跨界等，是面向未来的品牌创新方向，并展现了部分代表性品牌的创新玩法。

资料来源　阿里新服务研究中心．2022未来消费趋势洞察报告［R］．北京，2022.

讨论内容：该报告显示了哪些消费特征？举例说明你的观点。

讨论要求：收集相关资料，做好讨论准备。

分析提示：从消费者心理特征与消费行为之间的关系方面进行探讨。

# 3.1　公众心理概述

## 3.1.1　公众心理的含义及特点

1）公众心理的含义

公众心理是指在公共关系情境中公众受组织行为影响和大众行为方式作用所形成的心理现象和心理变化规律。理解公众心理的含义需要把握以下要点：

（1）公众心理是指在公关活动中表现出来的公众心理，是与公关活动有关的大众心理。

（2）公众心理具有主观性与客观性相统一的特点。公众的心理活动通过公众在公关活动中的行为表现出来，并呈现出有规律的行为倾向。

（3）公众心理不是单一的、片面的，而是多样的、多层次的。

（4）公众心理不是固定不变的，而是不断发展变化的。在公关工作中，必须通过调查研究来及时了解公众不断变化的心理，使公关工作真正做到有的放矢。

2）公众心理的特点

（1）心理需求的广泛性。社会生活的丰富性反映了人的需求的多样性。人不仅有生存的需要，而且有发展的需要；不仅有物质需要，而且有精神需要。就公众在公关活动中的需要而言，知晓、尊重、美观、实用、时尚、炫耀、价值体现的需求具有广泛性。

（2）利益追求的共同性。就本质而言，公众是一个利益群体，任何组织的公众都具有共同的利益追求。正是基于共同的利益追求，社会中相关或不相关的个体、群体组合成某一社会组织的公众，并对该组织的行为形成大致相同的认知、情感、意志过程，产生相同或相似的意见、态度和行为。

（3）信息暗示的易受性。暗示是指组织或公关人员含蓄地向公众发出某种信息，对公众的心理和行为产生影响的过程。由于暗示不具有强迫性，它使被暗示者不自觉地接受某种信息，并按照暗示者所期望的方式行动，很容易使公众接受。公关广告、营销宣传大都具有直接暗示或间接暗示的成分。

（4）行为模仿的普遍性。模仿是在非控制条件下，个体受他人信息暗示或行为刺激的影响，有意识或无意识地仿效他人行为的一种心理现象。通过模仿，某一类组织可以对某一问题表现出相同或相似的行为。模仿是时尚和流行现象形成的心理基础。

**案例分析3-1**　　**“戴安娜”选购珠宝**

伦敦某珠宝店一度门可罗雀，为了摆脱困厄局面，老板千方百计物色了一位酷似王妃戴安娜的女士，让她某日某时着盛装在该店购物。老板又邀请来一批新闻记者，为避侵权之嫌，老板将其炮制的“王妃戴安娜前往某店选购珠宝”的特别新闻摄制成哑剧在电视台播放，吸引了众多的人前去购买，珠宝店的生意由此起死回生。

资料来源　改编自中国营销传播网相关资料.

讨论内容：（1）珠宝店起死回生的奥秘是什么？

（2）案例中公众购买行为的心理基础是什么？

分析提示：从公众行为模仿、信息暗示的角度入手。

（5）情绪感染的强烈性。感染是指感染者通过语言、动作、表情或其他方式，引起被感染者相同的情绪反应，从而使被感染者对感染者的某种心态产生无意识的遵从。感染的基本表征是相似的情绪在公众中迅速传播。

### 延伸讨论 3-1

公共关系心理学理论认为，公众间的情绪感染有三个特点：一是感染在无压力条件下产生，公众的相似情绪会导致无意识的从众或服众行为；二是这种情绪感染在公众互动中得到强化，产生强烈的共鸣；三是由于公众的情绪感染多在间接交往的基础上实现，因此，情绪感染的范围越大，走样程度越高。感染心理传播现象主要受两个因素制约：一是受态度的相似性制约，受感染者的态度相似性程度越高，感染越易发生和强化；二是受理智程度制约，公众个体的社会阅历越丰富、理智水平越高，受感染程度越小。

讨论内容：（1）为什么公众情绪感染存在程度的差异？

（2）通过实例来说明公众情绪感染。

（3）公众情绪感染对公关活动有什么意义？

## 3.1.2 公众角色心理

1）公众角色心理的含义

公众角色心理是指公众在社会生活中，由于扮演不同的社会角色而在行为中表现出的经常性的稳定的心理特点。任何公众在社会中都扮演着一定的角色，任何角色的心理都是在特定的社会环境中形成的。公众角色心理包括性别角色心理、年龄角色心理、职业角色心理、文化角色心理。

2）公众角色心理的特征

（1）公众角色心理的复合性。公众在社会生活中往往不是单一的角色，而是多种角色的复合体，理解其角色心理应从多种角色心理来认识，而不应停留在对单一角色的认识上。

（2）个体公众角色心理的特殊性。公众的角色是复合的，而每一个公众个体的心理又是特殊的，这就要求不仅要把公众心理放在复合角色心理的大背景下，还必须理解其特殊性。

（3）特定情境下公众角色心理的可变性。公众角色心理不是僵化的，往往因时、因事、因地、因境而异，而且这种变化往往是十分复杂的，受客观和主观两种因素影响，需要全面地理解，具体地分析判断。

### 延伸讨论 3-2

在社会生活中，人是心理的矛盾体，因为我们本身需要扮演很多的社会角色。我们也经常发现别人的多个面孔，因为人的角色心理也是不断变化的。公众的角色心理会变化，是因为公众的角色本身发生变化，公众的角色心理必须符合新角色的要求，或者同一角色处于不同的环境，而公众的角色心理要与环境相适应。

讨论内容：（1）说明自己目前所扮演的社会角色，描述角色心理。

（2）选择某一社会角色，分析其角色心理。

（3）分析公众角色心理对开展公关活动的意义。

### 3.1.3 公众群体心理

1）公众群体心理的含义

公众群体心理是指公众处在某一实际的社会群体中而在行为中表现出来的经常性的稳定的心理特点。群体的形成基于共同的生存条件和共同的心理需要，因而群体成员就有可能形成共同的心理倾向。这些心理倾向尽管不可能完全雷同地表现在每一位成员身上，但对全体成员来说都具有一定的典型意义。

2）公众群体心理的构成

公众群体心理包括：

（1）认同意识，即主动把自己的感情移入群体的心理共性之中，使之被群体同化。

（2）归属意识，即对群体的依赖感。

（3）集体意识，即集体观念，求同存异的心理，相互团结的意识。

（4）排外意识，即在热爱自己群体的同时排斥其他群体的意识。

#### 延伸讨论 3-3

有些外来务工人员在一个城市务工很长时间，也有比较稳定的工作和收入，甚至还买了房子，生活水平和生活习惯与城市人差异并不明显，但有调查显示他们对所在城市的认同感及主人翁意识普遍较低。

讨论内容：（1）外来务工人员的认同感及主人翁意识为什么普遍较低？

（2）城市政府公关部门应该怎样对待外来务工人员？

分析提示：从公众群体认同与排斥心理入手。

3）公众群体心理的特征

（1）群体心理与角色心理的交织性。社会生活中的群体有时候会以某种角色的人们的组合表现出来。这样，公众的角色心理与群体心理就会有交织重叠的部分。这些交织重叠的部分应成为公关人员把握公众心理的“焦点”。

（2）不同群体间心理的差异性。不同类型的群体心理既有共性，也有个性，即差异，把握不同类型群体心理的差异，可以增强公关活动的针对性。

（3）群体心理与个性心理的差异性。群体心理反映出群体成员的心理共性，但每个群体成员自身的心理特点又有其个性，不能用群体心理共性去掩盖个体成员的心理差异。

（4）群体领袖心理对成员心理的感染性。群体领袖作为群体的特殊成员，其心理与一般成员既有相同之处，也有不同之处。而且，由于群体领袖在群体中处于领导和核心地位，其独特的心理会感染和影响群体成员。

# 3.2 公众心理与行为

## 3.2.1 知觉与公众行为

1）知觉的含义

知觉是大脑对当前直接作用于感觉器官的客观事物的整体反映。知觉具有一定的主观意识性，这种主观意识性使知觉具有选择性。

影响知觉的选择性因素包括：客观上，知觉对象本身的特征、知觉对象与背景的差别、知觉对象的组合形式；主观上，个体的需要、动机、兴趣、经验、知识等。

2）知觉对公众行为的影响

（1）首因效应。在人的心理中，第一印象具有先入为主的作用，而且这种作用持续影响人的认知活动，这就是首因效应。例如，公众第一次进入新环境，第一次和某个人接触，第一次参加某项活动，都会在心理上留下深刻的第一印象，形成一种不易改变的心理定式。

（2）晕轮效应。从对象的某种特征推及对象的整体，从而产生美化或丑化对象的印象，这就是晕轮效应。同首因效应一样，晕轮效应带有强烈的主观色彩，往往容易产生一叶障目、不见森林的片面性。

（3）刻板效应。人们头脑中存在对某一事物对象的固定印象，这种印象往往不是以直接经验为依据，也不是以客观事实为依据，而是凭一时的偏见或道听途说而形成的，这就是刻板效应。在同一社会环境中的同一类公众中，刻板效应具有基本的一致性。

这三类公众知觉对公关组织来讲，很难绝对地讲好与坏、有利或有害，关键在于如何去把握，即形成或改变。

**延伸讨论 3-4**

一般而言，企业在推出新产品或新服务项目时，往往会动用各种媒体大做广告宣传，对公众进行地毯式立体信息“轰炸”，期望在短期内打开市场局面。

讨论内容：（1）企业为什么要这样做？

（2）对于企业，哪些公众知觉是需要强化或者改变的？

（3）分析公众知觉对开展公关活动的意义。

## 3.2.2 态度与公众行为

1）态度的含义

态度是人们对给定的客观对象所固有的一种心理倾向，由认知、情感、意志三个因素构成。态度并非行为，而行为以态度作为内在动力。

态度可以被看作心理向行为过渡的临界点，态度是行为的准备状态，行为是态度的表现状态。态度的变化直接影响着行为的变化，行为的变化导致态度各个因素相互关系的变化，其间伴随着情感的激励作用，主体实施一定的行为。

2）态度对公众行为的影响

（1）态度通过公众知觉的选择性和判断性影响公众的行为。一般说来，人的行为是由一定的外部或内部刺激引起的，但人并不是消极地接受刺激，而是经过心理上的加工作用才能接受，态度就是在人的心理活动中起加工作用的。人的态度一经形成，会使人对特定事物持有一套或强或弱的固定看法，这种“定型”的看法往往会影响他对人或事的感知与判断。

（2）态度决定着公众的行为方式。态度是一种内在的行为倾向，当这种内在行为倾向见之于实际活动时，就是完成了的行为。通常情况下，个人态度和行为是一致的。例如，一个人喜欢某人时，就会产生主动接近这个人的行为。

（3）态度决定人的行为效果的差异。不同人对同一人或事的态度不同，或者同一态度的程度存在差异，这种差异就会影响人的行为效果。一般说来，积极的工作态度的结果是高效率，消极的工作态度则会导致低效率。

**视野拓展 3-1**

心理学研究证明：人的态度不是先天就有的，生活实践与学习过程对态度的形成或转变起着重要作用。态度一经形成，就比较牢固和持久，但也并非一成不变，随着外界条件的变化会形成新的态度。一般而言，态度的转变包括：正向深化，即保持原方向，加大原有态度的强度；反向转变，即改变原有态度的方向和性质，如由消极变为积极，由反对变为赞成。前一种转变比较容易，后一种转变难度较大。

### 3.2.3　需要与公众行为

1）需要的含义

需要是人对特定目标的渴求与欲望，是推动行为的直接动力。人的需要基本可以概括为生理需要与心理需要两类。需要反映了有机体生存和发展条件的缺乏。这种缺乏可以是生理的，也可以是心理的。

在正常情况下，有机体生理状态和心理状态是趋于均衡的，这种均衡是个体维持生存的基本条件。如果有机体生理、心理上出现某种缺乏，便会导致均衡状态失衡，从而使机体处于紧张状态，只有减少或消除这种紧张，才能恢复平衡。从某种意义上说，需要的满足可以看作减少或消除这种紧张的反映。

2）需要对公众行为的影响

美国心理学家马斯洛的“需要层次论”，对揭示需要与公众行为的关系具有启发意义。其基本观点如下：

（1）人类有五种基本需要。满足需要是人类行为的基本动因。人类的需要从低到高依次是生理的需要、安全的需要、社交的需要、自尊的需要、自我实现的需要。

（2）人类的需要是有层次的。人类的五种需要是由低到高排成一个阶梯，当低层次需要获得相对满足后，更高层次的需要就占据了主导地位，成为驱动行为的主要动因。当然，这种层次顺序并不是绝对固定的，例外情况也是存在的。

（3）优势需要决定人的个体行为。在同一客观条件下，人存在多种需要，其中有一种占优势地位的需要决定人的行为。当一种优势需要获得相对满足后，其驱动力逐渐减弱，新的优势需要就会取而代之，驱动人的新的行为。

**实务训练3-1**

实训内容：选择某一区域或群体，调查其需要状况，并分析成因。

实训要求：设计调查表，撰写调查报告。

### 3.2.4 流行与公众行为

1）流行的含义

流行既是一种心理现象，也是一种行为活动。流行（或时尚）是一种大众心理现象：社会上许多人都去追求某种生活方式，使这种生活方式在较短的时间内成为一种普遍现象，进而发生连锁性的反应，即所谓的“一窝蜂”现象。

流行既体现在人们的物质生活（如衣、食、住、行等）方面，也体现在人们的精神生活（如文化、娱乐活动等）方面。判断某种社会现象是否流行有三个标准：

（1）人们对某种生活方式的追求，涉及的范围十分广泛。

（2）随从和追求这种生活方式的人相当多。

（3）这种生活方式在一定时期内快速出现和消退。流行长期持续，就会转化为人们的习惯，成为社会传统。

2）流行对公众行为的影响

流行作为一种行为活动，对公众行为的影响往往受多种因素制约。依据人们追求某种生活方式呈正态曲线分布，有人以革新性为标准把人分为五种类型：

（1）先驱者。他们一般都财力雄厚，富有冒险精神，有勇气，经常希望尝试新构想，有时会被认为是“怪人”。此类型人数很少，占总人数的2.5%。

（2）早期采用者。他们有见解、有眼力，也往往为周围人所信赖而起着舆论导向作用。这种人能够成功地预见新事物的发展趋势，果断地采用新的构想。此类型人数较少，占总人数的13.5%。

（3）前期追随者。他们很少带头前进，对于新的构想比较慎重，但却能相当积极地追随流行。此类型人数较多，占总人数的34%。

（4）后期追随者。他们对于新的构想持十分慎重的态度，直至绝大多数人都采用时才决心加以采用。此类型人数较多，占总人数的34%。

（5）落伍者。他们对于新的构想经常保持戒备心理，倾向于传统，对于人们追随流行十分不满，但最后还是会追随流行，不过那时已经成为落伍者。此类型人数较少，占总人数的16%。

**延伸讨论 3-5**

**可口可乐的“卖萌”文化**

“昵称瓶”是当下年轻人中间流行的一种卖萌文化，让年轻消费者放松了此前对可乐不健康的紧绷神经，并且让他们重新回到了有趣分享和好玩的轨道上来。

2014年夏天，可口可乐继续推出了“歌词瓶”和年轻消费者一起卖萌，“你是我最重要的决定”“阳光总在风雨后”“我和我最后的倔强”“我愿意为你”等几十首流行歌曲的歌词被印在可口可乐的瓶身。

2015年夏天，可口可乐推出了“台词瓶”，瓶身上的台词都出自中外经典及热门电影、电视剧，包括《甄嬛传》的“臣妾做不到啊”，《阿甘正传》的“生活就像一盒巧克力”，《乱世佳人》的“不管怎样，明天是新的一天”，《集结号》的“下辈子还做兄弟”，《万万没想到》的“万万没想到”等49句台词。

2016年5月，可口可乐延续“换装热潮”。结合奥运年，可口可乐率先揭开2016里约奥运会营销序幕，“此刻是金”是可口可乐推出的奥运营销主题，以“可口可乐金牌点赞双瓶”的个性化包装为起点，并通过360度的广告社交媒体传播、地面活动与全中国的消费者沟通，让奥运精神不仅在赛场上闪耀，更是在感动每一个中国人。“此刻是金”以日常生活中的成功时刻为切入点，让奥运精神回归日常点滴，聚焦时代背景下每一个为实现梦想而努力拼搏的平凡人和他们背后的支持者。可口可乐利用瓶身这一方寸之地再次将人们的情感连接，通过重新诠释奥运金牌的含义，发掘奥运蕴藏的人文情怀，将“金”与人类最珍贵的情感连接，颂扬人与人之间的支持和由此带来的感动时刻。

资料来源　根据我爱公关网相关文章改编.

讨论内容：（1）“卖萌”为什么成为流行？

（2）可口可乐“卖萌”的文化基础是什么？

（3）查阅相关资料，分析企业是如何利用“卖萌”文化开展公关的。

### 3.2.5　流言与公众行为

1）流言的含义

流言是一定时期内在一定社会成员中传播的有关共同关心问题的话题。所谓“共同关心的问题”，有的是直接的，有的是间接的。

一般说来，流言传播的内容越是被大家所关心，传播的速度就越快，传播的范围也越广。由于流言传播的途径主要是口耳相传，往往会夸张和变形，使之越来越离奇；反过来，离奇的内容又更容易吸引人。

2）流言对公众行为的影响

（1）流言是公众情绪的反映。从传播内容来看，流言带来的往往是一些“坏消息”。而且，越是坏消息越是容易被传播。流言和流行不同。流行往往在社会安定、生活富足时反映人们精神上、物质上多元化的追求；流言则往往在社会动荡、变化剧烈、天灾人祸时反映人们惶惶不安或激愤不满的情绪。

有传播学者提出了一个关于流言传播的公式：$R=i\times a/c$。c指公众对流言的批判能力（critical ability）；R是rumour的首字母，指的就是流言的传播量；i是importance的首字母，代表事件的重要性；a是ambiguous的首字母，指的是事件模棱两可、似是而非的程度。这个公式用语言来表达：公众越认为重要的讯息，越感到模棱两可的讯息，传播得越快越广；公众的批判能力越弱，则谣言的传播量越大。

### 视野拓展3-2

社会心理学研究表明：流言所反映出来的情绪大多带有担心、恐惧、怀疑、不满、幸灾乐祸等消极成分。如中华人民共和国成立以后，长期冻结物价，也就长期没有出现过关于物价的流言，而物价放开后，涨价的传闻相对较多；唐山地震之前没有出现过关于地震的流言，而唐山地震以后，尤其是2008年汶川地震后，关于地震的流言在很多地区频频出现；发现了艾滋病，人们得知这是一种传染性的绝症，就开始出现某地流行艾滋病的流言。

（2）流言是公众愿望的反映。这种愿望有的是正向的，有的是负向的。正向的愿望是希望发生这样的事情，负向的愿望是希望不要发生这样的事情，两种愿望经常交错在一起，而又以负向的愿望为主。在现实中，我们只能以具体的事件或具体的人和组织来分析正向或负向愿望的积极与消极意义。

由于流言是情绪和愿望的反映，所以流言的传播具有必然性，甚至流言的产生也具有必然性。同时，流言在传播过程中不断渗入传播者的情绪和个人愿望，成为流言传播的动力。因此，隐藏在流言背后的情绪和愿望既是流言产生的温床，也是流言扩散的动力。

### 视野拓展3-3

为什么人们会传播名人隐私、明星丑闻的流言，有的还希望这是事实？在心理学家看来，人都是有妒忌心理的，只不过程度不同而已；有的人比较善于克制，有的人则不善于克制。在妒忌心理的作用下，有些人对名人、明星存在着一种深度反感，希望他们出丑。流言如果是针对某一个人的，这个人必定是有一定社会地位或可能获得一定社会地位的人，有关这个人的流言也必定反映一部分人由妒忌心理而生发出希望这个人出丑、倒霉的愿望。当然，除了流言的内容反映人们正向的或负向的愿望以外，人们对流言的态度（即听信或传播流言）本身也是一种愿望反映。这种愿望的心理基础有时还包括好奇和炫耀。

# 3.3　公众心理认知

## 3.3.1　公众个体心理认知

1）通过外部特征认知个体公众心理

外部特征主要是指由人的相貌、体形、发式、肤色、服饰等构成的外部形象。外部特征一般是与人的性格、气质、能力等个性心理特征相对应的。"观貌知心"反映人的外貌与心理的联系，如看到慈眉善目的人就知其和善、诚恳。"心宽体胖"通过认知经验说明体形和心理的联系。发式和服饰是人们自我表现的一种方式，通过不同公众的外部包装，也可见微知著，了解其个性特征。

由于人的诸多外部特征是互相关联、互为补充的，所以只有综合观察各种外部特征，才能比较准确地认识其心理特征。例如，长期忧郁成疾的人，通常体形消瘦，肤色苍白，缺乏活力和朝气，不论以怎样的表情都掩饰不住愁绪，尽管发式和服饰着意讲究，也总给人以不协调、不真实的修饰之感。

2）通过言谈举止认知个体公众心理

语言是意识的外部表现，表达的内容是在意识控制下的心理反应。由于人的个性心理倾向和心理特征不同，受客观环境的影响不同，往往会在通过语言表达自己的思想观点和愿望态度时采用不同的方式。例如，直接陈述式多为性格外向、直率、诚实的人所采用；委婉表述式多为性格内向且比较温和的人所采用；反语表达式，即正话反说，多为抑郁质的人或处于复杂环境中的人为自我保护而采用。

由于语言受到表达者的个性及客观环境的影响，在某些特殊情境中难免有真假难辨之感，因此在特定情境中要了解人们的心理活动，还需要通过对人体第二语言——动作的分析来把握。人的动作主要表现为表情和体姿。表情能反映人的心理状态，表情变化是心理变化的"晴雨表"。体姿也受心理的调控，是人心理的投射。但心理学家也警告人们不要为某些表情、体姿的假象所迷惑。

**视野拓展 3-4**

心理学家认为，如果用以下四条原则来检验人们的言语和动作的真伪，一般能达到准确地认知个体心理的目的：一是距离脸部越远发生的动作越真实；二是越不自觉的动作越真实；三是越不明确的动作越真实；四是越不自然的动作越真实。

## 3.3.2　公众群体心理认知

1）通过考察组织内部凝聚力认知内部公众心理

了解组织内部公众心理，除了通过个体心理认知方式把握每个人的特征外，更要把握组织内部整体心理的状态和特征，主要是把握群体的凝聚力水平。凝聚力主要是指组织内部的相互吸引力，包括上下级之间的信任度、亲和度，同级之间的融洽度等。

一般来讲，一个组织内部凝聚力的高低和这个组织的状况有很大关系，也是组织能否实现良性运转的标志。组织内部成员彼此融洽、意见一致、相互合作，就标志着这个组织的凝聚力高，这个组织也就稳定；反之，组织成员关系紧张、意见分歧、离心离德，则标志这个组织凝聚力低，这个组织也就不稳定。如果以个人领导或专断等为凝聚点，有时尽管没有不同意见，也会使组织缺乏活力，对组织发展极为不利。

2）通过区分公众群体认知外部公众心理

外部公众，除个人外，还表现为大量的群体。要实现和这些组织群体之间的沟通，就应分别认知其心理特征。一般来讲，与组织相关的外部公众群体主要有社区公众、媒介公众、政府公众、消费者公众等。

（1）社区公众心理认知

社区公众是组织所在地居民、其他社会组织和各种群体中的人。社区公众的一般心理主要表现为：要求生活配套设施完备、服务质量高、有亲切感、生活方便、自由、舒心、能享受与社区外相同的生活水准和条件等。比如，买菜、购物不方便、不满意，价格比别处贵不满意，质量不好不满意，交通不便利不满意，设施不完备不满意等。尽管组织要满足社区公众的所有要求是极其困难的，但力所能及地为社区公众着想，以获得社区公众的支持，并借此来扩大组织影响、树立良好的组织形象又是十分必要的。

（2）媒介公众心理认知

媒介公众是指与组织发生直接或间接关系的能够起传播作用的人，既包括新闻传媒公众，也包括有可能向外界传播组织信息的人。任何一个组织要提高其知名度，都离不开媒介公众，尤其是新闻传媒公众。新闻传媒公众有敏感、果断、及时、有效传播的特点，同时由于要考虑政治影响、舆论导向、公众兴趣、可靠程度等问题，又具有谨慎、挑剔、注意新闻性等特点。

（3）政府公众心理认知

政府公众，即国家机关的各类工作人员。任何组织都不免要与政府公众发生联系，因而要了解政府公众心理。认知政府公众心理，可从以下几方面入手：

① 执行政策的原则性和灵活性。政府公众在履行职责时，有的原则性较强，机械而不考虑特殊情况，难以通融；有的灵活性较强，注重情面，善解人意，但也容易犯错误。所以，组织对与自己发生具体联系的这两类不同的政府公众，应采取不同的对策。

② 工作作风的果断性和细致性。政府公众在工作作风上，有的果断，办事效率高，但有时难免草率；有的细致，办事认真，但有时难免效率低下。组织遇到前者时，处理问题要尽可能果断、迅速；遇到后者时，则应尽可能细致、认真，以免出现漏洞，导致合作不愉快。

③ 工作态度的消极和积极。政府公众在工作态度上，有的积极、主动，除热情接待各种投诉、咨询外，还积极深入基层了解情况，遇到这类政府公众，组织的问题很可

能立刻得到解决；有的则消极、被动，遇事推诿，更不愿上门征求意见和了解情况，遇到这类政府，组织则需要实施恰当的沟通。

④ 物质利益的趋利性和避利性。政府公众一般都能秉公办事、拒绝物质引诱，但也有个别人利欲熏心、以权谋私。组织在与其交往时既要遵纪守法，也要避免与之发生直接冲突。

（4）消费者公众心理认知

消费者公众是组织活动直接指向的那一类人或群体，一般有三种权利：

① 知晓的权利。消费者公众在选择自己购买的物品时，有权知道物品的用途、质量、使用保养方法、维修方式、产品的牌号、厂址、价格等；在购买服务时也有知道服务地点、方式、质量、费用等权利。对于消费者公众的这种权利，组织应予以充分尊重，并尽可能予以满足。

② 选择的权利。对于买什么、不买什么、什么时候买、在什么地方买，公众应有绝对的选择权。组织所能做的是尽可能给公众更多的选择机会和条件，以获得公众的支持。

③ 要求公平的权利。当组织与公众发生交换关系时，就应遵循等价交换的原则。公众如果发现交换中有不公平的现象存在（如以次充好、物廉价高），有权要求退换货及相应赔偿。

只有消费者公众的上述权利得到尊重，才可以说满足了消费者公众的需求，组织才能真正赢得顾客的支持，树立良好形象。

### 3.3.3 公众心理变化认知

有效的公关活动，不仅要分析、把握各类公众稳定的心理特征，还要根据对影响公众心理的各种因素的分析，把握公众的心理变化。一般来说，公众心理变化受客观环境、舆论导向、教育等因素影响。对公众心理变化的认知主要通过分析引起公众心理变化的因素获得。

1）客观环境引起的心理变化

客观环境既包括政治、经济等宏观环境，也包括人们生活、工作的微观环境，两类环境的变化对人们心理变化的影响呈现不同的特征。

（1）宏观环境引起的心理变化特征

① 心理变化的普遍性。由于宏观环境的改变，社会中的大多数人都会产生普遍的心理变化。

② 心理变化的时代性。由于宏观环境的改变预示着时代的发展，因此人们的心理变化呈现一定的时代性。

③ 心理变化的稳定性。例如，中国改革开放不同时期的环境使人们形成了许多新观念，这些观念一旦形成一定的惯性，其改变就需要一个过程。宏观环境引起的人们的心理变化是稳定的、广泛的，这种特征也给人们分析时代心理特征奠定了基础。

### 延伸讨论 3-6

目前，国外奢侈品经销商盯上了中国两类消费群体：一类是富裕阶层的消费者。他们喜欢避开人潮，追求个性化服务，经常光顾奢侈品零售商店，购买最新、最流行的产品，一般不会考虑价格问题。另一类是白领及其他“透支”消费者，多为月薪数千元至几万元的上班族，其中以外企雇员最为典型。他们会花上一整月工资甚至不惜透支来购买一件奢侈品，希望通过奢侈品显示自己的独特品位。

讨论内容：（1）这两类消费群体体现了哪些消费心理？

（2）举例说明改革开放以来中国人消费心理的变化。

（2）微观环境引起的心理变化特征

① 被动性，即微观环境突然改变，个人在主观上还没有注意到改变的情况下，就不得不去适应这种改变。例如，家庭变故、离婚或丧偶等使人一下子变得空虚、焦虑。这种心理变化往往具有无可奈何的特征。

② 主动性，即主观上努力去改变工作、生活环境，如搬家、调动、升迁等，而为了适应新的环境，人们会主动调整自己的兴趣、需要、价值观念、生活方式等。

微观环境引起的心理变化大多具有较强的个体性，一般很难直观地看到，需要通过对个体言行的调查或分析来把握。

2）舆论导向和教育引起的心理变化

（1）舆论导向引起公众心理变化

舆论是人们对普遍关心的社会事件的比较一致的或公开的看法，一定时期的舆论导向会引起人们的心理变化。当然，舆论导向和社会舆论还有一定差别，有时舆论导向已经形成，但人们心理上还没有接受它，就不构成社会舆论。同时，舆论导向总是具有时代性，由舆论导向引起的心理变化也是暂时的、不稳定的。舆论导向可以强化与其一致的言行，也可以限制与其不一致的言行，而对有些特别有个性、惯于我行我素的人则作用有限。因此，公关人员要及时收集各类信息，分析舆论导向，以便及时掌握公众的心理变化。

（2）教育引起公众心理变化

教育，特别是社会教育，如果与舆论导向相结合，则能够有效引起人们的心理变化。与舆论导向相比，教育引起的心理变化更稳定、更持久，作用范围更广。

### 案例分析 3-2 《社会心态蓝皮书：中国社会心态研究报告（2022）》发布

《社会心态蓝皮书：中国社会心态研究报告（2022）》是中国社会科学院社会学研究所社会心理学研究中心“社会心态蓝皮书课题组”年度研究成果《中国社会心态研究报告》的第 11 本。该书主题是迈向中国式现代化的社会心态基础，撰写者主要来自中国社会科学院社会学研究所社会心理学研究中心，全书从认知、价值观、信念和社会参与四个方面探索迈向中国式现代化进程中已具备的社会心态基础。

该书发现，在迈向中国式现代化的进程中，民众对实现共同富裕的信心较强。多数民众持有勤奋有回报的奋斗信念，倾向于认同个人应承担更多的责任来养活自己并认可竞争是有利的。民众的结果公平感和向上流动机会感知均有所上升，但向下流动机会感知下降，阶层系统合理信念处于中等偏上水平，其中机会合理性维度得分高于分配合理性维度。在社会价值观方面，民众对家庭的重要性评价最高，且分歧相对最小，其次是工作、朋友、休闲时间、政治。在教养价值观方面，责任感、独立自主、勤奋、有礼貌、诚实是民众培养子代最看重的品质，父母的社会心态和社会价值观影响对子代品质的培养。在社会参与方面，民众的慈善意愿较高，弘扬传统文化、应急救难和创新科研方面表现尤其突出，北京“双奥”这一重大事件的对比分析显示民众在社会参与上以公益性动机为主。这些研究结果预示着在迈向中国式现代化进程中民众已然具备客观积极、勤奋向上的高质量社会心态基础。

资料来源　王俊秀，陈满琪．中国社会心态研究报告（2022）[M]．北京：社会科学文献出版社，2023.

讨论内容：（1）社会心态为何如此？

（2）你是否认同上述结论？

分析提示：从影响公众心理变化的因素入手。

## 本章小结

公众心理是指在公共关系情境中公众受组织行为影响和大众行为方式作用所形成的心理现象和心理变化规律。公众心理具有心理需求的广泛性、利益追求的共同性、信息暗示的易受性、行为模仿的普遍性、情绪感染的强烈性等特点。

公众角色心理是指公众在社会生活中，由于扮演不同的社会角色而在行为中表现出的经常性的稳定的心理特点。

公众群体心理是指公众处在某一实际的社会群体中而在行为上表现出来的经常性的稳定的心理特点。知觉、态度、需要、流行、流言等心理现象都会对公众行为产生影响。

公众心理认知包括公众个体心理认知、公众群体心理认知和公众心理变化认知。通过外部特征、言谈举止可以认知个体公众心理；通过考察组织内部凝聚力可以认知内部公众心理；通过区分公众群体可以认知外部公众心理；通过分析客观环境、舆论导向和教育的变化可以认知公众心理变化。

## 课后思考

（1）如何理解公众角色心理的复合性与可变性？

（2）以某一群体公众为例，分析其群体心理。

（3）模拟招聘场景，分析招聘者和应聘者的心理。

# 第4章

# 公关传播

## 学习目标

知识目标：

了解公关传播模式及其特点、公关传媒的特点，熟悉获得最佳公关传播效果的基本要求。

能力目标：

结合案例说明公关传媒的选择及运用策略，掌握策划公关传播的基本方法。

## 基本知识点、基本能力点及能力拓展点

→基本知识点

公关传播模式及其特点

公关传媒的特点

获得最佳公关传播效果的基本要求

→基本能力点

结合实例阐述公关传媒的选择与运用策略

结合实例阐述获得最佳公关传播效果的途径与方法

→能力拓展点

策划具体事件的公关传播方案

**导引案例　踔厉奋进 共向未来——2022"讲好中国故事"创意传播大赛启动**

中国网7月19日讯　2021"讲好中国故事"创意传播大赛颁奖典礼暨2022"讲好中国故事"创意传播大赛启动仪式19日在济南举行。

本次活动由国务院新闻办公室指导，中国外文局、山东省人民政府新闻办公室主办，当代中国与世界研究院、中国互联网新闻中心、大众报业集团（大众日报社）承办，齐鲁晚报·齐鲁壹点、威海市住房和城乡建设局联合承办。

2021"讲好中国故事"创意传播大赛共收到参赛作品3 000余件，经过作品征集、地方评审、网络投票、全国评审等环节，最终《与大熊猫为邻》《当代女"马

可波罗”的瑞安假日》《继往开来》《金声传古道》4件作品荣获大赛特等奖，《我的长沙》《脱贫之路》等8件作品荣获大赛一等奖，《剪牛毛的摄影师》《忘不了Forget Me Not》等18件作品荣获大赛二等奖，《烟火星城》《看不见的温暖》等27件作品荣获大赛三等奖。同时，大赛开设的专项赛、主题赛等分类赛事也如期顺利举办。

“讲好中国故事”创意传播大赛是以“讲好新时代中国故事”为主旨，面向国内外社会公众公开征集各领域中国故事、传播中国好声音、树立中国良好国际形象的年度官方品牌活动。大赛由国务院新闻办公室指导，中国外文局主办，华中科技大学提供学术支持，当代中国与世界研究院、中国互联网新闻中心承办，中国新闻史学会特邀协办。经过四届赛事的成功举办，大赛已经成为全国“讲好中国故事”领域具有强大影响力的标志性品牌活动。

资料来源 李康. 踔厉奋进 共向未来——2022“讲好中国故事”创意传播大赛启动［EB/OL］.［2023-08-25］. https: //cn.chinadaily.com.cn/a/202207/20/WS62d7557aa3101c3ee7adfe7f.html.

讨论内容：“讲好中国故事”创意传播大赛为什么会有如此大的影响力？查阅该大赛的获奖作品资料，与同学分享你的感受。

讨论要求：登录“讲好中国故事”创意传播大赛官网（http: //zggsds.china.com.cn/)，熟悉相关活动和参赛作品。

## 4.1 公关传播模式

早期传播模式可以分为两大类：一类是传统的线性传播模式；另一类是新型控制论传播模式。随着传播学研究的发展，又出现了不少针对传播中某一要素进行专题研究而形成的传播模式。传播模式的研究，从传播过程的整体构建到对传播过程因素的专门分析，到越来越强调传播的效果。

### 4.1.1 5W模式

5W模式是典型的线性传播模式，由传播学的总体研究范畴规划者、美国人哈罗德·拉斯韦尔提出。1948年，拉斯韦尔发表了《社会传播的结构与功能》一文，提出了界定传播研究范畴的经典模式——5W模式（如图4-1所示），即说明传播行为的一个简便方法是回答下列5个问题：①谁传播（who）；②传播什么（says what)；③通过什么渠道（which channel)；④向谁传播（to whom)；⑤效果怎样（what effects）。

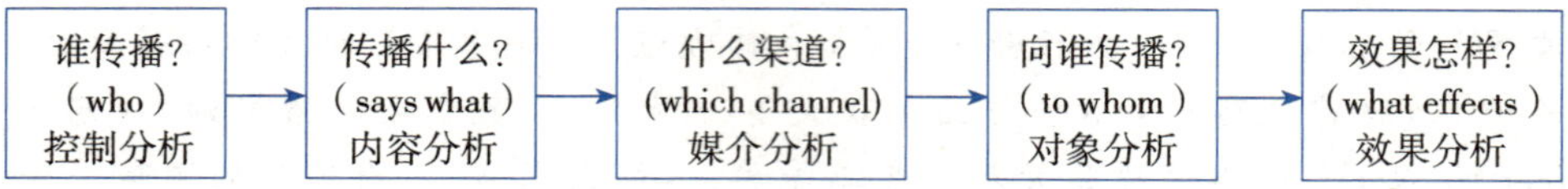


图4-1　5W模式

### 视野拓展 4-1

拉斯韦尔认为，传播研究的基本范畴主要包括：

（1）传播的控制分析，即分析传播的法规与政策、传播者的社会控制和自我控制、传播者对传播的影响、传播者的社会责任。

（2）传播的内容分析，即分析传播的分类、传播的符号、传播的宣传方法。

（3）传播的媒介分析，即分析传播的媒介环境、传播的媒介特点。

（4）传播的对象分析，即分析传播对象的心理、传播对象的劝服等。

（5）传播的效果分析，即分析传播的效果类型、影响传播效果的因素、测定传播效果的定量方法。

## 4.1.2　互动传播模式

互动传播模式是典型的新型控制论传播模式，由美国著名传播学家韦尔伯·施拉姆提出。施拉姆将控制论的研究成果运用于传播学的研究中，在传播模式中引入反馈机制，将反馈过程与传受双方的互动过程联系起来，使传播成为一种互动的循环往复过程，如图4-2所示。

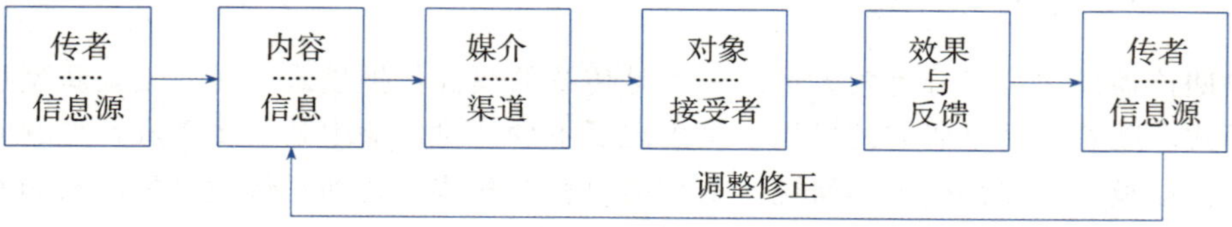


图4-2　互动传播模式

施拉姆的互动传播模式建立在拉斯韦尔5W模式对传播要素界定的基础上，弥补了5W模式的缺陷，进一步揭示了传播过程的实质，为传播活动的运作设计了科学的机制。

### 延伸讨论 4-1

有人认为重大事件的发生对社会的影响很大，因而在重大事件传播时应遵循6W1H传播方略：who，谁来出面；whom，传播对象；when，传播时机；where，传播渠道；what，传播内容；why，事件真相；how，传播方式。

讨论内容：（1）你同意上述观点吗？为什么？

（2）从互动传播模式看，上述观点的缺陷在哪里？

（3）互动对传播的价值是什么？

### 4.1.3 两级传播模式

两级传播模式由美国著名的社会学家保罗·拉扎斯菲尔德基于传播效果的专门研究而提出，基于以下假设：观念总是先从广播和报刊传向意见领袖（opinion leaders），然后由这些人传到人群中不那么活跃的部分。他认为，信息的传递是按照“媒介—意见领袖—受众”这种两级传播模式进行的，意见领袖在中间环节的作用与意义举足轻重。意见领袖又称舆论指导者，是指社会活动中能有较多机会接触来自各种渠道信息的人，即消息灵通人士，或在某一领域具有丰富知识和经验的专家、权威。意见领袖的态度和意见对公众的影响较大。

两级传播模式提醒我们：大众传媒的力量是巨大的，但也不是法力无边的；组织在进行传播时，千万不可忽略意见领袖的指导作用。

**视野拓展4-2　是什么影响着人们的投票行为？**

20世纪40年代，一些传播学者认为，在传播活动中，信息传播者大多是通过大众传媒来接触公众的，于是就有了每天厚厚的报纸和每隔十几分钟就要跃上荧屏的电视广告，以及美国总统候选人频繁的电视演讲和在各地的拜访集会。这是受流行于美国的大众传播强效果理论——“魔弹说”影响的结果。而当时拉扎斯菲尔德在俄亥俄州开展的一项有关总统选举的社会调查证明：只有大约5%的人确认他们是受了大众传媒的影响而决定投票的，而真正影响人们投票行为的是个人之间的接触和方方面面的劝说。

### 4.1.4 受众3S模式

受众3S模式，由美国学者约瑟夫·克拉帕根据对受传者的专门研究而提出，强调认知主体的内部心理过程，并把公众看作信息加工主体。克拉帕认为，受传者在接触媒介和接收信息时有很大的选择性，这就是受众心理上的自我选择过程。这一选择过程有3种现象：选择性注意（selective attention）、选择性理解（selective perception）、选择性记忆（selective retention），简称3S。

（1）选择性注意。受众总是愿意注意那些与自己观念一致或自己需要、关心的信息，回避那些与自己固有观念相龃龉或自己不感兴趣的信息。从选择性注意的角度看，要引起人们的注意必须注意信息的强度、信息的对比、信息的位置、信息的重复、信息的变化等因素，以便使自己所发布的信息在众多信息中引起公众的选择性注意。

（2）选择性理解。不同的人会对同一信息做出不同的理解和解释。如果说选择性注意是人们对信息的一些零散捕捉，那么选择性理解则是对所注意的信息进行有意义的思考。信息以符号为载体表达意义，对信息的理解则是将符号还原为其本来的意义。假如传播者与接受者遵循的是同一思维逻辑，编码和译码能力相差无几，那么理解的结论与信息的意义大体上是一致的。事实上，所传信息常常并不等同于公众所接受的信息，即受传者所理解、还原的意义与传播者意欲传递的本来意义之间往往会有一定的差距。

（3）选择性记忆。记忆是有取舍的，一般而言，受众总是容易记住自己愿意记住的事情，这种事情大部分与自己的需要、兴趣有关或者简单易记，与己无关或不感兴趣的事情就容易被遗忘。

选择性注意、选择性理解和选择性记忆是受众心理选择过程的3个环节。可将这3个环节看成受众心理的3层“防卫圈”，信息如果不合乎受众的个人需求，则被挡在“防卫圈”之外。

事实上，受众“选择性”的普遍存在是传播过程的主要干扰。对争议很大的问题，选择性的因素干扰最大；而对一般信息，选择性因素的干扰就小得多。对于传播者来讲，关键在于研究受众的情况，有针对性地选择传播内容、方式，采取有效办法，减少受众选择性因素的干扰，以争取预期的传播效果。

**延伸讨论4-2**

讨论内容：（1）谈一谈在各类传媒信息中，自己最关注的信息是哪些及原因。

（2）举例说明印象最深的一条信息及原因。

（3）受众3S模式对公关传播的启示是什么？

### 4.1.5 沉默螺旋模式

1980年诺依曼提出，个人意见的表明和“沉默”的扩散是一个螺旋式上升的社会传播过程。个人在表达意见发现自己属于“多数”时，会更大胆表明自己的意见，相反则屈从于环境而“沉默”，一方“沉默”造成另一方意见的增势。

大众传媒具有强大的社会效果和影响，主要表现在从认知→判断和意见→行动的全过程，通过舆论营造“意见环境”。

## 4.2 公关传媒

报纸、杂志、广播、电视等媒体作为传统的公关传媒被广泛应用，而基于网络平台的论坛、博客、门户网站及各类移动传媒等新兴的公关传媒也备受关注。

### 4.2.1 传统公关传媒

1）报纸、杂志

报纸、杂志是以印刷作为信息大量复制的手段、以纸张作为主要介质的传媒，其主要特点是：

（1）信息符号以文字为主，以图片为辅（画报、画册等除外）。这一特点使印刷媒介摆脱了形象的限制，能深入阐述抽象的内容，充分揭示事物的本质和规律。但这一特点同时使印刷媒介远不如其他媒介直观、形象、生动，并且要求它的读者必须具有一定的文化水平，导致传播对象的范围受到限制。

（2）信息符号是记录性的，即已固定在传播介质上，不会转瞬即逝。这一特点使印刷品便于保存，便于剪辑，便于反复阅读，具有较高的文献价值。

（3）信息符号以空间序列展开，在时间上没有先后性，读者得到某种印刷品时，上面的内容是已经存在的。这一特点加上信息的记录性，使读者在接收信息时有较大的选择权，可以从印刷品的任何一个地方读起，挑选其中的任何一部分内容阅读，不必从第一页第一行的第一个字开始阅读。

（4）信息制作的速度相对缓慢，而且必须大量复制（即印刷）后方能广为流传。这一特点限制了信息的传播速度，远不如电子传媒。

### 延伸讨论4-3

报纸传播面广，传播迅速，具有新闻性，文字表现力强，便于保存和查找，费用较低。杂志的出版周期较长，传播速度慢于报纸，但仍具有一定的时事性，特别是出版发行周期较短的杂志。杂志比报纸更容易保存和检索，使用方便。杂志时效长、针对性强、印刷精美、表现力强，探讨问题较为深入。

讨论内容：（1）比较报纸与杂志的优势与劣势。

（2）列举适合应用报纸或杂志的公关传播方式。

（3）列举你印象最深的以报纸或杂志为公关传媒的案例，说明原因。

2）广播、电视

广播、电视是以电磁场现象作为信息传播基础，以电子产品作为传播工具的传媒。其主要特点是：

（1）信息符号以声音或图像为主，以文字为辅。这一特点使电子传媒具有很强的形象性、生动性和感染力，使文化水平较低的传播对象也能自如地接受传播，受众人数较多，而在内容的深刻性上低于印刷传媒。

（2）信息符号是非记录性的（音像电子出版物例外），播出以后立即消失。这给信息的保存和反复接收带来诸多不便，使受众无法接收到全部信息或弄不明白的信息留下疑问。现代的电子录制设备虽然可以帮助公众把这些信息符号记录下来，但增加了开支，增添了麻烦，除了部分娱乐、科学、教育节目外，公众很少有兴趣把其他节目录制下来加以保存。

（3）信息符号以时间序列展开，在时间上具有先后性（音像电子出版物例外），受众只能按传播机构播出信息顺序逐一接收。这一特点大大限制了受众的选择自由，受众对于自己欲收看的节目只能耐心地等待播出时间的到来。

（4）信息制作快捷，不需要任何复制就能广泛传播（音像电子出版物例外），而且可以做到实时传播，即事情发生的当时立即把信息传播出去。这一特点使电子媒介的传播速度远远快于印刷传媒。

（5）容易克服自然障碍（恶劣天气、地区边远、交通不便）和国界障碍，成为联系边远地区和跨国传播信息的重要工具。

### 延伸讨论 4-4

广播诉诸听觉，信息制作简便，传播速度快于其他任何媒介，便于报道突发事件。广播可以利用各种音响手段（现场声响、播音员声调的抑扬顿挫、间奏音乐等）来感染听众，具有较强的生动性。广播的接收工具——收音机已经小型化，价格低廉，十分普及，特别适合于流动作业人员和野外作业人员收听。电视以图像为主，声像兼备，还可以辅之以文字说明，是最生动形象、感染力最强的大众传媒之一。电视信息的制作过程需要动用较多的人力和昂贵复杂的设备，这使它的传播速度通常慢于广播，制作成本更高。在内容的深度上，电视远不及印刷传媒。

讨论内容：(1) 比较广播与电视的优势与劣势。

(2) 列举适合应用广播或电视的公关传播方式。

(3) 列举你印象最深的以广播或电视为公关传媒的案例，说明原因。

## 4.2.2 新兴公关传媒

新兴公关传媒除移动电视之外，基本是以网络作为平台的衍生传媒，如网络电视、网络论坛、网络聊天室、博客、门户网站、即时通信工具等。新兴公关传媒除发挥自身作用外，也不断探索与传统传媒的合作方式。

1）网络的特点

网络是人类传播史上的第四个里程碑，也被人们称为“第四媒体”。网络的出现，从根本上改变了人类的传播意识、传播行为和传播方式。与传统的大众媒体和其他电子媒体不同，其主要特点是：

(1) 范围广泛。网络实际上是一个由无数局域网（如政府网、企业网、教育网、公众个人网等）连接起来的世界性的信息传输网络，又称“无边界的媒介”。

(2) 超越时空。网络的传播沟通是在电子空间进行的，能够突破现实时空的许多客观限制和障碍，真正全天候开放和运转，实现了超越时空的同步通信。

(3) 高度开放。网络是一个高度开放的系统，不分社会制度、国界、种族、年龄、性别……任何人都可以利用这个网络平等地获取信息和传递信息。无论是传播者还是受传者，在网络中都享有高度的自由。

(4) 双向互动。网络成功地融合了大众传播和人际传播的优势，实现了大范围和远距离的双向互动。在网络上，不仅可以接触到大范围和远距离的受众，而且使受众的主动性、选择性和参与性大大加强，提高了传播沟通的双向性。

(5) 个性化。在网络上，无论是信息内容的制作、媒体的运用和控制，还是传播和接收信息的方式、信息的消费行为，都具有鲜明的个性，非常符合信息消费个性化的时代潮流，使人际传播在高科技的基础上重放光彩。

(6) 多媒体、超文本。网络以超文本的形式，使文字、数据、声音、图像等信息均转化为计算机语言进行传递，不同形式的信息可以同时传送，综合了各种传媒（报纸、杂志、书籍、广播、电视、电话、传真等）的优势。

（7）低成本。相对于其强大的功能，网络的使用成本是很低的。目前，网络充分利用了现成的全球通信网络，无须重新投资建设通信线路设施。在通信费用方面，无数局域网分担了区域之间的费用，而个别用户只需支付区域内的费用。

2）网络传播的优势和发展方向

（1）网络媒体传播的优势

① 传播速度快。与传统传媒相比，网络竞争力的关键之一在于快捷。对于重要事件，网络总能占先。比如，北京奥运会期间，搜狐奥运网站在高峰期间每分钟传递10条以上信息，日点击量突破千万大关。

② 容量大、频道多、检索便捷。广播、电视只有每天24小时的传播时间。报纸再增版，版面也是有限的。而网站则不同，极大的容量及可以开设众多频道的特点，使得网络传播在时空可以得到近乎无限的扩充。同时，网站中的资料信息丰富并可为公众检索提供极大方便。

③ 互动性强。对于社会关注的热点问题，网站的问卷调查、BBS、聊天室及个人博客、直播的参与互动程度超过任何传媒。近年来，在一些社会热点事件的传播过程中，网络传媒充分显现出其能量。

（2）网络传播的发展方向

随着新兴技术不断更新迭代并进一步与网络媒体全面融合，媒体受众需求日益多样，应用场景逐步丰富，文化圈层日益庞大，用户角色逐渐多元，网络传播将呈现出新闻沉浸化、产业数智化、内容社区化、圈层破壁化、功能服务化的发展趋势。

展望未来，网络传播将不断向数字化、网络化、智能化方向转型。追求科技革新、开放业态、实效益民的网络媒体，必将抓住新机遇，在中国可持续发展之路上发挥出凝心聚力、催人奋进的更大精神价值。

### 实务训练4-1　蒙牛"航天品质 健康中国"VR太空体验活动

自蒙牛成为中国航天事业战略合作伙伴后，其产品品质与航天品质高度贴合且拥有强大的线下销售渠道支持以及庞大的网点系统覆盖。蒙牛VR产业于2016年已经成功落地，实现"蒙牛工厂奇妙之旅"的VR体验活动，在VR技术与营销活动上已取得一定的成功经验。另外，VR设备的技术性和航天的科技感可以进行有效结合，给消费者带来不同的全新体验，让消费者感受太空、感受未来，以此来传递蒙牛产品"航天品质"的核心品牌理念。

蒙牛产品的受众主要为经常接触牛奶产品线下商超销售渠道的人群，其中以有孩子的家庭为主要消费人群。他们接触VR较少，对新事物容易产生新鲜感且时间相对充裕，倾向于尝试VR。

传播目标：配合蒙牛"牛到太空，跑动中国"活动，进行线下活动宣传。（1）以强互动游戏吸引消费者参与其中，打造线下体验亮点项目。（2）与销售联动，助力销售。

(3) 巧妙植入蒙牛元素以体现“航天品质”的传播主题。

传播策略：主打线下，利用蒙牛强大的线下商超销售渠道，广泛覆盖线下消费人群，结合VR设备和内容的新鲜感、互动性吸引消费者进行体验，助力产品销售的同时传播蒙牛“航天品质”的品牌理念。

传播受众：以家庭成员含青少年儿童（具有好奇心、易对VR产生兴趣、乐于尝鲜）的线下商超主力消费群体为主。

传播内容：(1) VR互动游戏。利用VR全沉浸式场景体验信息技术，构建奇幻瑰丽的太空视觉场景，通过专业游戏策划，营造紧张刺激的互动冒险情节，巧妙植入产品，带给消费者一场结合震撼性和趣味性的视听互动盛宴。(2) VR体验区。线下商超搭建航天主题VR体验区，以主视觉和场景布置打造吸睛促销环境，引入庞大客流。(3) 开展促销活动。消费者购买产品可免费体验VR游戏，满一定数额可参与抽奖活动，一定程度上促进了产品销量增长。(4) 产品植入和选差。在体验区搭建主视觉和VR活动游戏的设计环节中，巧妙植入蒙牛牛奶“航天品质”品牌理念，达到品牌传播诉求。

VR体验活动：(1) 从2017年4月30日至2017年7月30日，历时3个月执行VR体验促销活动。落地北京、广州、深圳等130个城市，覆盖沃尔玛、家乐福、物美、华联等800多个蒙牛线下销售网点。(2) 与VR厂家合作，厂家发放2 500套VR一体机设备，100套HTC VIVE VR设备并进行设备培训和全程客服支持。(3) 以航天主视觉相关活动介绍易拉宝、地面、背景板、航天飞船装饰物等物料，搭建航天主题VR体验区，营造极致线下体验活动氛围，吸引消费者前来参与。(4) 主题体验区域配备专业指导人员、销售人员以及身着活动主题太空服进行宣传的蒙牛“太空人”，负责场面控制、消费者VR体验指导，保证消费者顺利安全完成体验活动。(5) 各地促销内容由各地负责：例如，购买任意蒙牛产品一箱，即可体验VR内容一次（限时5分钟/每人每次），购买满66元即可参与幸运大转盘抽奖，中奖率可达100%等。

项目效果：活动落地130座城市，进驻800多个销售网点。发售2 500套VR一体机，搭建100套VR PC机。现场体验参与者近1 000万人次。受众普遍反应积极，认为感受到了VR带来的乐趣，也更加喜爱和愿意购买蒙牛产品，蒙牛牛奶全品销量增长83%。

资料来源　金旗奖编委会. 2017最具公众影响力公共关系案例集［M］. 北京：中国财富出版社，2018.

实训内容：请结合案例分析蒙牛此次活动的创新点。

实训要求：自由组成项目组，撰写分析方案。

3）网络公关

网络公关是组织适应信息时代要求，以互联网为手段沟通组织内外部信息，加强组织与社会公众的交流，从而提高组织知名度和美誉度、塑造良好组织形象的新兴公关活动，是数字化环境下的公关。组织网络公关需要注意以下事项：

(1) 处理网络危机关键看速度。一家企业的舆情危机能不能得到很好的处置最关键看舆情出现24小时内企业所采取的应对措施，舆情出现初期在互联网上还没有全面曝光，这个时候如果企业能够迅速做出回应，抢占先机夺取主动权，就能很好地控制舆情发酵的速度，避免不良信息的广泛传播。

（2）维护好媒体关系。企业的网络危机通常是媒体最先曝光出来，然后引发公众大范围的讨论，然后发酵成社会事件，所以要求企业在日常工作中就要维护好企业和媒体的关系，良好的媒体关系对日后的危机公关工作是至关重要的，拥有良好的媒体关系能让企业在危机事件中反客为主反败为胜。

（3）预防为主，防患于未然。许多企业都是在危机爆发后联系公关公司，然后公司或者企业自身公关团队进行危机公关，这样是相当被动的，企业要学会主动发现问题，企业要建立自身的舆情监测预警机制，拥有一套标准的网络公关危机应对机制，不仅让企业临危不乱，还可以减少一些网络公关危机对品牌形象造成的影响。

在企业发展过程中遇到大大小小的网络危机是再正常不过的，企业要学会举一反三，不能得过且过，面对网络危机公关要临危不乱，要强化企业自身的危机公关意识，只有这样企业才能在错综复杂的互联网浪潮中泰然自若。

### 延伸讨论4-5

2022年8月23日，国务院新闻办公室举行新闻发布会，介绍2022年中国网络文明大会有关情况。中央网信办、国家网信办副主任盛荣华表示，中央网信办结合每年开展的“清朗”系列专项行动，将网络暴力、网络水军、网络黑公关作为“清朗”系列专项行动当中的一项重要任务，集中力量来整治这方面的问题。

讨论内容：为什么要打击网络黑公关？

### 实务训练4-2　新媒体公关的挑战与应对

新媒体时代的消费者一睁眼整个人就被媒体侵入了。早上7点就刷朋友圈，看看有没有用户跟我们互动，看看朋友圈有没有报道一些相关公司的消息、有没有报道行业的动态，总之起床就被微信占据。由此可见，在整个新媒体的场景和环境下，所有的媒体接触习惯已经被微信割裂、被很多的应用割裂，这是用户行为习惯最大的变化。

公关总监在新媒体时代是怎样工作的？早上9点，他们在上班的路上就要开始看媒体（如电视媒体、平面媒体、网络媒体）的报道，还要看微信公众号、微博、来自各方面的一些舆论，以及不知道从哪儿曝出的负面消息。现在的消息碎片化，内容大多很零散。如果发现微博上加V的用户曝出企业的负面新闻，老板就会打电话问到底是怎么回事，是哪个企业报料的，然后一路上电话不断。到了公司，人们都会评价该负面报道，而如何定性和处理，需统一口径。到了中午，还不能吃饭，需要紧急召开媒体发布会，让公关公司以及公关部同事紧急处理。整个下午，公关总监都是在忙碌与焦虑中度过的。

目前，新媒体公关有三大挑战：

挑战一：企业脆弱化。随着新媒体不断发展，信息愈加透明，企业的“罩门”越来越多，愈加脆弱。

挑战二：传播碎片化。不知道负面新闻到底从什么地方曝出，也不知其扩散程度，有时很难找到解决的办法。

挑战三：流程时效化。因为局势发展太快，原来制定的标准化公关流程很可能会失效。

针对上述三大挑战，公关行业需要构建完整解决体系、解决方案及应对之策：

策略一：应对企业脆弱化，解决问题的办法在于全方位的议题管理体系。很多企业都或多或少会遇到劳资纠纷、财报亏损、产品质量、高管离职、竞品被诋毁、环境污染、食品安全、动物保护等问题，这些都是极易被攻击的企业“罩门”。在新媒体时代需要把这些公关议题的种类梳理一遍：一是统一口径，公司统一输出信息；二是高管的参与；三是意见领袖的力量，意见领袖也是传媒业专家，其一句话就会对整个舆论产生非常重要的影响。对于敏感议题一定要时刻保持警觉，最重要的就是全媒体的监测。

策略二：应对传播碎片化，聚焦目标的“拼凑艺术”。由于媒体碎片化的东西很多，所以要树立清楚的目标。媒体资源比较多，供应商资源非常多，客户人脉也比较多，把这些组织起来才能解决所遇到的问题。要解决关键问题，就要找到最重要的一块或几块拼图。

策略三：应对作业流程时效化，就要采用扁平式、蜂群式的作业流程。扁平式的例子如小米公司，公司非常扁平化，这跟公司团队之间的融合度以及各种奇思妙想的发现机制密切相关。蜂群式就是彻底的分布式管理，是民主管理制度的精髓。随着新媒体时代的到来，雇佣关系、合作关系变得更加灵活，其最终聚焦点在于人。人的价值被发现后，整个社会生产方式以及分配方式发生了微妙的变化，可能不再需要雇用员工，只是选择合作伙伴，这其实是新媒体时代社会生产分工的变化。

资料来源　潘玥舟．“碎片化”时代的公关生存［J］．国际公关，2015（2）．

实训内容：阅读上面资料，为某一组织提供新媒体时代的公关计划书。

实训要求：自由结成项目组，按自己的设想策划，每组完成一份计划书。

## 4.3　获得最佳公关传播效果的基本要求

### 4.3.1　传播者可信、可敬、可亲

1）可信与传播者的知识力量有关

知识力量主要体现在传播者的专业性和权威性上。越是在某一方面具有精深知识的人，在这个方面往往越权威，越容易令人信服。需要注意的是，权威具有领域性，某一专业领域的权威，未必是其他领域的权威，当他离开自己擅长的领域而对其他领域的问题发表意见时就不具有权威性，出差错的可能性增加。因此，在公关传播中不应滥用权威。

2）可敬与传播者的人格力量密切联系

人格力量指传播者的道德实践对公众的影响力。可敬对信息可信度会产生重要影响。当公众知晓一个人的卑劣品质后，这个人就难以为公众所信任。

3）可亲与传播者的情感力量密切相关

情感力量指传播者对公众的亲和力。人们都喜欢态度真诚、平易近人的人，厌恶那些装腔作势、盛气凌人的人。传播者说的话即使百分之百正确，但如果他摆出一副居高临下的架势，公众也不会买账。

**案例分析4-1　　时隔8年的牵手**

2021年，吴京很火，火到他是奥运会场外最忙的男人，火到电影《长津湖》超越了《战狼2》登顶票房冠军，火到8年前的一条微博被网友翻了出来：吴京喊话要为火腿肠代言。

于是，#为吴京圆8年前的梦#被刷上热搜，更有人直接点名双汇，让双汇来认领代言人。

双汇竟然不负众望，在10月1日国庆节当天正式官宣吴京代言双汇王中王，并且邀请粉丝观看电影《长津湖》，为电影造势，可谓诚意满满。

双汇，从网友抛梗，到品牌接梗；吴京，从野生代言人，到正式代言人。双汇和吴京这个错过8年的CP组合，终于在天时地利人和之下，牵手成功。这波自带关注度和话题度的代言人营销，无需过多宣传，就足以破圈了。

资料来源　杨阳. 2021年度十大品牌代言人！［EB/OL］.［2022-12-19］. https：//www.163.com/dy/article/GUJO6V630519H0JE.html.

讨论内容：（1）该案例带给你什么启示？

（2）如何看待名人品牌代言？为什么组织要请名人做广告和形象代言人？

分析提示：从选择传播者的条件入手。

### 4.3.2 使公众确信组织的期望也是他们的利益所在

1）公关传播以公众利益为出发点

公关传播的目的不仅在于使公众树立或改变某种观念，更重要的是促使公众采取组织所期望的行动。一个人在采取别人期望的某种行动之前总要问一下这个行动对自己是否有利。这一规律同样适用于公关传播。在公关传播中，组织一定要向公众说明，组织期望公众采取的行动不仅对组织有利，而且符合公众的切身利益。当然，这种说明必须实事求是，不能弄虚作假。

2）期望公众的行为要简单方便

为了使公众确信，组织不仅需要宣传，而且必须以实际行动加以证明。需要注意的是，组织期望公众采取的行动不能太复杂，要使公众在行动过程中觉得方便、愉快，若公众发现有更简便的行动适合自己，可能就不会采取组织所期望的行动了。

**案例分析 4-2　　直播带货，带活了消费市场**

直播带货为何一直热度不减？专家表示，能实现消费者、企业、相关产业行业多方共赢是直播带货的魅力所在。

一方面，对于消费者来说，在直播间购买商品，不仅价格更便宜，还能节省大量挑选试错的时间和成本。

另一方面，对于企业来说，借用明星或网红直播带货，能迅速增加品牌曝光度，以及产品转换率，从而加快资金循环速度，拓宽营销渠道，提升销售效率。

直播带货在扶贫领域也表现不俗。今年以来，多位县长、市长走进直播间为当地产品“代言”，助力农特产品线上销售。根据拼多多的数据，一季度农产品网店在平台上卖出的农副产品订单数超过10亿笔，同比增长184%，其中增长订单数大部分来自直播带货。

值得注意的是，直播带货也存在泥沙俱下现象。此前，中国消费者协会发布的《直播电商购物消费者满意度在线调查报告》显示，消费者对主播夸大和虚假宣传、页面挂载不能说明商品特性的链接等问题意见较多，质量保障、支付安全和售后服务等问题也是直播带货面临的挑战。

“部分直播带货利润空间低，利益相关方为了寻找新的利润点，会出现损害消费者权益的行为。同时，行业进入门槛低，有的主播素质堪忧，过度追求利益。”中国人民大学公共管理学院教授许光建说，直播经济也是“口碑经济”“信任经济”，从业者的诚信守法是其发展壮大的持久动力。

资料来源　李华林．整合产业链、提升销售效率、推动品牌成长——直播带货，带活了消费市场[N]．经济日报，2020-08-06.

讨论内容：(1) 该案例带给你什么启示？

(2) 如何看待直播带货销售模式？

(3) 企业为什么要借用明星或网红直播带货？

分析提示：从公众利益入手。

### 4.3.3　传播内容尽可能符合公众的经验范围

1）传播内容以公众经验为基础

人们对事物的理解总是以自身的经验为基础的。组织对公众传播的信息，如果符合公众的经验范围，公众就容易了解和掌握，传播就容易取得良好效果。当然，事物是在不断发展的，公众的经验范围也在不断拓展，从这个意义上讲，在公关传播中突破公众经验范围又是不可避免的。

2）突破公众经验的传播内容应符合传播规律

当传播内容突破公众的经验范围时，传播者应注意：①突破性内容要尽可能与公众原有的经验结合起来，使新知识、新概念容易为公众所理解；②每次突破的数量不要太大，对突破之处要做必要的解释，可以使公众慢慢接受新观念；③对新知识、新概念的传播，尽可能从感性层面做起，然后上升到理性层面，这是人们的认识规律，也是有效传播的规律。

**延伸讨论4-6**

在现实中，许多组织往往借助人或事传播形象。家用消费品的广告特别强调形象、直观，是因为公众的文化水平存在差异，而家用消费品的广告是面向几乎所有公众来传播信息的，符合公众的经验范围，只有使公众容易了解和掌握，才容易取得良好传播效果。

讨论内容：(1) 你是否同意上述观点？为什么？

(2) 列举你认为比较成功的传播案例，并进行简单分析。

### 4.3.4　考虑传播对象的差异

美国传播学家蒂奇诺提出知识鸿沟理论对公关传播对象分析具有启发意义。由于社会经济地位高者通常比地位低者更快获得信息，因此大众媒介传送的信息越多，两者间的知识鸿沟就越有扩大的趋势。信息传播差距不仅表现在贫富阶层之间，更广泛地表现在性别、年龄、职业、行业、群体、地区、民族、国家、文化之间。

公众在年龄、性别、职业、民族、国籍、文化程度、思想倾向、兴趣爱好、个人心理与群体心理等诸多方面的差异，往往使其经验范围、接收习惯、接收心理产生很大的差异。同样的内容，同样的传播者，使用同样的传播技巧，传播效果会因传播对象的不同而不同。

对于公众，当社会对某一事物有不同观点时，是“一面理好”还是“两面理好”，因公众的不同而异（“一面理”是指只将事物正或反的一方面的道理告诉受众，受众只能接受而无选择的权利。“两面理”指的是将事物正反两方面的道理都告诉受众，让受众根据自己的经验与学识比较选择）。研究表明，一面理对文化程度较低的人或本来就赞同传播者观点的人效果显著；而两面理（甚至多面理）对文化程度较高或本来就反对传播者观点的人更容易奏效。在传播中，重在激发感情还是重在诉诸理智，对不同的公众也应有所不同。对较感性的人激发他们的感情效果较好，对较理性的人则以诉诸他们的理智能起到更大的作用。

### 4.3.5　信息结构与数量要合理

1）注意信息传播次序

信息的先后次序不同，传播效果往往也会不同。研究表明，如果某种观点很可能为对方所接受，应该先提出论点，以引起对方注意，形成较好的气氛，让以后那些不大容易被对方接受的观点也能得到认真、友好的考虑。如果提出相反甚至可能引起混乱的不同观点，先提出的意见容易引起注意，被传播对象接受的可能性较大。而如果在提出两种不同意见时中间插入一些不相干的意见能够满足传播对象的需要，并且又有满足这种需要的途径，那么最好先唤起对方的需要，然后进行说服。

2）注意信息刺激强度

一般说来，信息的刺激强度大才能引起公众注意，但过强的刺激可能引起人们生理或心理的不快而引发抵制情绪。不同信息间对比程度大的时候容易吸引公众，但对比程度过大又容易显得单调乏味。

3）注意信息传播频度

信息经过反复传播，公众才会注意、认识并留下深刻的记忆。因为从传播心理看，公众往往认为在大众传媒不常露面的组织是情况不佳或微不足道的组织，因此有远见的组织总是不断地向公众传播自己的信息，使公众信任自己，按自己的期望行动。不过，重复必须与变化相结合，做到不变中有变，变中有不变，万变不离组织的公关目标。

4）信息的新鲜不可忽略

求新是人们的普遍心理，但新鲜不能流于怪诞。此外，公关传播的信息量要适宜，过少达不到传播要求，过多会使主要信息被淹没，在必须传播较多信息时要注意分主次、分阶段进行。

### 案例分析4-3　2018母亲节美赞臣的AR传播

母亲节是“洋节日”，但因契合中华文化中“孝”的观念，近年来越来越受到国人的欢迎。在节日期间借母亲节打造情感痛点，很容易引发关注和共鸣，形成传播热潮。科技的进步极大地丰富了传播的手段，从微博、微信的图文传播，到短视频的兴起，VR、AR带给人们身临其境的感觉，有着更强的感染力和互动性，受到年轻消费者的欢迎。美赞臣作为享誉全球的婴幼儿奶粉品牌，有广泛的消费群体，支付宝也有6亿用户作为传播基底，两者强强联手，可以覆盖更多人群，调动更多人参与，扩大活动影响力。

传播目标：通过AR科技和人脸识别技术与母亲节巧妙结合，吸引用户在H5中的美赞臣全球四大基地城市生成与妈妈的合影，用新奇的科技手段带动分享、助力情感释放，拉近品牌与中国新生代消费者之间的距离，传递美赞臣全球科研及深植中国的品牌形象。

传播策略：结合先进的技术和深刻的情感洞察，打造更具感染力、分享性和趣味性的游戏活动。(1) 活动创意上主打“母亲节带妈妈看没有看过的风景”的情感痛点，号召用户给予母亲更多的陪伴和交流，同时采用更新潮的AR技术和人脸识别技术打造互动活动，从而在品牌集中营销的母亲节突出重围。(2) 与支付宝强强联合，采用支付宝平台AR入口，利用超级平台流量最大化活动声量，吸引更多潜在的目标人群参与。(3) 借助人脸识别技术生成与妈妈合影照片作为传播载体，打破AR与社交媒体不互通的传播壁垒，利用社交平台KOL在社交媒体的引爆进行链式传播，把“带妈妈去旅行”这个传统主题提升到新的层次。

传播内容：(1) 在母亲节期间，通过黑科技生成目标消费者和母亲、孩子的合照，鼓励分享，传递感恩母亲的感情，凸显美赞臣作为母婴品牌，关爱孩子、感恩母亲的企业情感和理念。（2）以中国、美国、荷兰、英国四个与美赞臣品牌强关联的国家为3D场景，植入企业总部、研发基地、生产基地、奶源地等企业信息；同时在场景中设置动画和音效并植入“美赞臣来到中国25周年”和“与生俱爱，臻致未来”等品牌信息，凸显美赞臣国际化和百年科研的品牌形象。

媒介策略：联动全平台媒体打造传播矩阵，分阶段进行重点传播。（1）打造传播矩阵。活动前期通过官方自媒体矩阵+门户网站+营养推广顾问+社交平台KOL+支付宝AR的组合媒体矩阵，全网宣传“我带妈妈拍世界”的线上活动，为活动进行预热造势。（2）分阶段进行重点传播。活动前期，借助朋友圈和头条号KOL的影响，召集更多用户扫码参与并分享活动，扩大影响力；活动发酵期通过行业的深度稿件进行舆论定调，强化品牌形象及营销活动的影响力，最大化地提高美赞臣的行业地位。

传播效果：借助先进的技术手段及大范围的传播，获得了极大的参与度和曝光量，拉近了美赞臣与新生代消费者之间的距离，同时将企业理念和品牌价值潜移默化地传递给受众。据支付宝数据反馈，该活动上线后，于母亲节当天达到访问量的顶峰，新颖好玩的方式吸引了大批量的年轻目标群体参与，整体活动的传播获得了6 300万次的点击量。从传播上看，通过媒体矩阵的传播，项目获得了极大的曝光度。朋友圈KOL持续发声，将“我带妈妈拍世界”的影响力提升，一共获得3 000多次互动量；以奥运冠军马琳为首，共13位微博KOL为活动代言，总计带来5 006万次阅读；两大头条号“童心不泯”和“每日新生活”为活动贡献了33万次阅读量；另有总共45家网站报道此次活动，涵盖门户及母婴、育儿、科技等垂直类网站，总曝光量达到1 254万次；行业自媒体“广告圈”也将本次活动作为母亲节的成功营销案例精选后，进行深度解析，最大化了本次活动对业内的影响力。

资料来源　金旗奖编委会．2018最具公众影响力公共关系案例集［M］．北京：中国财富出版社，2019.

讨论内容：（1）该案例给你的启示是什么？

（2）如何结合身边的情况尝试策划一个传播活动的创意？

### 4.3.6　正确选择传媒

正确选择传媒必须考虑以下因素：

（1）媒体本身特点。不同的媒体特点不同，适用的传播类型也不相同，媒体选用得当，可取得事半功倍的效果。媒体的特点前已述及，这里不再赘述。

（2）传播内容。一般来讲，比较形象、浅显的内容应选择电子传媒，反之则应选择印刷传媒。同样是电子传媒，如果内容能用手段丰富的声像来表现，电视较适宜；同是印刷传媒，如果内容相对简单，报纸是明智的选择。

（3）传播对象。传播对象人数很少时，往往不使用媒体，或至多用人际传播；传播对象仅限于本组织员工时，内部报刊、有线广播、闭路电视、简报就能满足需要；传播对象人数众多、范围很广，公共传媒和大众传媒是必不可少的。同时，选择传媒还要考虑不同社会群体接收信息的渠道的差异。

（4）组织经济实力与预期传播效果。组织在进行公关传播时，应根据传播需要、组织经济实力、预期传播效果等统筹考虑媒体的选择。

### 案例分析 4-4 百事可乐公司的春节公关活动——“把乐带回家 2016”

活动背景：从 2012 年开始，百事可乐公司的“把乐带回家”活动每年春节都会和消费者见面，到 2016 年已经是第五年了。2012 年到 2015 年，该活动主要以贺岁微电影的形式呈现，讲述春节期间回家的故事，每一年的故事演绎都有不同程度的变化。

2016 年是农历丙申年（猴年），也是 1986 年版《西游记》播出 30 周年的日子。《西游记》作为中国四大名著之一，其中的主人公孙悟空的形象深入人心，加上每年的春节联欢晚会央视都会针对当年的生肖准备一些有特色的节目，所以大家都很期待唐僧师徒四人可以在猴年春晚聚首。在央视春晚行动之前，百事可乐公司洞悉到消费者这一情感需求，选择了“猴王”这个元素作为“把乐带回家 2016”的落脚点，“把乐带回家”的“家”既可以涵盖童年时代的每一个“小家”，也可代表中国传统文化的“大家”。

活动目标：创造优质的内容，使其自成一种传播媒介为品牌说话；秉承传统文化，树立品牌形象来引导消费者。

传播渠道：除了传统电视和户外媒体之外，社交媒体平台的投放和互动力度也要加大。

活动阶段：

第一步：微信朋友圈、微博大 V 齐转发。

2015 年 12 月 26 日，基于对市场的深刻解读和对消费者心理的洞察，百事可乐公司选择微信朋友圈首发由六小龄童老师亲自参与创作并演绎的微电影《把乐带回家之猴王世家》，与年轻人一起乐闹猴年。随后，百事中国又推出两个视频，分别由口碑很好的动画电影《大圣归来》的手稿作者齐帅和“90 后”的手艺人梁长乐演绎，对《把乐带回家之猴王世家》篇里六小龄童所说的“下一代就看你们的了”进行了传承。同时，为了唤醒并释放大家内心爱玩、爱闹、爱笑的猴性，激发年轻人创造新年的“72 变”，百事可乐公司特推出了“乐猴王纪念罐”，并展开了一场关于“乐猴王纪念罐”的品牌传播活动。与百事可乐公司相关的知名人士相继晒出已收到的“乐猴王纪念罐”的照片，并表示猴年一定要“把乐带回家”。在知名人士的号召下，话题热度不断提升，网民们纷纷评论、转发，并询问如何能买到“乐猴王纪念罐”，百事可乐公司则宣布“乐猴王纪念罐”作为全球限量版，于 2015 年 12 月 29 日仅在京东作为赠品送出，购买指定产品即可获赠。

第二步：百事新年签，紧抓节日气氛。

2016 年 1 月 15 日到 2 月 8 日，推出百事新年签，消费者每天通过指定的平台去获取自己的新年签，并记录下每一天都在干什么，再把许愿和新年愿望贯穿在一起。

第三步：百事家族明星拜年，直接引导产品销量。

从2016年1月21日起，百事可乐公司发布了由众多百事代言明星欢聚一堂拍摄的《把乐带回家》主题广告，大谈猴王精神，乐闹新春。同时，每隔三天百事可乐公司就组织代言明星发起拜年号召，通过这样的形式给消费者带去一个新年庆贺的情绪氛围，并联合京东号称"大年初一也不打烊"的促销活动，把品牌传播的效果转移到电子商务平台的实际产品销售上去，生动诠释了如何让消费者"把快乐带回家"的宣传主题。

第四步：公益活动传播。

2016年1月20日，百事可乐公司联合中国妇女发展基金会共同发起了"把乐带回家——母亲邮包·送给贫困母亲的新年礼物"主题公益活动，该公益活动也已持续四年之久，致力于为贫困妈妈们送上贴心的礼物，让她们感受到新春佳节的第一份祝福，也让更多人能够一同把乐带回家。在这次活动中，母亲邮包活动分为运动捐步和公益捐款两种形式，同时邀请猴年春节期间炙手可热的六小龄童全程积极参与，起到了良好的示范和号召作用，收获了公众的支持和关注，刺激了更多人参与到公益行动中来。

活动效果：截至2016年2月2日，在"把乐带回家"的推广期间，百事可乐公司运用微博以及微信公众号等平台推广有关内容，活动期间热点话题"把乐带回家"超过3.4亿次点击，互动次数为64.7万；《把乐带回家之猴王世家》篇微电影在腾讯视频栏目中总播放量高达12 847.5万次；"把乐带回家——母亲邮包·送给贫困母亲的新年礼物"公益活动众筹现金超过40万元。

资料来源　樊帅. 企业公共关系案例解析［M］. 北京：清华大学出版社，2017.

讨论内容：(1) 该案例给你的启示是什么？

(2) 百事可乐公司此次公共关系传播有何独到之处？

### 4.3.7 创造良好的传播环境

传播环境，从宏观角度可分为社会舆论环境、自然环境，微观而言分场地环境和心理环境。创造良好的传播环境，主要是指创造有利的社会舆论环境、场地环境和心理环境，比如使公众处于一种支持组织观点的社会氛围之中，引导公众参加某些活动，使他们自然形成与组织一致的观点，传播场地要令公众舒适，传播过程要给公众以愉快的体验等。

**案例分析4-5**　　**两部作品的案例分析**

1. 竹内亮的《华为的100张面孔》

欧美各国近年来对中国企业的制裁，使华为成为国内外民众关注的焦点。2020年12月起，导演竹内亮开始拍摄系列纪录片《华为的100张面孔》，他进入到华为深圳总部、上海研究所，通过探索一个个华为人和华为故事，让世界了解华为的"真面孔"。

目前共上线两季，第三季世界篇于2022年9月开拍，主要拍摄坦桑尼亚、巴基斯坦等10个国家华为员工的故事。《华为的100张面孔》系列作品最大的特点在于，通过外籍导演的视角以故事的形式呈现企业形象，突出记录过程中的个体、真实和情感表达。竹内亮以其幽默的方式同受访者进行交谈，在了解其工作内容的同时通过小切口的细节展现其日常生活的状态，为各国观众分享一个个朴实的故事和生动的人物形象。

为保证真实性，竹内亮拍摄之初在与华为签订合作协议时提出“主要是能给我保证真实就行”。在拍摄过程中，他也毫不避讳地提出“现在华为被西方国家讨厌”“华为的背景有没有中国政府”这样尖锐的问题。后期剪辑时，还保留了大量贴近生活的细节，以此增加了纪录片的亲切感和可靠性。

2.《新民晚报》的《海外员工看中国》

在共建“一带一路”等政策支持之下，中国企业“走出去”的步伐不断加快。《老外讲故事·海外员工看中国》是由中共上海市委宣传部、新民晚报社等联合出品的百集融媒体产品，采访100位来自40余个国家就职于中国企业海外分公司的职员，用接地气的方式讲述他们眼中的中国，上线播出的前39集浏览量达4.76亿人次。“海外员工看中国”系列产品在策划上别具一格、富有创意，其在内容制作与传播上实现了从宏大视角、政府视角和中国视角到个体视角、企业视角与国际视角的尝试。这些中国企业的海外员工能从个人职业的发展与日常生活讲起，具有更强的代入感和对外国受众的吸引力。此外，国际化场景的呈现也是本片的优势之一，该系列产品拍摄范围遍布全球，片中人和故事主体的时空在不同国家和地区。这种表述并非以中国为中心，对当地受众更具亲和力，有利于跨文化传播中文化的转化和落地。

在国际传播领域，视频化能够将复杂的文化内涵转化为灵活动态的符号文本，能降低跨国群体对信息的认知门槛，也便于通过价值理解和情感共振构筑共情合意的空间。包括短视频在内的多模态话语的运用能够形象、生动地阐释中国概念，以相对轻松的、娱乐化的方式推动中国概念的话语创新和中华文化的传播，进而推动国家形象塑造。

资料来源　张志安，孙玮．多元主体参与国际传播的视觉实践——以《华为的100张面孔》和《海外员工看中国》为例［J］．对外传播，2023（1）：40-42；75.

讨论内容：分析《华为的100张面孔》和《海外员工看中国》这两个系列作品的国际传播价值。

分析提示：可以从推动国际传播主体多元化、提升国际传播生产在地化、突出国际传播视角生活化、增进国际传播共情合意性角度进行分析。

## 本章小结

具有代表性的传播模式有5W模式、互动传播模式、两级传播模式、受众3S模式、沉默螺旋模式。

公关传媒包括传统的报纸、杂志、广播、电视等媒体，更值得注意的是新兴的传媒——网络媒体，不同的媒体在公关传播中具有不同的优势和劣势。

获得最佳公关传播效果，要求传播者要可信、可敬、可亲，使公众确信组织的期望也是他们的利益所在，信息内容尽可能符合公众的经验范围，考虑传播对象的差异，信息结构与信息数量合理，正确选择传媒，创造良好的传播环境。

## 课后思考

（1）两级传播模式与受众3S模式有何异同？

（2）以直播电商东方甄选为例，说明网络公关如何运作。

# 第 5 章

# 公关工作程序

## 学习目标

知识目标：

了解公关调查、方案策划、方案实施、效果评估的含义及程序。

能力目标：

结合案例说明公关调查的方法，掌握公关方案策划的技巧以及公关效果评估的方法。

## 基本知识点、基本能力点及能力拓展点

→基本知识点

公关调查的内容、程序及方法

公关策划的含义及程序

公关方案实施的意义及特点

公关效果评估的内容及方法

→基本能力点

结合实例阐述公关调查的程序及方法

结合实例阐述公关策划的程序及技巧

→能力拓展点

策划公关活动方案

**导引案例**　　易居乐农，我们在行动：精准扶贫

**项目调研**

农业是中国最传统的一个产业。在大多数农村，传统农业生产是当地人赖以生存的方式，但受制于气候及市场等不确定性，以及在推广技能方面的欠缺，农民收入较低。

目前百货、零售、菜市场等运营业态都在不断变革，加之移动互联网的兴起，

相信可以通过努力改变上述信息不对称的情况，让贫困地区的好产品通过一定的途径直接与城市居民建立联系，从田间到餐桌做到无缝连接。

易居乐农坚持与开发商、物业、社区等多方深度合作；以乐农社为平台，打造了中国农产品消费流通扶贫的新模式；让CSA（社区支持农业）的理念深入千百万社区，让千千万万的居民通过易居乐农接触体验到来自贫困地区的好产品，通过在线上下单消费来切实地让农民增产增收，实现脱贫致富。

**项目策划**

跨界创新，打造"媒体+精准扶贫"的新模式。

"易居乐农，我们在行动"首选国家级贫困县，零片酬参与的艺人、媒体人和企业家组成助农团队，由东方卫视制片人、主持人陈蓉带领，分别作为"助农委托人""名誉村干部"，深入贫困山区、田间地头和村民各家各户，与村民同吃同住，挖掘开发当地有特色的优质农副产品。通过执行"下乡选品、产品研发、订货会推广、社区推广"四个核心步骤和流程，发挥电视频道、线上渠道、线下资源等全方位的媒体力量，为贫困地区打造了一条特色销售产业链。

**项目执行**

执行时间：2017年11月—2018年6月。

第一站，陕西省澄城县刘卓村。陈蓉、演员凌潇肃、企业家冯仑、媒体人孙冕组成助农团队，在暴雪天气里走访了当地贫困户，最终确定将400年传承的刘卓手工挂面作为扶贫产品，打造"爷爷的面"品牌。在订货会上，得益于嘉宾们一系列的营销造势措施，直接为村民们带来了2万千克的销售订单（按现有产能，要到2019年年中才能完成这些订单）。

第二站，云南省新平彝族傣族自治县马鹿寨村。陈蓉、演员钟汉良、演员胡静、企业家钱东奇父子一同体验了当地的沃柑产业，实地采摘与考评，确立了"阿哒的柑"品牌，并由钟汉良手绘了以沃柑为原型的Q版（可爱的卡通化版本）插画。在订货会上，助农团队一举卖出165吨沃柑，销售额达到520万元。节目播出之后，马鹿寨村的沃柑20 000箱全部售罄，有效提振了沃柑种植基地和当地村民的信心，预计未来将有更多贫困户参与沃柑种植。

第三站，广西壮族自治区龙胜各族自治县地灵村。陈蓉、演员乔振宇、歌手蔡国庆、企业家朱旭东将当地世代耕种的红糯米作为拳头产品，几经谈判终于说服当地四家合作社合力打造"龙胜胭脂米"品牌，在订货会上帮助当地将滞销的5万千克红糯米销售一空。全村共有231户贫困户，绝大多数都种植了红糯米，滞销的红糯米得以全部售出，解决了村民的燃眉之急。

第四站，贵州省务川仡佬族苗族自治县。陈蓉、拳击运动员邹市明、演员冉莹颖、演员叶祖新、演员汤晶媚、企业家郁瑞芬组成助农团队，挖掘当地特色灰豆腐果和土蜂蜜。直播连线的订货会吸引了几十家企业踊跃参与，两个小时内总销售额突破200万元。现村内拟建新的灰豆腐果生产厂及蜂蜜生产合作社，并将新增

1 000个蜂箱，为村内更多贫困户提供了工作岗位。

第五站，河北省丰宁满族自治县十七道沟村。陈蓉、演员王宝强、企业家潘石屹、演员郭碧婷走访后确立推广有潜力的跑山黑猪产业。经过反复沟通，当地猪场负责人终于加入村民合作社。在跑山黑猪旅游文化节上，跑山黑猪肉销售额达到220万元。节目播出后，十七道沟村的贫困户们成立了黑猪养殖合作社，10余户贫困户首批加入了合作社，投身黑猪养殖产业。

第六站，青海省贵德县达尕羊村。陈蓉带领歌手任贤齐、演员郭晓冬、藏族歌手阿佳组合、企业家孙坚，共同来到海拔3 500米左右的达尕羊村，帮助当地打造全新品牌“九牛一牦”。雅克文化节上，来自全国各地的客商一共拍下了435万元的牦牛肉，为节目第一季最后一站订货会画上了圆满的句号。

**项目评估**

利用媒体影响力，传播精准扶贫理念，引发公众积极响应。“易居乐农，我们在行动”13期节目历时3个月，收视率均位列同时段节目类前三，其中有10期获得上星频道同时段电视节目类第一，此外节目也获得了社会各方的一致认可。该节目还被评为2018年第一季度广播电视创新创优节目。节目播出期间，东方卫视节目公益宣传片共播出近600条，掀起全民公益的风潮，引发行业内外高度关注，包括人民网、上观新闻、澎湃新闻，以及《广电时评》《经济日报》《解放日报》《文汇报》《青年报》《南方周末》等在内的40多家主流媒体纷纷发表评论，给予节目高度的评价。在网络反馈方面，“易居乐农，我们在行动”豆瓣评分8.4分，微博热门标签“我们在行动”累计有220多万个词条，节目话题总阅读量突破2.3亿次；随着节目的每周播出，百度指数每期涨幅逾50%；在天涯、豆瓣、知乎等热门社交平台形成多个话题，跟帖评论几乎“零差评”。此外，参与节目的明星和企业家对节目褒奖有加，不仅选择零片酬加盟，还纷纷慷慨解囊为贫困县设施建设尽心尽力。同时该节目也收获了众多社会企业以及普通百姓的帮助，在每站的订货会环节都会有企业和百姓踊跃参与订购，为贫困县村民提供了长期的销路保障。

资料来源　金旗奖编委会．2018最具公众影响力公共关系案例集［M］．北京：中国财富出版社，2019.

讨论内容：（1）此次公关活动的主题及诉求是什么？

（2）结合案例，分析此次公关活动成功的原因。

（3）如果你来策划和实施此次公关活动，你会有什么建议？

讨论要求：查阅相关资料，自由讨论，撰写简要分析报告。

分析提示：从公关调查、公关策划及公关实施角度入手。

## 5.1　公关调查

公关调查是组织就公众对组织形象的评价，进行调查统计分析，以数据图文形式显示公众整体意见，或者就某一具体公关活动的条件进行实际考察的过程。公关调查是公关工作程序的基础工作和首要环节，对组织的整个公关活动具有重要意义。

### 5.1.1　公关调查的内容

1）组织的自我期望形象

组织的自我期望形象是指组织所期望建立的在公众心目中的形象。它是组织公关工作的内在动力、基本方向和目标。确立组织的自我期望形象，必须从调查组织的主观愿望和客观实际入手：

（1）组织领导层的公关目标和要求

组织的决策者和领导者决定组织目标和组织信念的形成及组织形象的选择与建立，进而决定组织形象的期望水平。公关调查首先必须详尽地研究领导层所拟定的各项目标、政策，研究领导层的决心和意图，测定其对组织形象的期望水平和具体要求，并以此为设计组织形象的重要依据。

（2）组织员工的要求和评价

组织的目标和政策只有得到员工的认同和支持，才能有效地转化为组织的实际行动。因此，公关调查要了解员工对组织的要求、看法及各种建议，了解他们对领导层提出的总目标的信心和支持程度，确定他们对组织自我期望形象的认同程度。

（3）组织的实际状况和基本条件

对组织自我形象的期望不能脱离组织客观的实际状态和基本条件。公关调查必须完整地掌握组织各方面的基本资料，包括经营方针、管理政策、生产状况、财务状况、技术开发状况、市场营销状况、人事组织状况等，并以此确定组织形象的客观依据。

#### 延伸讨论 5-1

国内一些企业在形象塑造上陷入了“贪大求洋”的误区。有的企业在创立之初就提出诸如“国际一流、全球领先”的形象定位，而企业员工对此并不认同，形象塑造效果也并不理想。

讨论内容：（1）在企业形象设定中，领导与员工的意见哪个更重要？为什么？

（2）列举自己认为形象设定比较理想的案例，并说明原因。

2）组织的公共关系状态调查

（1）组织社会形象状态调查

组织社会形象是社会公众对组织的全部看法和评论以及要求和标准，与组织自我期望形象相比，往往更能真实地反映组织的本来面貌，较为客观。组织社会形象状态调查主要针对知名度、美誉度这些基本指标所包括的具体内容展开，以了解组织在公众心目中的真实形象。

（2）公众舆论状态调查

公众舆论状态调查是对公众的态度倾向进行统计、测算，用数据显示公众整体意见，具体来说就是要确定舆论标志和指标体系。

舆论标志表明公众舆论在一定时间和空间所达到的规模和发展趋势，显示各类舆论的综合对比关系，是对舆论总体趋向的描述。按舆论的分布区域和公众人数的多少可将舆论标志分为主导舆论、分支舆论、次舆论和微舆论四个等级。

公众舆论的指标揭示某种舆论整体的量度和强度特征。舆论的量度指标包括舆论的公众数量和分布。一般来讲，公众对组织形象的意见和态度覆盖多大的公众范围，就应该在多大的范围内选择调查对象。强度指标，即公众所表示意见、态度、观点的强烈程度。不同的调查对象在表达对组织的意见时具有不同的强烈程度，而舆论强度恰恰表现了公众态度的坚定程度，体现了公众对组织形象评价的质量。依据公众舆论量度指标和强度指标，对不同舆论的分布范围和强度进行对比，就可以对公众舆论状态做出准确的说明。

3）组织的公关活动条件调查

公关活动条件调查是指组织在开展公关活动之前对开展活动的主客观条件所进行的调查，具体包括公关活动人力、财力情况调查和公关活动客观环境调查。对参与此项活动的人力和组织所具备的财力调查属于组织开展某项公关活动之前的内部调查。

客观环境调查分宏观、微观两部分。宏观调查是对社会环境的调查，即对社会政治、经济形势的冷静分析，以及对市场和人们的社会心理的调查分析。微观调查即对开展公关活动的场地、设备及各类规章等的调查。

**延伸讨论 5-2**

近年来，政府对机关和行业腐败行为进行了大力整治，社会环境有了较为明显的改善，许多过去的“潜规则”已行不通。时代在变、环境在变、企业公关应如何应对？

讨论内容：（1）企业公关应采取怎样的公关思路？为什么？

（2）选择某一行业，对其公关活动的宏观环境进行分析。

### 5.1.2 公关调查的程序

1）调查准备阶段

调查准备阶段的工作内容主要包括三项：

（1）确立调查任务。在公关调查实施前，调查者要通过对组织面临的现实公关问题的探讨，根据组织公关工作对公共关系信息的实际需要，确立具体且可以测度的公关调查任务，使公关调查真正做到有的放矢。

（2）开展调查设计。公关调查设计主要包括调查课题设计、调查指标设计、调查样本设计、调查问卷设计、调查过程设计、调查方法设计等。一个完备的调查方案应包括：调查的目的、意义和研究课题；调查研究的范围和分析单位；调查类型和调查方式；调查对象的选择方案或抽样方法；调查内容、调查指标和调查项目；调查的场所、时间和进度；调查所需的经费和物质手段；调查人员的选择、培训和组织。

（3）准备调查条件。调查条件主要涉及三个方面：一是人员条件，不仅有数量方面的要求，而且包括知识、能力、素质等方面的质量要求，社会组织要根据公关调查的需要，有针对性地开展调查人员的培训工作。二是经费条件，要做好经费预算，确保经费到位。三是物质技术条件，如录音机、摄像机、照相机、电话、传真机等，应做好准备。

2）资料收集阶段

资料收集阶段也称具体调查阶段，是整个公关调查过程中最为重要的阶段。资料收集阶段的主要任务有两项：

（1）实际收集资料。资料收集阶段是公关调查唯一的现场实施阶段。在公关调查中，收集资料的方法有多种：按照收集资料方式可以划分为直接收集和间接收集；按照收集途径可以划分为正式途径收集和非正式途径收集；按照调查者的显隐特征可以划分为公开收集和秘密收集等。在公关调查过程中，无论收集何种资料及采用何种方法收集资料，都应以保证资料的真实、准确、全面、充分为原则。

（2）争取多方支持。资料收集阶段是公关调查者在一定的社会环境中与被调查者正式接触的阶段，也是公关调查者受到种种外部因素制约而无法完全控制自己工作进程的阶段。为了确保资料收集工作的顺利进行，调查者必须有效协调各种关系，既要协调好与被调查者的关系，也要协调好与那些和被调查者有关的组织及人士的关系，以争取多方支持。

3）整理分析阶段

整理分析阶段也称为研究阶段。它是运用科学的方法，对资料收集阶段收集得来的各种调查资料进行整理、提炼并加以分析、研究的信息处理过程。整理分析阶段的主要任务有两项：

（1）整理调查资料。公关调查资料的整理是公关调查资料分析研究的基础，是公关调查从具体调查阶段过渡到研究阶段、由感性认识上升到理性认识必经的中间环节。公关调查资料整理的工作内容包括：①按照真实性、准确性、完善性、标准性的要求对调查资料进行审核；②按照科学性、实用性、渐进性、相斥性的原则对调查资料进行分类；③按照条理化、系统化、精炼化、规范化的要求对调查资料进行加工。

（2）分析调查资料。公关调查资料的分析是指调查者运用一定的科学分析方法，对公关调查资料的内容进行深度加工的过程。这一过程所运用的分析方法有很多，一般可以概括为定性分析方法和定量分析方法两类。在这一过程中，调查者可以通过对已经整理的公关调查资料进行由此及彼、由表及里、由浅入深的测算、比较、推理、判断，发现隐匿于大量调查资料之中的某些重要信息，揭示隐藏在大量调查资料背后的某些关键问题，形成公关调查的科学认识成果，并有针对性地提出组织公关工作的若干对策、措施。

4）撰写报告阶段

撰写调查报告实质上是公关调查者对调查所获信息资料的一种高级处理工作。其具体内容包括：①综合分析经过审核和加工处理的信息资料，确定调查报告的主题；②全面汇集有关信息资料，概括出相关事物存在与变化的一般情况；③综合研究相关信息资料，提炼出明确的观点；④选择运用有关信息资料，具体地说明组织公关工作中应当注意的问题等。

#### 实务训练 5-1

实训内容：选择一个公关调查报告实例进行分析评述。

实训要求：自由讨论、发言。

### 5.1.3 公关调查的方法

1）问卷调查法

问卷调查法即首先将设计好的问卷发放给被调查对象填写，然后对回收的问卷进行统计分析，从而了解公众意见和态度的调查方法。有效实施问卷调查法必须注意：

（1）抽样的科学性。抽样应具有广泛的代表性，必须能反映公众中各种层次、背景的人的意见。

（2）问卷设计的科学性。保证问卷题目的设计与调查目的相符；问卷内容不宜太多，同时要完整、易懂，不带倾向性、引导性；顺序要按逻辑关系、对象的心理合理安排；题目不要给被调查者不良的心理刺激。

（3）统计分析的科学性。对调查结果必须采用科学的统计分析方法，以保证调查结果的客观性。

#### 实务训练 5-2

新良大酒店企业形象与服务调查问卷

尊敬的客户：

非常感谢您对新良大酒店的大力支持和信任！本酒店将一如既往地站在客户的立场，为客户的利益尽职尽责，争取客户最大的满意，客户的完全满意是我们奋斗的目标。为了进一步了解客户对新良大酒店服务质量的满意情况，我们将展开客户满意度调查工作，您的任何有价值的意见和建议都是新良大酒店的宝贵财富，并将激励我们更加努力地工作，不断改进提高，最终为您提供更优质的产品和更满意的服务。此外，为了答谢您的宝贵意见和建议，我们将定期从优秀的调查问卷中抽取10名客户，赠送精美礼品，以示鼓励。谢谢！

客户信息：

| | |
|---|---|
| 姓名 | |
| 电话 | |
| 传真 | |
| e-mail | |
| 单位 | |
| 地址 | |
| 邮政编码 | |

1.您是否有经常到三星或四星级酒店消费的习惯？

a.有　　b.没有

2.您到新良大酒店消费的次数有：

a.1～2次　　b.3次或者3次以上

3.您光临新良大酒店的原因是（可多选）：

a.交通便利　　b.档次高

c.价格合理、实惠　　d.服务态度好

e.环境幽雅　　f.经别人介绍

4.新良大酒店给您的整体印象是：

a.非常满意　　b.满意

c.满足需要　　d.不满意

e.非常不满意

5.您对新良大酒店以下方面的满意度是（请在表格中打"√"）：

| 内容 | 非常满意 | 满意 | 一般 | 不满意 | 非常不满意 |
|---|---|---|---|---|---|
| 外观形象 | | | | | |
| 舒适度 | | | | | |
| 价格 | | | | | |
| 服务质量 | | | | | |

6.您对本酒店服务人员业务水平及服务态度的评价是：

a.非常满意　　b.满意

c.满足需要　　d.不满意

e.非常不满意

7.下面有几家同档次的酒店，请选出您听说过或曾去消费过的酒店（若没有，请直接跳至第9小题）：

a.华阳酒店　　b.紫薇酒店

c.蜀都酒店　　d.新华国际酒店

8.请根据第7小题所选，您认为相较之下彼此的竞争优势何在（请在表格中打“√”）：

| 名称 | 外观形象 | 舒适度 | 服务质量 | 价格 |
|---|---|---|---|---|
| 新良大酒店 | | | | |
| 华阳酒店 | | | | |
| 紫薇酒店 | | | | |
| 蜀都酒店 | | | | |
| 新华国际酒店 | | | | |

9.在您下次光临新良大酒店时，您打算或希望得到哪些服务？

10.您会向您的朋友推荐新良大酒店吗？为什么？

您填写好本调查问卷后，可以直接投放到客户意见箱内或传真、邮寄给我们。

地址：成都市锦江区东大街上东大街段246号（610016）

电话：+86-28-××××××××　传真：+86-28-××××××××

资料来源　根据新良大酒店官网资料综合改编.

实训内容：（1）评价上述问卷设计是否科学、合理，说明理由。

（2）分析上述问卷抽样调查的对象应是哪些人群，说明理由。

（3）参考上述问卷形式，设计一份关于本校形象的调查问卷。

实训方式：自由结成项目组，设计问卷和实际调查，每组完成一份调查报告。

2）重点访谈法

重点访谈法即寻求若干对公众意见和态度有巨大影响的意见领袖，对其进行访谈，以了解他们的意见和态度，并进一步分析他们的意见和态度形成的原因及改变的可能性的调查方法。有效实施重点访谈法必须注意：

（1）对意见领袖的辨认和对意见领袖态度改变可能性的了解。组织在平时必须积极建立同各类公众中的意见领袖的沟通网络，以便在需要时可以迅速方便地了解他们的意见和态度。

（2）了解意见领袖本人和他所在群体的背景资料。通过这些背景资料可以分析他们的意见和态度形成的原因，确定改变他们意见和态度最适当的公关方法。

3）新闻调查法

新闻调查法即通过新闻报道间接了解公众的意见和态度，并由此研究影响公众意见和态度的因素的调查方法。新闻调查法具体实施途径包括：

（1）公关人员通过对新闻报道的内容进行追踪调查，对各种类型的报道和评论做系统分析，由此在一定程度上了解公众的态度和意见。

（2）公关人员应研究记者、编辑的态度和意见形成的原因，以及怎样才能改变他们的态度和看法。

（3）公关人员应研究如何有效地通过新闻记者、编辑去影响公众态度和看法。最后，把以上途径的研究结论用于指导实际公关活动。

4）网络调查法

网络调查法主要是基于互联网提供的信息平台，通过问卷、论坛、博客等形式了解公众信息及态度的调查方法。与传统的调查方法相比，该调查方法具有更广的传播范围和更快的传播速度，调查所得信息及时、广泛、深入，是目前许多大型组织采用的新型调查方法。使用网络调查方法应注意：

（1）问卷或者论题的设置应充分考虑公众利益需求，引起公众参与的兴趣。

（2）网络调查系统的设置应注意及时反馈功能，或者给参与者一定的奖励。

（3）调查结论应客观，并告知公众。

## 5.2 公关策划

### 5.2.1 公关策划的含义

公关策划就是公共关系人员根据组织形象的现状和目标要求，分析现有条件，设计最佳行动方案的过程。

公关策划概括起来有两类：一是组织公关战略的策划；二是组织公关策略的策划。公关战略策划直接体现公关战略目标，即塑造组织形象，具有全局性、长期性、指导性、稳定性特征。公关战略策划将在第6章中介绍。本章所讲的公关策划专指公关策略的策划，即具体实务活动方案的策划。它是在公关战略策划的指导下，对组织日常公关活动的谋划及设计最佳方案的过程。

### 5.2.2 公关策划的程序

公关策划是在公关调查的基础上，在充分收集公关信息、分析组织现状和实际可能之后进行的。其基本程序包括：确定目标；确定公众；设计主题；策划公关时机；经费预算；形成方案；审定方案。

1）确定目标

公关目标即公关人员经过努力要达到的目标，以及衡量这一目标是否达到的具体指标。公关目标是一个复合目标系统，其内容包括：

（1）提高组织的知名度、信任度和美誉度。

（2）使组织与公众保持沟通，并完善其渠道。

（3）依据社会环境的变化趋势，调整组织行动。

（4）妥善处理组织运行活动中的纠纷，化险为夷。

（5）帮助组织提高产品及服务的市场占有率等。

组织在确定公关目标时应注意以下要点：

（1）公关目标应与组织的整体目标相一致。公关人员在策划公关目标时，应有全局观念，通盘考虑，使公关活动方案不仅要实现自己的特定目标，而且要有助于在公众中不断完善组织整体形象。

（2）公关目标应有一定的灵活性。公关目标是组织为完善在社会公众中的形象而努力的整体目标，必须具有一定的稳定性。但在保持相对稳定的前提下，也要有一定的灵活性，要随组织内外部环境的变化适时、适当调整公关目标。

（3）公关目标应按重要程度和执行的先后顺序排列。公关目标按时间可划分为迫切目标、近期目标、长期目标，以便按轻重缓急分别实施。

（4）公关活动目标应尽可能具体化。对每一个目标应尽可能分解为若干更为具体的小目标，同时对每个小目标都应有具体规定和定量指标，并指明完成期限。

### 延伸讨论 5-3

当下，服装消费市场格局加速重构，行业竞争格局持续优化，这对于服饰品牌运营而言，是机遇，也是挑战。面对年轻消费主力大军的崛起，服饰品牌想要满足消费群体的多元化需求，就需要快速洞察市场消费趋势，注重产品的时尚化、个性化、科技化，从产品、渠道、服务等多方面发力，推动品牌的进一步崛起。从这点来说，被誉为“男裤专家”的九牧王极具发言权。

持续的产品创新，是九牧王在男裤这一细分赛道中脱颖而出的重要原因之一。近年来，九牧王继续发力男裤赛道，以一个个创新研发的爆款单品成功抢占市场，并且在渠道改革、形象焕新、面料升级、设计团队、营销举措等各方面实现突破。

具体来看，九牧王一方面持续优化门店形象，加快推动十代店的落地；另一方面加大优质购物中心及全国主流奥莱商场布局，成功入驻华润万象城、万象汇等中高端购物中心。

此外，其还成功携手国际知名设计师、与众多国际知名面料商达成合作、强势登陆巴黎时装周及米兰时装周……显然，这场由内至外的焕新效果显著。

对此，九牧王股份有限公司董事长林聪颖在接受采访时表示：“面对激烈的市场竞争，品牌运营需要始终保持产品研发创新、优化升级渠道结构及以消费者为中心，提升客户体验和经营效率，如此才能不断提高品牌势能，扩大品牌的影响力。”

资料来源　赢商网新媒体．除了靠爆款拿捏年轻人，我们找到了九牧王在细分赛道突围的秘密［EB/OL］．［2023-11-21］．https://www.163.com/dy/article/IKLOFG3O05158BF0.html。

讨论内容：（1）分析九牧王“男裤专家”公关形象塑造的意义。

（2）为塑造“男裤专家”公关形象，九牧王的公关经理应采取什么措施？

2）确定公众

确定公关活动的目标公众，即确定与组织有关的公众。应选择与组织的信念和发展利益相同、相近或利益关系特别重要的公众作为目标公众，他们对组织的支持和信赖程度直接关系到组织的生存和发展，因而应考虑他们的权利和要求。在进行公关策划时，对目标公众的分析应包括如下内容：

（1）目标公众分属于哪些不同的社会组织和社会群体，他们居住在什么地方，他们当中谁是意见领袖。

（2）目标公众的共同利益要求及特殊利益要求是什么。

（3）目标公众习惯读什么书刊，喜欢收看什么电视节目、收听哪些广播节目及浏览哪些网站。

（4）目标公众对组织的看法如何，他们对组织感兴趣的原因是什么。

（5）目标公众与组织目前的关系如何。

对这些问题分析得越透彻，公关目标就越有针对性，策划方案就越有可行性。

3）设计主题

公关活动的主题是对公关活动内容的高度概括，对整个公关活动起着指导作用。主题设计是否精彩、恰当，对公关活动的成效影响很大。

公关活动主题的表现方式是多种多样的，可以是一个口号，也可以是一句陈述或表白。日本精工集团为使精工表走向世界，利用在东京举办奥运会的机会，进行了以“让全世界的人都了解精工计时是世界第一流技术与产品”为目标的公关活动，活动的主题是“世界的计时——精工表”。中国伊利公司在2008年北京奥运会推出的公关主题是“有我中国强”。二者有异曲同工之妙。

公关活动的主题看上去非常简单，但设计起来并不容易。要设计出一个好的活动主题，必须做到：

（1）公关活动的主题必须与公关目标相一致，并能充分表现目标。

（2）表述公关活动主题的信息要独特新颖，表述上也要有新意，词句要能打动人心，具有强烈的号召力。

（3）公关活动主题设计要适应公众心理需要，主题形式要富有激情并使人感到亲切。

（4）公关活动主题设计要简明扼要，易于记忆。

4）策划公关时机

公关主题确定后，必须对公关的最佳时机进行策划。公关时机的策划很重要，直接关系到公关效果，时机选得好，公关活动将会收到事半功倍的效果。错过公关时机，就会事倍功半，即所谓“机不可失，时不再来”。

公关策划常利用的时机有：①组织创办或开业之际；②组织更名或与其他组织合并之际；③组织推出新的服务项目或新产品之际；④组织快速发展但声誉尚未树立之际；⑤组织获得新的荣誉之际；⑥组织出现局部失误或遭到某方面误解之际；⑦组织遇到突发事件或危机之际等。此外，当某一社会热点事件可以与组织的形象巧妙结合时，也可以形成公关时机。

**案例分析5-1**　　**加多宝借力APEC**

2014年，在中国举办的APEC峰会备受国际瞩目，凉茶领导者加多宝借助APEC峰会这一全球性盛会的难得机遇，向全世界传递着“凉茶中国梦”的美好愿景。加多宝作为现代凉茶行业的开创者和领导者，深入挖掘中国味道中所蕴藏的东方传统养生文化，并不断借力国际盛会与事件营销将正宗凉茶所代表的中华文化与世界分享。

“要用文化影响力打造通向全球的金钥匙。”加多宝营销APEC峰会的一大亮点，正是其品牌背后的文化价值，做有故事的民族文化符号。由加多宝制作并于官方微博上登出的“那些年的加多宝与APEC”系列海报，生动地展现了APEC与加多宝在过去20年中各自发展历程上的共同点，不仅仅是在中华民族文化复兴的历史大背景下寻找双方的契合之处，更是通过字里行间透露的民族情怀，与APEC高端资源自然而然地建立起品牌的文化关联。如果说，在会议现场无处不在的红罐凉茶正广泛吸引着世界范围内高端群体的关注，那么从互联网发出的声音则引发了大众消费群体的注视与情感共鸣。

“加多宝带你看APEC”系列海报似乎比传统媒体下的新闻更具有亲和力和传播度。每天一张从复杂的会议信息中切中要点的图解，全方位向公众推广和解读了APEC峰会的一点一滴，在充当APEC峰会报道家的同时，巧妙融入品牌个性。而“正宗凉茶 世界共享”的动动手指点亮世界地图的活动则更加强调互动性，准确把握用户的“痛点”，上线首日便引发关注热潮，参与用户突破10万名。配套的“史上最萌APEC纪念品”全家福罐套，更让人在细节之处看到惊喜。在全球关注的“中国梦”“亚太梦”的大背景下，以“凉茶中国梦”为奋斗目标的加多宝抓住APEC峰会这一重大契机，顺潮流而先动，为民族品牌走向世界书写了一篇生动的营销案例。

资料来源　佚名．加多宝如何玩转高大上的APEC营销［J］．公关世界，2015（1）．

讨论内容：（1）分析加多宝公关时机选择的意义。

（2）评述加多宝公关活动的经验。

5）经费预算

公关活动经费预算，应依组织的类型和规模及公关活动的目标与要求而定。一般来讲，组织公关活动所需经费要包括以下几项：①劳务报酬，即公关人员及相关人员的业务报酬；②行政管理费，如房租、水电费、电话费等；③传媒费，包括在报纸、杂志、广播、电视等上的宣传费用；④器材费，包括在制作各项印刷品、纪念品，购买摄影设备和材料、美工器材、电视录像设备、展览设备和用品等方面的费用；⑤实际活动费，如举办记者招待会、召开座谈会、举办大型活动、组织展览和参观的费用，以及应酬费、赞助费及人员活动费；⑥应急或机动费用。

公关活动经费的预算主要采用以下方法：①按销售量抽成法，即根据组织过去（或将来）的总体销售量或纯销售量，按一定比例拨出款项作为公关活动经费。②目标作业法，即按目标和工作计划详细列出完成公关任务所需的各项活动经费，以最后核定金额作为预算的上限。

6）形成方案

形成方案是实际策划阶段，即计划编制阶段，是以上几个阶段的具体化，也是公关策划的关键环节。

## 实务训练5-3

撰写公关活动策划案应从以下几个方面着手：

（1）明白给谁写策划案。一定要按企业的属性确定要做什么活动。生产啤酒的企业搞个啤酒节很合适，大学迎新生晚会就不适合搞模特走秀，别墅促销搞个葡萄酒品酒会或欣赏珠宝很合适，雇个三流歌手唱歌就不合适了。

（2）策划的这次活动要解决什么问题。为什么要做活动？活动的目标是什么？在策划整个方案中时刻想着目标，每个细节都向目标靠拢，跟目标没有关系的一概砍去，这样才能主题明确。活动无非两个目标：销售产品和提升形象，是为产品与企业服务，不要搞成个人的秀场。

（3）方案要体现明晰的三个阶段，即铺垫期（也叫传播期）、执行期、降温期。“铺垫期”即告诉参与者要做什么，他们能得到什么好处，慢慢传播，好处一次比一次多，慢慢升温，这个时期想各种办法引起参与者的兴趣，尽量让他们期待。“执行期”即公众期待的高潮，这个阶段一定要有亮眼的点子。通过活动让参与者对产品或企业产生好感，然后企业在“降温期”（后续阶段）趁热给参与者一些好处，就能达到活动的目标。

（4）搞出活动鲜明的记忆点。活动的每个阶段都要有至少一个记忆点。第一阶段，把目标消费者吸引来；第二阶段，要有让被引来的目标消费者念念不忘的东西；第三阶段，利用目标消费者的好感完成销售。

（5）注意细节。在阅读策划案的过程中，客户在短时间内无法了解你的大智慧、大策略，于是细节就成为成败的关键。其中一个细节包括提案文件的格式、用词是否准确，有没有错别字等。另外一个细节就是方案的执行时间、流程、工作分工等是否细致、科学。

资料来源 倪巧泽．教你如何撰写公关活动策划案［EB/OL］．［2008-01-03］．http：//www.emkt.com.cn/article/347/34793.html.

实训内容：为自己所在的院系策划一次公关活动。

实训要求：自由结成项目组，认真研读上述资料，撰写公关活动策划案。

7）审定方案

（1）优化方案

公关活动方案优化过程是提高其合理性的过程。一般从两个方面来考虑：增强方案的目标性和可行性，降低耗费。通常采用两种方法优化方案：

① 重点法，对一个方案进行优化时，先分析目标性、可行性、耗费三个方面，把影响最大的方面确定为重点，再重点突破薄弱环节，使方案整体优化。

② 移植综合法，在基本确定某一方案后，将其他方案可以移植的优点综合到被选定的方案中，达到方案整体最优化。

（2）论证方案

论证方案一般是由有关领导、专家和实际工作者对方案的可行性提出问题，由策划人员答辩。方案论证内容包括：

① 对目标进行分析，即分析目标是否明确，以及可实现的程度如何。

② 对限制因素进行分析，即方案在哪些条件下可以实行，在哪些条件下不可能实行。

③ 对潜在问题进行分析，即预测方案实施时可能发生的问题，分析防止问题发生和采取补救措施的可能性。

④ 对预期结果进行综合效益评价，判断该计划是否可以付诸实施。

（3）形成报告

方案通过论证后，必须首先形成全面的报告，内容包括综合介绍、公关活动的计划书和方案论证报告，然后提交有关领导审核批准。当然，由于公关活动的灵活性与实际情况的差异，策划过程中有时也会根据情况酌情增减公关活动内容，并非完全按照上述程序进行，这是可能的，也是允许的。

## 5.3 公关方案实施

公关方案实施是公关工作程序中最复杂、多变的关键环节，是解决问题的中心环节；公关方案的实施决定方案实现的程度和范围；实施的结果可以作为以后制订公关方案的重要依据。

### 5.3.1 公关方案实施的特点

1）公关方案实施过程的动态性

公关方案的实施是由一系列连续活动构成的过程，是思想和行为不断变化、调整的过程。不断地修正、调整原定的方案、程序、方法、策略等，都是实施过程中不可避免的正常现象，但这并不是说公关人员可以随意以一些无关大局的变化为借口而不按原计划实施。

2）公关方案实施过程的创造性

对公关人员来讲，公关方案实施过程并非机械地照章办事的过程，而是需要进行再创造的过程。正如出色的演员不仅能使优秀的剧本得到充分的表现，也能通过自己的表演使不尽完美的剧本表现得完美。准确地选择传播渠道、媒介，合理地选择时机，正确地分配任务，灵活地调整步骤，及时、巧妙地处理突发事件等，都需要公关人员创造性地去完成。公关人员在公关方案实施过程中对问题的创造性处理可以弥补原方案的不足。

### 5.3.2 公关方案实施需关注的事项

公关方案的实施是通过一系列活动进行的，要达到预期效果就必须有效实施公关方案，就要求公关人员注意以下几点：

1）有效地排除沟通中的障碍

实施公关方案的目的在于实现组织和公众之间有效的双向沟通，但在沟通过程中会有不少障碍，如语言障碍、习俗障碍、观念障碍、心理障碍、组织障碍等，它们都会影响信息传播的真实性，使组织无法顺利实现与目标公众的沟通。因此，在公关方案实施过程中，必须充分考虑这些障碍，并采取有效的措施予以排除。

2）正确选择实施方案的时机

实施公关方案的时机对实施效果的影响也很大，选择正确时机是提高公关方案成功率的必要条件。针对不同的公关方案，选择的时机也不相同，总的原则是既要服从组织整体公关策划，也要使公众的心理期望得到满足。从公众与组织的关系角度来讲，实施公关活动的最佳时机应是潜在公众即将向知晓公众转化之时。

### 案例分析5-2　“白兰地”的公关时机

20世纪50年代，法国白兰地酒开拓性地打入美国市场，这是公关人员利用最佳时机开展公关活动的一个典型杰作。当时，担任这项工作的公关专家经过详细策划，决定用法美两国人民的情谊做文章。他们选定的时机是美国艾森豪威尔总统的67岁寿辰。他们把两桶极为名贵的、酿造已达67年之久的白兰地酒作为献给美国总统的贺礼，并充分发挥新闻传媒的宣传效果，吸引了美国公众，以致在总统寿辰的当天，华盛顿出现了万人空巷的罕见景象。同时，有关法国白兰地的新闻报道、专题特写、新闻照片等挤满了当天的报纸。在这种气氛下，法国白兰地酒“昂首阔步”地进入了美国国家宴会厅，也摆上了市民的餐桌。

资料来源　佚名．法国白兰地进军美国市场的公关妙棋［EB/OL］．［2014-05-14］．http：//www.doc88.com/p-3963713883819.html.

讨论内容：该案例的经典之处在哪里？为什么？

分析提示：从公关方案实施的角度入手。

另外，在实施公关方案时，正确选择时机还应注意把握：

（1）避开或者利用重大节日。凡与重大节日没有任何联系的活动都应避开重大节日，以免被重大节日气氛冲淡。凡与重大节日有直接或者间接联系的公关活动，都可考虑利用节日烘托气氛，扩大影响力。

（2）避开或者利用国内外重大事件。凡需要广为宣传的公关活动，都应避开国内外重大事件，以免被重大事件所冲淡。凡需要为大众所知，又希望减少震动的公关活动，则可选择重大事件发生之时。

（3）善于利用媒体事件。媒体事件比较重大，涉及面较广，对公众的影响力也大。利用媒体事件的焦点效应，将媒体事件与公关方案的实施结合起来，通过媒体的报道，对公众起到一种心理移情作用，有利于公众情感的宣泄，容易赢得公众的心。

3）科学控制目标导向和活动进度

在公关方案实施过程中，必须保证活动不能偏离公关方案的目标，实施人员可依据目标对整个实施活动进行引导、制约和促进，以把握活动的方向和进程。同时，在公关方案实施过程中，由于分工不同，实施人员各负其责，往往会出现多方面工作不同步的问题。为此，在公关活动进程中，应经常检查各方面工作的进度，及时发现超前或滞后的问题，搞好协调，使各方面工作同步进行或平衡发展。

### 案例分析 5-3 牛奶公司的异国公关

美国一家牛奶公司欲将其消毒牛奶打入日本市场，但在整个过程中遇到了日本消费者、消费者联盟、销售商、奶牛养殖场主、卫生部门和农林部门不同程度的阻碍。于是，该公司首先与日本卫生部门沟通，使之批准销售该产品；接着说服大销售商来经销其消毒牛奶；然后与奶牛养殖场主沟通；最后对消费者进行消费教育和指导。

资料来源 彭星闾. 市场营销学［M］. 北京：中国财政经济出版社，1994.

讨论内容：（1）美国这家牛奶公司为什么要这么做？

（2）列举你认为更合适的方案并说明理由。

4）及时调整方案及行动

由于公关方案的实施环境及目标公众的情况是复杂多变的，因而在实施过程中必须不断地把公关方案在客观环境中实施的结果与公关目标进行对照，如有偏差，应及时对方案、行动或目标做出相应调整。要依靠各种形式的信息反馈渠道，把方案实施的各种信息及时、准确地收集汇总上来，研究分析并据以调整行动。

### 实务训练 5-4 如何制作公关活动执行手册？

（1）活动背景：此部分的撰写通常由客户方与策划方共同完成，在活动邀请函、新闻稿等文件中也会有所体现，主要是让参与人员和工作人员对活动有基本的认知。

（2）活动要素：活动既定的举办时间、举办地点和参加人员。

（3）活动流程：活动既定的议程，晚会演出类活动通常称为“节目单”。

（4）活动规模及人员构成：活动既定的参加人员总数和构成，比如一场新闻发布会的规模为200人，其中主办方领导为10人，特邀嘉宾为10人，合作机构代表为30人，媒体记者为120人，公司内部参会人员为20人，公关公司工作人员为10人，总计200人。

（5）布置方案：图文并茂呈现确定的场地布置方案，包括3D部分的平面布置图、3D效果图、人员流动示意图、主要尺寸图和设计小样、设计尺寸、制作材料、制作数量。

（6）流程控制：主要是针对活动现场流程部分的音响系统、视频系统、灯光系统、舞美道具、礼仪人员、节目演出、摄影摄像和环节催场等的工作说明，并要求在活动流程进行到某一时间节点时完成相应的工作。

（7）保障方案：如嘉宾接待、安全保障、应急疏散等方案，以保障活动的顺利举办。

（8）各种清单：活动执行所需的各种人员、物料的汇总表，主要包括设计制作清单、AV设备清单、物料清单、礼品清单、工作人员联络表、现场音视频文件清单、节目清单等。

(9) 人员分工：对公关公司执行活动的人员架构，上下级关系和工作分工进行说明。

实训内容：为学校毕业晚会制作公关活动手册。

实训要求：自由结成项目组，认真研读上述资料，制作公关活动手册。

## 5.4　公关效果评估

公关效果评估是公关活动的最后一个环节，其意义在于：明确组织在公众中的形象，提出有关改进建议，供领导决策时参考；增强公关人员的公关意识，提高信心；衡量公关活动的人力、物力、财力的耗费，提高公关活动的效率；发现新问题、新情况并找出对策；使组织进一步认识公关对组织发展的重要性，从而更加自觉地重视公关工作。

### 5.4.1　公关效果评估的内容

公关效果评估是对该公关活动的全方位检测，包括对活动本身及影响力两个方面的评估。

1）公关活动本身的评估

公关活动本身的评估主要是监测活动本身得失的组织内部评估，主要评估内容有：①公关活动的目标是否符合实际；②公关活动的主题是否明确，主题词是否简练且富有号召力；③组织机构内部各部门对公关活动的目标是否透彻了解；④组织机构内部各部门对活动是否积极合作和大力支持；⑤公关活动的方案是否周密，是否有重大遗漏和疏忽；⑥公关活动的预算是否适当。

2）公关活动影响力评估

影响力评估是指公关活动对外界产生的影响力评估。美国一家公关公司Porte Novelli提出了“影响力评估”体系，该体系融合了四大部分：传播目标；传播输出（媒体覆盖范围、媒体剪报、活动出席、网络流量等）；受众行为（媒体认知、合作伙伴的评价、公众认知及行为变化等）；商业结果（销售数据、市场份额、投资回报率等）。

在实际评估过程中，还要对上述各项设立具体的评估指标和标准，使其具有可测量性，从而提高评估结果的准确性和可比性。

#### 视野拓展5-1

以下指标是企业关注的，也可作为公关效果评估的测度指标：

(1) 覆盖率，即公关传播活动覆盖的人群。计算某次公关传播活动覆盖率的一个粗略的公式为：覆盖率=传播受众÷市场所属区域的受众。所谓的覆盖率，不仅指一家媒体的覆盖率，也指全国性媒体和区域性媒体的覆盖率，前提是企业在那个区域有市场。

(2) 有效率。虽然公关信息覆盖到了，但也有可能重复覆盖，或者覆盖不一定有效。比如，在北京，选择发行量近20万份的《娱乐信报》做市场宣传。获得此报的20万人对组织的公关并不是全部有效的，也许只对5万人是有效的。这5万人也不一定全部都会看到组织的公关信息。针对不同的企业，每种媒体都会有其不同的有效率，企业当然要选有效率高的，但要将覆盖率和有效率结合起来才能得出有效受众，以表述宣传效果。

（3）千人成本，即媒体每接触1 000人所需支付的货币金额。为了反映实际情况，其计算公式应为：千人成本=总成本÷有效受众×1 000。还可以结合千人购买率、千人利润率来计算以某个成本水平进行传播是否值得。比如通过宣传，预计每千人中会有10人购买产品（即1%购买率），每件产品的利润是10元，那么千人利润总额就是100元，宣传推广的成本当然不能大于这个数。用千人成本还能计算出企业推广需要的总费用，以企业的总目标受众除以1 000乘以千人成本，就是宣传总费用。

（4）准确性。受众被有效覆盖了，不等于信息被有效传递了。准确性包括的主要内容有传播定位的准确性、媒体策略的准确性、发布内容的准确性、传播方法的准确性等。准确性是无法量化的，却又是考核公关公司实力的一个重要因素。很多竞标书上都会把策划方案的策略、定位作为一个很高的要求，原因就在于此。而对公关评估，自然不能缺少这一环，因为计划赶不上变化快，一开始认为是正确的，后来也许证明是错误的。

（5）传播力度。可以选取一段时间，对媒体发布的数量、转载的数量、媒体跟进报道的数量进行分析统计，其中媒体跟进报道的数量能集中体现传播力度。除了一段时间内的传播量，还有一些能有效“量化”传播力度的标志，如网站首页、平面媒体头版或者头条等。另外，关注度也是传播力度的一个表现，比如在一段时间内业内发生了几个值得一提的新闻，给这些新闻排名，再结合企业的市场排名，就知道传播的力度够不够了。

（6）传阅率。很多时候，传阅率并不计入公关服务的收费项目，因此长期被忽视，但它无疑是公关效果的重要组成部分。传阅率既可根据人们对同一张报纸的多次阅读量来统计，也可根据搜索引擎上被搜索到的多次阅读量来统计，还可根据后续媒体自发跟进的报道来统计。

（7）公关指数提升。公关绝不仅仅是传播，公众关系维护、项目游说、危机处理均属公关范畴，评价其效果显然需要特殊方法，公关指数就是一个较好的评估指标。比如，很多企业都需要建立和维护与媒体的关系，使公关指数在媒体关系层面获得一定的提升。

（8）销售提升。公关在某些时候可以刺激销售，比如北京富亚涂料的老板喝完涂料后，消费者指名要买能喝的那种涂料。公关对销售增长的帮助可以通过间接的方法来评价：用总增长除去广告、促销等手段对销售增长的刺激作用，得出公关对销售的增长作用。

资料来源　吴应快．公关效果评估之八个关键［EB/OL］．［2007-10-10］．http：//www.globrand.com/2007/77962.shtml.

### 5.4.2 公关效果评估的方法

1）公关人员的自我评估

公关人员参与了活动的全过程，对活动的了解相对直接，可以总结他们对活动本身的策划及实施的期望与感受，形成对公关活动的一种效果评估。

2）借助新闻媒体的报道来评估

新闻媒体报道迅速，感觉灵敏且有很大的影响力。对新闻媒体的报道进行分析，也可以评估公关活动的效果。媒体分析内容包括：

（1）在报刊、广播、电视等上刊登或播放的数量，在报刊等上所占版面大小及位置，广播、电视等播放时间的长短。

（2）新闻媒体的层次及重要性，及其是否与组织公众接近。

（3）新闻报道的内容是正面的还是反面的，是全面报道还是摘要报道，是重点报道还是一般报道。

（4）报道时机是否及时、适时。

3）公众舆论评估

根据公众舆论可以判断组织形象地位的变化情况。其具体做法是：定期对组织的有关公众进行抽样调查，根据公众对组织的看法、态度的变化情况来分析公关活动的效果。例如，分析组织形象对公众的吸引力时分别从注意、理解、记忆、行动四个层次来判断。

4）专家评估

组织可以聘请公关专家，通过调查、分析，对组织的公关活动效果做出较为客观的评估，同时征求对组织今后公关活动的开展有价值的建议。

公关效果评估的结果应写成正式报告，以便报告决策层，或者留档备查。如有可能或必要，还可通过新闻媒体或内部刊物加以传播，进一步扩大影响。

总之，公关的工作就是遵循调查→策划→实施→评估这样一个基本程序来展开的，各个环节紧密联系，每一个循环的结束又是下一个高水平循环的开始。

## 本章小结

公关工作的程序包括公关调查、公关策划、公关方案实施、公关效果评估四个阶段，这是一个不断循环递进的过程。

公关调查是组织就公众对组织形象的评价进行统计分析，用数据图文形式显示公众的整体意见，或者就某一具体公关活动的条件进行实际考察的过程。

公关策划就是公共关系人员根据组织形象的现状和目标要求，分析现有条件，设计最佳行动方案的过程。公关策划可以概括为公关战略策划和公关策略策划。

公关活动能否获得预期效果，不仅要看公关活动的方案是否可行，更要看方案如何实施。公关方案实施是公关工作程序中最复杂、多变的关键环节。

公关效果评估是对该公关活动的全方位检测。

## 课后思考

（1）公关调查与市场调查的区别是什么？为什么？

（2）根据自己选定的调查主题，设计一份调查问卷。

（3）为什么说公关策划是“一种程序”？

# 第6章

# 组织形象分析与设计

## 学习目标

知识目标：

了解组织形象分析与设计的含义及作用、CIS的基本含义，掌握组织形象基本标志及组织形象设计的步骤。

能力目标：

结合案例掌握组织形象分析的步骤及CIS设计的基本要求、CIS导入与实施的方法。

## 基本知识点、基本能力点及能力拓展点

→基本知识点

组织形象的含义、作用及基本标志

组织形象设计的含义及步骤

CIS的含义、CIS要素设计的要求、CIS导入与实施的要求

→基本能力点

结合实例阐述组织形象设计的要求

结合实例阐述CIS要素设计的要求

→能力拓展点

分析某一组织形象

为某一组织进行CIS设计

**导引案例** **麦当劳的CIS战略**

作为全球最大的以经营汉堡包为主的速食公司，麦当劳的成功也是其CIS战略的成功，CIS战略在麦当劳的营销过程中发挥了重要的作用。

1）QSCV经营理念

Q（quality），即质量、品质。麦当劳对原料的标准要求极高，面包不圆和切口不平都不使用，奶浆接货温度要在4℃以下，高1℃就得退货。一片小小的牛肉饼要经过40多项质量控制检查。任何原料都有保存期，生菜从冷藏库拿到配料台上只

有2小时保鲜期，过时就扔。生产过程采用电脑控制和标准操作。制作好的成品和时间牌一起放到成品保温槽中，炸薯条超过7分钟、汉堡包超过10分钟就要毫不怜惜地扔掉，因为麦当劳承诺永远让顾客享受品质最新鲜、味道最纯正的食品。当然，麦当劳也有办法保持最低的消耗。

S（service），即服务，包括店铺设计突出舒适感、营业时间体现方便性、销售人员的服务态度等。微笑是麦当劳的特色，所有的店员都面带微笑，活泼开朗地和顾客交谈、做事，让顾客感觉满意。员工一进入麦当劳，就会接受系统训练。全体员工提供快捷、准确、友善的服务，保证顾客排队不超过2分钟，在顾客点完所要食品后，服务员要在1分钟内将食品送到顾客手中。麦当劳还提供多种服务，如为小朋友过欢乐生日会，为团体提供订餐和免费送餐服务等。

C（cleanliness），即卫生、清洁。麦当劳员工行为规范中有一条规定：与其靠着墙休息，不如起身打扫，全世界麦当劳连锁店的所有员工都必遵守这一条规定。员工上岗操作前需严格用杀菌洗手液消毒，两手揉搓至少20秒钟后再冲洗，再用烘干机将手烘干。如果接触了头发、衣服等东西就要重新洗手消毒。所有的餐盘、机器都要在打烊后彻底清洗、消毒，地板要刷洗干净，餐厅门前也要保持清洁。

V（value），即价值，意为“提供有价值的高品质物品给顾客”。麦当劳让顾客在清洁的环境中享受经过科学配比且价格合理的快捷营养美食。麦当劳强调“V”，就是要创造和附加新的价值。

麦当劳以QSCV经营理念为核心，创下了世界上最大的连锁体系的纪录。麦当劳用这一经营理念来保证员工行为规范，即“小到洗手有程序，大到管理有手册”。

2）科学设计行为和视觉识别系统

（1）O&T manual（营运手册）。雷·克罗克先生认为，快餐连锁店只有标准统一、持之以恒，才能取得成功。营运手册中详细说明麦当劳的政策，餐厅各项工作的程序、步骤和方法，并且不断地自我丰富和完善。

（2）SOC（岗位工作检查表）。麦当劳把餐厅分为20多个工作段，每个工作段都有一套SOC，详细说明各工作段事先应准备和检查的项目、操作步骤、岗位职责。员工进入麦当劳后将逐步学习各工作段的工作内容，表现突出的员工会晋升为训练员，训练新员工；训练员表现好，可进入管理组。所有的经理都是从员工做起的，必须高标准地掌握所有基本岗位工作内容并通过岗位工作检查。

（3）MDP（管理发展手册）。麦当劳专门为餐厅经理设计了一套MDP，共4册，循序渐进。学完第三册的员工就被送到麦当劳总部的“汉堡包大学”学习人际关系、会计、存货控制、公共关系、培训、人事管理等。下级经理和员工要接受上级经理的一对一训练，合格后才有可能晋升。

（4）大家庭。麦当劳强调在内部建立起大家庭式的工作环境，例如，从经理到员工都直呼其名，注重沟通与团结合作：每月开员工座谈会，充分听取员工意见；每月评选最佳职工，邀请其家属来餐厅参观、就餐；每年举行岗位明星大赛，并且到其他城市参赛；以一定的形式祝贺员工的生日……

（5）金色拱门。麦当劳的企业标志是个弧形的“M”，以黄色为标准色，稍暗的红色为辅助色，黄色让人联想到低价，而且无论在什么样的天气里，黄色的视觉性都很强。“M”的弧形造型非常柔和，和店铺大门的形象搭配起来，令人产生走进店里的强烈愿望。

（6）吉祥物。象征麦当劳餐厅的人偶——麦当劳叔叔，是友谊、风趣、祥和的象征。他总是传统马戏小丑打扮，黄色连衫裤，红白条的衬衣和短袜，大红鞋，黄手套，一头红发。他的全名是罗纳德·麦当劳（在美国，他是仅次于圣诞老人的4~9岁儿童最熟识的人物）。他象征着麦当劳永远是大家的朋友，时刻准备着为儿童和社区发展贡献力量。

3）实行督察制和连锁制

为了彻底贯彻经营理念，麦当劳芝加哥总部派出“巡回地区督察团”，每月不定期地到各地经销店、直销店巡视若干次，对全世界连锁店一视同仁。督察团巡视完毕，把审查结果向总公司或该地区的总部汇报。如果审查结果不良，则该店店长的业绩考核就会受到影响。

4）导入CIS战略，开展各种公关活动，塑造良好的组织形象

麦当劳认为儿童对其具有不寻常的意义，所以往往通过广告将各种娱乐信息传达给儿童，并制造各种机会提供气球、玩具等赠品，以吸引儿童顾客的注意力。在争取儿童顾客方面最津津乐道的两项措施是创立“麦当劳游乐场”和在全球范围内塑造“麦当劳叔叔”的形象。此外，行销各地的汉堡包中增加了一个新品种——用汉堡包制成的小面人，作为“麦当劳”的代表形象奉送给吃汉堡包的小顾客。公关广告也是麦当劳采取的一种行之有效的公关方式。每年在百万之众的圣诞游行队伍中总是有麦当劳“接待中心”的汽车，为游客免费提供食物。麦当劳还以免费赠送汉堡包的方式作为对好人好事的奖赏和报酬。

除了致力于广告事业，麦当劳还积极投身于公益事业。社区活动及灾害发生的地方，都可见到麦当劳的工作人员带着大批免费汉堡包前来扶危济困。麦当劳还出资赞助福利院、运动会，到公园参加美化劳动，到地铁搞卫生等。正是通过一系列的活动，麦当劳使广大顾客领悟其经营理念，以良好的企业形象，像磁石一般不断把顾客吸引进麦当劳这座欢乐之门。

讨论内容：（1）麦当劳是如何塑造形象的？

（2）麦当劳CIS战略的成功在哪里？

（3）该案例有什么启示意义？

讨论要求：查阅相关资料，自由讨论、发言，撰写简要分析报告。

分析提示：从CIS战略入手。

# 6.1 组织形象分析

## 6.1.1 组织形象的含义与作用

1）组织形象的含义及构成

（1）组织形象的含义

组织形象是指一定文化背景下的公众对组织内在精神或外显特征感知后所形成的总体印象，它的特质是组织文化现象在人们头脑中的综合印记。组织形象的含义应包括三个方面：①组织形象感觉的主体是一定文化背景下的社会公众；②组织形象塑造的主体是具有一定的内在精神和外显特征的组织自身；③组织形象是社会公众对组织所形成的综合印象。

（2）组织形象的构成

组织形象的构成比较复杂，但可以归纳为三个层次（或称子系统）：理念形象、行为形象和视觉形象。理念形象是最深层次、最核心的部分，也最为重要；视觉形象是最外在、最容易表现的部分，它和行为形象都是理念形象的载体；行为形象介于上述二者之间，是理念形象的延伸和载体，又是视觉形象的条件和基础。如果将组织形象比作一个人的话，理念形象如同其头脑，行为形象就是其四肢，视觉形象则是其面容和体形。

### 视野拓展 6-1

组织理念形象是由组织哲学、宗旨、精神、发展目标、经营战略、道德、风气等精神因素构成的组织形象子系统。组织行为形象是由组织及组织成员在内部和对外的生产经营管理及非生产经营活动中表现出来的员工素质、企业制度、行为规范等因素构成的组织形象子系统。其中，内部行为包括员工招聘、培训、管理、考核、奖惩，各项管理制度、责任制度的制定和执行，组织的风俗习惯等；外部行为包括采购、销售、广告、金融、公益等公关活动。组织视觉形象是由组织的基本标识及应用标识、产品外观包装、厂容厂貌、机器设备等构成的组织形象子系统。其中，基本标识指组织名称、标志、商标、标准字、标准色；应用标识指象征图案、旗帜、服装、口号、招牌、吉祥物等；厂容厂貌指组织自然环境、店铺、橱窗、办公室、车间及其设计和布置等。

2）组织形象的作用

在市场经济条件下，组织的社会形象直接影响其生存和发展，良好的组织形象是组织最重要的无形且无价的资产。

（1）良好的组织形象可以增强消费者信心

良好的组织形象就像社会颁布给组织的“信用证”一样，可以使消费者对组织及其产品和服务产生信赖感。这种信赖感不仅使消费者放心选择、购买其产品，接受其服务，更具有奇妙的“传导”作用，能为新产品、新服务提供潜在市场。

(2) 良好的组织形象适应竞争的需要

随着时空距离缩短，产业结构改变，特别是市场竞争的国际化、激烈化，顾客对商品的品质要求进一步提高，顾客指定品牌购买的比例也在增加。在这种情况下，良好的组织形象就成了竞争的利器。

(3) 良好的组织形象促成“人和”的内部环境

组织形象是理念与精神文化合一的具体表征，只有全体员工认可与接纳了同样的理念和文化，组织形象才能建立起来。良好的组织形象可以使员工产生归属感、优越感、自豪感，同时可以吸引人才、稳定人才，形成良好的组织气氛和强大的凝聚力，从而使组织始终保持高昂的士气和旺盛的生命力。

(4) 良好的组织形象创造适宜的外部经营环境

良好的组织形象具有强烈的磁力作用，有助于组织吸引资金。一旦组织在社会公众心目中形成良好的形象和声誉，公众就会乐意向其投资，银行乐意为其提供优惠贷款，政府乐意为其提供优惠政策，甚至保险公司也乐意为其经营作保。同时，良好的组织形象也有利于组织建立和维护稳定的经营销售渠道。

### 延伸讨论 6-1

许多企业认识到组织形象的重要价值，投入巨额资金塑造和宣传组织形象，比如竞争中央电视台年度广告“标王”、以巨额资金赞助大型体育活动等，以期获得组织形象效应。

讨论内容：(1) 如何理解组织形象是无价的？

(2) 组织形象塑造与经营行为是什么关系？为什么？

## 6.1.2 组织形象的基本标志

组织形象的基本标志是知名度和美誉度。

1) 知名度

知名度指一个组织被公众知晓、了解的程度，是评价组织名气大小的客观尺度，侧重于“量”的评价，即组织对社会公众影响的广度和深度。

知名度=知晓人数÷调查人数×100%

2) 美誉度

美誉度指一个组织获得公众欢迎、接纳、信任的程度，是评价组织声誉好坏的社会指标，侧重于“质”的评价，即组织社会影响的好坏。

美誉度=赞赏人数÷知晓人数×100%

3) 知名度与美誉度的关系

组织在公众心目中的良好形象是由知名度和美誉度构成的，缺一不可。但二者并不一定能够同步形成和发展，有知名度不一定有美誉度，没有知名度也不意味着没有美誉度。总的来说，知名度需要以美誉度为客观基础，才能产生正面的积极效果；美誉度需要以一定的知名度为前提条件，才能充分显示其社会价值。

4）组织形象状态的表达

如果把一个组织在社会公众中的知名度和美誉度用平面坐标图来表示，根据二者在现实状况中的不同构成，就可以将组织形象区分为四种状态，即组织形象的四象限图，如图6-1所示。

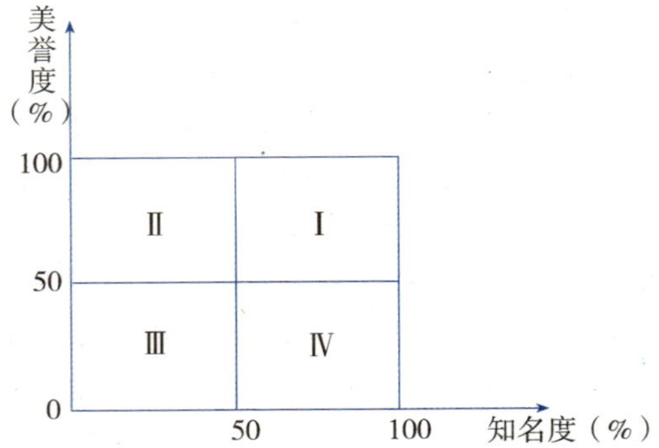


图6-1　组织形象的四象限图

Ⅰ区表示高知名度、高美誉度。处于Ⅰ区，说明组织社会形象、公共关系处于较好状态。Ⅰ区为最佳组织形象区，是组织公关工作的努力方向。

Ⅱ区表示高美誉度、低知名度。处于Ⅱ区，说明组织的公共关系具有良好的发展基础，公关工作的重点应该是在维持美誉度的基础上提高知名度。

Ⅲ区表示低知名度、低美誉度。处于Ⅲ区，表明组织的公共关系状况不佳，其公关工作甚至需要从零开始。首先应该完善自身，争取较高的美誉度，而传播方面暂时保持低姿态，待享有较好的美誉度以后，再大力做提高知名度的工作。

Ⅳ区表示低美誉度、高知名度。处于Ⅳ区，表明组织的公共关系处于臭名远扬的恶劣境况，其公关工作应该是先扭转已经形成的坏名声，默默地努力改善自身，设法逐步挽回信誉。

**实务训练6-1**

实训内容：选择某一组织或自己的学校进行组织形象状况调查。

实训要求：自由结成项目组，设计调查问卷，撰写调研报告。

# 6.2　组织形象设计

## 6.2.1　组织形象设计的含义

组织形象设计是组织根据实际条件及形象追求目标的调查结果，结合组织的独特性质，对组织形象战略及具体塑造组织形象活动进行整体构思、谋划的运作过程。组织形象设计属于公关战略策划。组织形象设计的含义应包括三个方面：

（1）组织形象设计是为组织形象战略目标服务的。

（2）组织形象设计是建立在组织实态形象追求目标的调查结果基础之上的。

（3）组织形象设计分为总体组织形象设计（如组织品牌战略策划、CIS总体策划）与具体组织形象设计（如组织广告策划、CIS技术操作设计）。

## 6.2.2 组织形象设计的步骤

1）调查现状，确定目标

关于组织形象现状及形象目标调查的内容、方法等细节，参考“5.1 公关调查”即可。调查的目的在于确定组织形象现状，发现问题，确定组织所追求的形象目标，使组织形象设计有明确的依据。

**案例分析6-1** 鸿星尔克的“科技”品牌形象定位

创立于2000年的鸿星尔克体育用品公司，同其他晋江运动品牌崛起一样，2005年以前也是模仿安踏的做法，采用“明星代言+央视广告”的形式，通过代理商迅速延伸到全国市场。但随着产品和营销资源的同质化，晋江运动品牌在崛起后也不得不吞下价格战、渠道战、广告战种下的“恶果”。为此，鸿星尔克通过对背景进行深入分析，准确诊断企业形象，提出“科技”形象的诉求，在品牌理念中置入“科技”元素，宣传GDS减震系统、环保水性胶等技术，再通过战略合作，依托中国科学院、神舟六号等将科技元素深深植入鸿星尔克品牌之中，成功打造出一个以科技为核心的运动品牌。

资料来源 赵红健．鸿星尔克：四式营销破困境［EB/OL］．［2023-11-11］．https://www.cmmo.cn/article-11923-1.html.

讨论内容：（1）鸿星尔克为什么把品牌形象定位于“科技”？

（2）列举比较合理的形象定位案例，简单说明理由。

分析提示：从组织形象现状与形象追求角度入手。

2）确定明确的组织理念

组织理念是组织形象的核心和灵魂，是组织形象设计首先要解决的问题。确定组织理念可从以下角度考虑：

（1）突出个性，有自己独特风格，与其他组织的理念有鲜明区别。如“体育、表演、洒脱自由的运动员精神”是美国耐克公司追求的个性化组织理念。“装点人生、服务社会”是雅戈尔集团追求的组织宗旨和根本理念。

（2）强调民族特色，体现民族文化。如“超越自我，追求卓越”是东方通信股份有限公司追求的组织理念。美国企业理念设计明确强调“让每个员工充分展示自己的个性，让每个员工的潜力得到最佳发挥”这一文化特色。

（3）简洁概括。例如，IBM公司将其企业理念概括为“科学、进步、卓越”。

3）设定形象概念

设定形象概念，不仅要依据组织理念，还要找出在社会公众心目中行业所应具有的理想特性，找出组织在公众心目中的地位，并与竞争者进行全盘比较，以确定组织形象的定位。例如，某企业为塑造追求卓越、永续经营、无限企业的新形象，根据“高品质、高效率、亲切配合、适当成本”的经营理念，设立的形象概念是“创造——技术革新的高贵品质；生活——便捷舒适的空间环境；文化——人类共享的精致生活”。

4）形象概念具体化

形象概念具体化是组织理念应用于组织标志、标准字、商标、组织造型上，使传达到意识层中的组织理念化作声音、色彩、形状，使看过这些形象的人都能过目不忘。这一过程需要组织形象设计者独具匠心，创造性地将深层的组织理念、组织形象外观化，使公众能够感知。好的形象概念具体化，确实能使人产生联想与共鸣。

**案例分析6-2　　神清气爽，与君同乐**

日本可尔必思株式会社将企业形象定位为“一切为了人民大众的身心健康和安定生活，适应社会发展”。在设计新标志时，用8个圆形来代表健康、家庭、环境、体育、情绪、社会时尚、技术、国际性，以代表太阳的大圆为圆形组合体的中心，在太阳表面用蓝色来代表水。太阳和水是生命的起源，围绕着太阳的8个小圆形昭示着生命的跃动感，加之圆形组合体重叠而成的画面效果，暗示了可尔必思与社会大众之间的协调精神，突出表现了健康与家庭的密切关系。经过反复斟酌，可尔必思的宣传口号确定为“神清气爽，与君同乐”。把新的公司标志和宣传口号糅合在一起仔细品味时，会油然产生朝气蓬勃的感觉，这也在企业与消费者之间形成了一条感情交流的纽带，使公司与大众由过去单纯的买卖关系转换为气氛融洽的伙伴关系。

讨论内容：（1）该株式会社具体化的形象概念是否合理？为什么？

（2）列举印象最深的形象概念具体化的案例，并做简要评述。

## 6.3　CIS战略

### 6.3.1　CIS的含义

CIS（corporate identity system）即企业识别系统，是在CI（corporate identity）即企业识别的基础上发展而来的。不过，从本质上讲，CI与CIS大体上说应该是同一基本概念，只是口语中人们更习惯于用CI。起源于20世纪50年代的欧美型CI，其初始概念就是企业识别，突出的重点是视觉形象的美感与冲击力，比较注重外在形象表现。

CI于20世纪70年代传入日本之后，被日本人注入其民族理念和企业精神，在结构上得到改造和完善，进而形成完整的CIS，即由理念识别系统（mind identity system，MIS）、行为识别系统（behavior identity system，BIS）、视觉识别系统（visual identity system，VIS）共同构成的企业识别系统，同时也是企业的经营发展战略。

**视野拓展6-2**

## CIM及CIS标准1.0版

（1）企业识别：掌握新CI标准，首先要理解企业识别、企业识别体系、企业形象、企业形象管理等概念，特别是CI这个最基础的概念。综合各种对CI的定义，新CI标准认为，当“CI”这个词单独出现时，应明确地被认为“corporate identity”，即“企业识别”，其定义是“从本质上确认或识别企业的一系列特征”。

（2）企业识别系统（corporate identity system）：在新CI标准的框架中，当“CIS”作为一个术语出现时是指：以企业理念识别为中心展开包括视觉识别、听觉识别、文本识别和行为识别在内的五大识别系统设计，以此为基础通过开发影像、传媒、环境、产品等形象应用界面，实现企业识别同一性的过程和系统。开发“企业识别系统”的目的是为统筹企业各体系间的关联，实现经营合力，开展整体形象管理确定基本标准。

在新CI标准的框架中，CIS中的企业五大识别体系是指：理念识别（mind identity，MI）、听觉识别（audio identity，AI）、视觉识别（visual identity，VI）、文本识别（text identity，TI）、行为识别（behavior identity，BI）。企业四类应用界面是指：摄影界面（interface of photo，IP）、传媒界面（interface of media，IM）、环境界面（interface of environment，IE）和产品界面（interface of output，IO）。

（3）企业形象（corporate image）：在新CI标准的框架中，强调把企业看作人格化的组织，并从管理的角度加以定义：企业形象是指企业精神的显现，与社会各方面建立的关系形式和自身实践能力的象征。与“企业识别”相比，“企业形象”不太强调识别性、身份的同一性等，而是从更宽泛的角度来描述企业的总体现象、形态和特征。在新CI标准的框架中，一般不主张使用英文简称CI来指代“企业形象”这个词，除非加以特殊的说明。一般的情况下，CI用来特指“企业识别”这个词。

（4）企业形象管理（corporate image management，CIM）：CIM作为新CI标准中非常重要的概念，需要加以特别的说明。CIM是企业形象管理的简称，在新CI标准的框架下，“企业形象管理”和“企业整体形象管理”可以互换，二者意思完全一致。使用后者的目的是在认知上不断强化“整体”这个核心概念。

企业整体形象管理是指通过对企业形象进行持续创新和协调控制，从而帮助企业提高经营合力的一种管理思想、方法和手段。企业整体形象管理是世界观、方法论和工具箱的统一，可以帮助企业降低决策成本、管理成本和沟通成本，帮助企业实现制度创新和盈利模式创新，帮助企业建立风险防范体系，指导企业进行空间拓展和产业投资领域的创新。企业整体形象管理是企业文化实力的体现，文化实力体现在其所属国家的强势形象、其对自身所具有的标准控制力的把握，还有就是对自己所掌握的企业管理理论的强烈的自信！推行新CI标准，开展企业整体形象管理，有利于树立中华民族的文化自信，在世界上促进中国国家形象的整体提升。

资料来源　佚名．管理及新CI标准［EB/OL］．［2022-01-11］．https://www.docin.com/p-2339858118.html.

### 6.3.2 CIS要素设计

1）MIS设计

MIS即理念识别系统，属于组织的文化精神层，主要由组织目标、组织哲学、组织宗旨、组织精神、组织道德、组织作风等要素构成。这些要素角度不同，各有侧重，有时在内容上还互有交叉，但在本质上是和谐统一的。只有做到民族历史文化传统与现代化管理思想相结合，组织历史、现状与未来发展要求相结合，才能提炼出具有组织特色、立足时代又超越时代的组织理念。

（1）组织目标设计

设计组织目标必须做到：

① 建立组织共同价值观。如IBM公司的三个群体价值观：第一，尊重个人；第二，顾客至上；第三，追求卓越。

② 确立组织的多目标体系，完善组织的目标系统。

③ 设定组织最高目标。成功的组织总是把对国家、社会的贡献作为组织的最高目标。海尔集团把“创造中国的世界名牌”定为企业最高目标。

（2）组织哲学设计

组织哲学是组织最高领导自身的哲学思想及组织多数员工共同的哲学思维。二汽集团的“不断改变现状，视今天为落后”和日本丰田公司的“以科学技术为经，合理管理为纬”等都是设计有效的组织哲学范例。

（3）组织宗旨设计

组织宗旨，对内是为履行组织的社会职责而对全体员工发出的总动员令，是引导和规范组织及员工行为的强大思想武器；对外是组织向社会发出的宣言，是引导消费者和社会公众的旗帜。设计组织宗旨要突出行业特点和组织自身特点。美国假日酒店的宗旨是“为旅客提供最经济、最方便、最令人舒畅的住宿条件”，是在“最”字上下功夫。

（4）组织精神设计

组织精神是随着组织的发展而逐步形成并固化下来的理念，是对组织现有观念意识、传统习惯、行为方式中积极因素的总结、提炼和倡导，是组织文化发展到一定阶段的必然产物。设计组织精神应当注意：

① 尊重广大员工在实践中表现出来的积极的精神状态。

② 恪守组织的共同价值观和最高目标，不背离组织哲学的主要原则。

③ 体现时代精神。

（5）组织道德设计

组织道德是社会道德理念在组织中的具体反映，是由一组道德观念因素组成的道德规范体系。确定组织道德必须符合民族优秀的传统道德，符合社会公德，突出行业职业道德特点。

（6）组织作风设计

设计组织作风要全面深入地分析组织风气现状，区分个别风气与主流风气、优良风气与不良风气，并针对其形成原因，结合社会风气和其他组织的作风，设计本组织的作风。

2）MIS表达技巧

（1）组织理念口号化

口号是对所要表达的组织理念内容的高度概括，是组织文化精神层的生动再现，最能反映时代要求。组织理念口号化的总体要求主要包括：

① 把组织目标、组织哲学、组织宗旨、组织精神、组织道德、组织作风等理念要素设计成符合口号特点的语言形式。

② 将组织理念对员工的要求用口号反映出来。

③ 将组织理念不能完全涵盖，而又需要员工或公众了解的观念用口号形式表达出来。

（2）组织理念人格化

组织内的英雄模范人物最能体现组织的精神理念，通过讲述他们的故事、宣传他们的事迹、赞扬他们的思想和精神，能够使组织理念形象化并被赋予一种人格化的力量。例如，大庆油田宣传、赞扬王进喜的"铁人精神"就是企业理念人格化的生动体现，在改革开放的新时期，大庆油田大力宣传"新时期的铁人"王启民，便是当代组织理念人格化的真实写照。

（3）组织理念艺术化

组织理念艺术化是指将组织理念要素用音乐、美术等艺术手法表达出来，借助艺术的美来传播和推动，如松下的"公司之歌"和米高梅的"狮子"形象等。

**实务训练6-2　　企业理念摘选**

世界级企业的理念，看似平淡实则精彩。杰出公司之所以杰出，就是因为始终如一地坚守这些理念。

松下：振奋员工精神、赢得社会公众、让人生活得更舒适 。

麦当劳：Q、S、C+V。Q：质量，向顾客提供一流的食品；S：服务，提供周到、细致的服务；C：清洁，提供优雅清洁的环境；V：价值，提供更有价值的商品给顾客。

索尼：做先驱：不追随别人，但是不要做不可能的事；提升日本文化与国家地位；体验以科技进步、应用与创新造福大众带来的真正快乐。

宝洁：产品完美、不断自我提高 、诚实与公平 、尊重与关心个人。

奔驰：整体质量精神、创新精神、优质服务精神。

实训内容：为自己学校设计一个口号化的组织理念。

实训要求：自由结合或者个人设计，并简要阐述内涵。

3）BIS设计

BIS即组织行为识别系统。通过BIS设计，形成科学合理的组织制度体系，这也是MIS设计得以落实的根本保证。BIS包括组织制度、组织风俗、员工行为规范。下面重点介绍组织制度设计和员工行为规范设计。

（1）组织制度设计

组织制度是由多种制度构成的制度体系，主要分为工作制度、责任制度和特殊制度。工作制度主要包括分配制度、奖惩制度、教育培训制度和职代会制度。特殊制度主要包括员工民主评议干部制度、干部访问制度和干部与员工对话制度。组织制度设计的总体要求如下：

① 立足组织实际需要，充分传达组织理念。

② 由主及次地制定分类制度。一般应首先制定那些涉及面最广、对组织运行最为重要的主要制度，然后以这些主要制度为框架，分门别类地拟定次要制度或带有补充规定性质的制度。

③ 统筹兼顾，整体协调。这主要表现为：唯一性，即每件事只能由一项制度来规范；一致性，即所有制度应该保持一致，不能互相矛盾；顺向性，即次要制度服从主要制度；封闭性，即对每项工作都能予以约束。

④ 刚柔相济，宽严有度。在关系组织生存发展的重要方面的制度要严格规范，力求刚性，而在影响较小的次要方面的制度可适当放宽要求，保持一定弹性；在偏重于"物"的管理方面的制度应强调刚性，而偏重于"人"的管理方面的制度则必须考虑灵活性；有长期反复实践的作为基础的组织制度一般刚性强一些，而缺乏实践基础的制度则要求弹性大一些；针对操作层次、执行层次的制度要充分体现刚性，而在决策层次、管理层次的制度则要充分体现弹性。

⑤ 条理清楚，简明实用。在组织整个制度体系结构合理的前提下，在宏观层次，每项制度都应具有明确的针对性和界限明晰的适用范围；在中观层次，每项制度都应力求条理化，结构严谨，逻辑性强；在微观层次，每项制度都要做到用词规范、句式简洁、表达清楚，尽量避免不必要的修饰。

（2）员工行为规范设计

员工行为规范是在同一组织中所有员工共同的行为特点和工作习惯。员工行为规范的强制性虽然不如组织制度，但带有明显的导向性和约束性，通过在组织中倡导和推行，容易在员工群体中形成共识和自觉意识，从而促使员工的言行举止和工作习惯向组织期望的方向和标准转化。现在，员工行为规范已经成为组织文化制度层中的一项重要内容，无疑也是组织行为识别系统不可缺少的组成部分。设计员工行为规范要注意：

① 内容全面、客观。从仪容仪表、岗位纪律、工作程序、待人接物、环卫安全、素质修养等多方面对员工行为进行规范。

② 条理清晰、针对性强、表述准确、简明流畅。

**视野拓展 6-3**

**松下的销售服务 30 条**

（1）销售是为社会服务，获得利润是当然之报酬。（2）对顾客不可怒目而视，亦不可厌烦。（3）注意门面的大小不如注意环境是否良好；注意环境是否良好又不如注意商品是否良好。(4) 货架漂亮，生意不见得好；小店中较杂乱，但能给顾客提供方便，反而会有好生意。(5) 对顾客应视如亲戚。(6) 销售前的奉承不如销售后的服务。(7) 把顾客批评视为神圣的语言。(8) 资金缺少不足虑，信用不佳最堪忧。(9) 进货要简单。(10) 应知一元钱的顾客胜于百元钱的顾客，一视同仁是商店繁荣的基本。(11) 不可强行推销，不可只卖顾客喜好之物，要卖对顾客有益之物。(12) 资金周转次数要增多，百元资本周转十次，则成千元。(13) 遇有调换商品或退货，要比卖出商品时更加客气。(14) 在顾客面前责备小职员，并非取悦顾客的好手段。(15) 销售优良的产品自然好，将优良产品宣传推广而扩大销售更好。(16) 应具有若无自己销售则社会经济不能正常运转的自信。(17) 对批发商要亲切。(18) 虽然一张纸当作赠品亦可使顾客高兴，但如果没有随赠之物，笑颜也是最好的赠品。(19) 为公司操劳的同时要为职员的福利操劳。(20) 不断用变化的陈列（橱窗）吸引顾客。(21) 即便是一张纸，若随意浪费，也会提高商品价格。(22) 缺货是商店不留心，道歉之后，应询问顾客的住址，并说："马上取来送到贵处。"(23) 言不二价！随意减价反会落得商品不良的形象。(24) 儿童是福禄财神，应特别注意。(25) 时时应想到今天的盈亏，养成今天盈亏不明则无法入睡的习惯。(26) 要赢得"这是××公司的产品吧"的信誉和赞赏。(27) 询问顾客要买何物，应出示一两种商品，并为公司充当宣传广告。(28) 店铺要营造热烈气氛，店员要兴致勃勃地工作，有欣欣向荣的表情和态度。(29) 每日报纸广告要通览无遗，有人订货而自己尚且不晓，乃商人之耻。(30) 对商人而言，没有繁荣萧条之别，无论如何必须要赚钱。这30条就是松下公司积累60年经验写成的生意经，也是值得营销服务人员借鉴的成功诀窍。

资料来源 佚名. 松下电器公司"销售服务30条"[EB/OL].[2014-08-27]. http://www.doc88.com/p-2435589103184.html.改编.

4）VIS设计

VIS设计是组织物质层面的可视文化层的形象设计，主要包括名称设计、标志设计、标准字设计和标准色设计等。

（1）名称设计

名称包括组织名称、商品名称、品牌名称。设计名称时要考虑：

① 个性。突出自己的特点，绝对不与其他组织的名称相近、相同，如"傻子瓜子""狗不理包子""王麻子剪刀"等。

② 别致。要体现美感，产生美好的体验和联想，如"红豆"等。

③ 易记。要读起来顺口，容易记，如"娃哈哈"等。

④ 吉利。尽量不使用不吉利的字眼，以免引起公众的反感。Benz汽车，若译作"奔死"，恐怕就没有人会购买了，但译成"奔驰"就大不一样了。

⑤ 语差。要考虑不同国家的语言差异，尽量使所取名称在任何国家和地区都不产生不良歧义。比如，日本的"索尼（SONY）"就充分考虑了语言差异。

⑥ 习俗。名称设计不能与国家、民族、种族习俗相违背，要考虑不同国家、地区、种族、民族、信仰的禁忌，尽可能不与之冲突。

⑦ 寓意。名称应反映一定的理念或产品特质，让人一见就自然了解组织形象。例如，“奔驰”“宝马”寓意汽车的速度非常快。

（2）标志设计

标志是用于标识组织商标或品牌的文字、图形或图文结合体。

①文字标志，即以组织名称为基础加字体造型而成，如图6-2至图6-6所示。

图6-2　微软（软件）

图6-3　北京同仁堂（医药）

图6-4　迪奥（时尚品牌）

图6-5　联想（电器）

图6-6　沃尔沃（汽车）

②图形标志，即以一定形状的图形来标识组织或商标，如图6-7至图6-10所示。

图6-7　奔驰（汽车）

图6-8　三菱（汽车）

图6-9　耐克（体育用品）

图6-10　苹果（电子产品）

③复合标志，即由图形和文字复合而成的标志，也是目前使用最多的标志，如图6-11、图6-12所示。

图6-11　华为（通信）

图6-12　格力（电器）

设计标志时要考虑：

① 简洁明快，让人一见就能迅速理解和记忆，如图6-8由三个菱形组成，显得稳重安全，突出汽车的特色；同时三个菱形有机组合，象征其最高经营理念——“和”。

② 新颖独特，即标志的设计既要能体现出组织的特征，又易于和其他组织标志相区别，给公众以鲜明印象，如图6-10所示的苹果公司的标志。

③ 巧妙精致，是标志设计艺术的根本。标志设计得巧妙精致，让人一见就叹为佳作，如图6-6沃尔沃的标志，好像汽车滚滚向前。

④ 优美典雅，即完美、和谐，既是标志，又不失为艺术品。

（3）标准字设计

强调标准化是CIS设计的一大特点。使用标准字就是让组织名称自始至终都用同一字体、字形，以强化公众感知。设计标准字时要考虑：

①体现组织形象。标准字总与一定的组织形象相联系，不同的字形、字体及书写方式可展示不同的组织形象，如图6-13所示。

图6-13　世界贸易组织（WTO）

②强化视觉识别。使用特定字体，让公众迅速识别，如图6-14所示。

③增加区分度。以特定的字体、字形来标识组织，必须将本组织鲜明地同其他相关组织区分开来，如图6-15所示。

图6-14　北京大学（教育机构）

图6-15　中国银行（金融机构）

## 实务训练 6-3

实训内容：为自己学校设计一个标志或标准字。

实训要求：自由结成项目组，提交设计作品。

（4）标准色设计

标准色是组织经过特别设计而选定的代表组织形象的特殊颜色，是组织视觉识别的基本设计要素。设计标准色时要考虑：

① 突出组织风格，体现组织的性质、宗旨、经营方针。如海王集团股份有限公司选用蓝色为公司的标准色，象征着向海洋进军的公司目标，借蓝色代表的冷静、理智、幸福等含义，体现企业对高科技的追求，以及为人类的健康、美好进行创造的决心。

② 制造差别，展示组织独特的个性。

③ 与消费者心理相吻合，以博得人们的好感。

④ 迎合国际化潮流。组织要进入国际市场，标准色设计也应符合国际潮流。现在企业标准色的潮流正在由红色系转向蓝色系，追求一种体现理智和高技术精密度的色彩象征。

## 视野拓展 6-4　国际品牌商标设计禁忌

（1）国际品牌商标不能用地理名称。用地理名称作商标，只能说明商品的产地，不能帮助消费者辨认商品生产者，而且容易造成产地的混淆。在国内市场上以地理名称作为商标的有很多，如黄河牌汽车、北京牌彩电等，但出口产品的商标最好不要使用地理名称，因为许多国家的商标法都以地理名称因缺乏显著特征和属社会公众共有而不应为某一生产者独占为由而不予注册。

（2）商标所用外文不能有姓氏的含义。一些国家的商标法规定，用姓氏名称作为商标必须征得本人同意。如本人去世不久，则要征得其法定代表机构或代理人的同意。我国有些商标所附英文恰巧就是外国人的姓氏名称或有姓氏的含义，如“紫罗兰”的英文“Violet”，“前进”的英文“Forward”、“钻石”的英文“Diamond”、“天鹅”的英文“Swan”分别与外国人的威奥莱特、福沃特、戴蒙德和斯凡恩的姓氏音相同或相近，这种商标在外国注册时都遇到了困难，有的根本不能注册。

（3）不宜采用数字作为商标。许多国家认为数字缺乏显著特征且为全人类所共有而不应归某一生产者所独占，因而不予注册数字商标。此外，有些国家很忌讳个别数字，如西方国家认为“13”是个不幸、凶险的数字，任何场合都尽量避开它。也有一些国家的法律允许数字作为商标注册，但以该商标已被广泛使用或已成为名牌为前提。所以，为出口商品设计商标，最好不要采用数字。

（4）商标的文字、图形、颜色等应避免有不好的含义。有的国家商标法根据本国的风俗习惯做了一些特殊规定，忌用某些文字、图形、颜色作为商标。出口商品的商标设计，应注意适应各地社会文化传统，不要违背当地的风俗习惯和宗教信仰。例如，我国出口的“白象”牌电池在东南亚各地十分畅销，因为白象在东南亚地区是吉祥的象征，但在欧美市场上却无人问津，因为“白象”的英文“White Elephant”，意为累赘无用、令人生厌的东西，因而谁也不会喜欢。由于各国都存在某些特殊的禁忌，在为出口商品设计品牌商标时应避其所忌。国际市场上的品牌商标设计既要符合市场国当地的法律规范，也要符合国际惯例，以便于向有关部门申请注册，取得商标专用权。

资料来源　沈阳．商业标志设计的四大禁区［EB/OL］．［2021-01-02］．https://www.zcool.com.cn/article/ZMjg1NDg=.html.

### 6.3.3　CIS导入与实施

1）建立导入CIS的共识

（1）CIS是一个完整的组织识别系统，绝不仅仅是将视觉识别统一化。CIS的真正目的是确立组织经营理念、方针与策略，透视组织行为与活动特性，充分展示组织文化与精神，结合整体的视觉识别系统，有效地将组织特性与魅力表现出来，塑造组织的新形象。

（2）导入CIS并不是一次性的短期行为，不仅运用CIS来强化组织的统一精神、培育独特的组织文化需要一个较长时期，而且使CIS真正得到社会公众的认同和支持也不是短期内能奏效的。更为重要的是，CIS战略是一种有始点而无终点的运动，要不断地运用CIS增强组织内部活性，向公众传达良好的组织形象，并追求组织形象的不断提升。

（3）导入CIS并没有固定的模式和方式，必须结合组织的实际情况，有的放矢。增强CIS的适应性，应根据组织导入C1S的实际情况，有选择地进行重点突破。

（4）导入CIS固然需要资金投入，但由CIS导入形成的组织形象将是组织无尽的财源。因此，导入CIS是投资，而不是单纯的开支。

2）选择CIS导入的时机

导入CIS的最佳时机包括：组织设立、组织合并、组织性质变化时；组织扩大经营范围、朝多元化经营发展时；进军国际市场，进行国际化经营时；创业周年纪念时；新产品上市、老产品获奖时；竞争产品品牌差异不明确时；组织在面临经营危机或形象危机时；商标变更、多种品牌归为一种品牌时；组织新建、扩建、改建工程结束，重大技术项目改造投产，重大服务项目推出时等。总之，根据需要和可能，组织可选择恰当时机导入CIS，形成独特的组织识别系统。

## 延伸讨论 6-2

讨论内容：（1）CIS设计过程与导入过程有什么不同？

（2）CIS导入时机还有哪些？

3）完善CIS战略的实施

（1）把握CIS的对外发布

实施CIS是一个持续不断的过程，对外发布可视为CIS计划实施的起点。对外发布CIS应做好以下工作：

① 明确对外发布CIS的目的：一是明确揭示CIS创新的主旨，对相关社会公众展开诉求，明确表示导入CIS的意图及组织改革的决心；二是以对外发布为契机，加强员工自觉教育，鼓舞全体员工以新的姿态投入到组织的自我改革和更新之中，为组织个性和组织精神做新的诠释，再创组织发展的新高峰。

② 确认对外发布CIS的基本方面，包括基本意义、日期、诉求对象、要达到的效果、基本形式、变革项目、其他主要的对外活动。

③ 选择对外发布CIS的媒体和手段。针对不同诉求对象，要选择不同的媒体和手段进行对外发布。例如，对一般消费者和商业企业可采用新闻广告、杂志广告；对中间商和批发商可采用邮件广告、直接访问；对股东可采用邮件广告；对新闻界可采用新闻发布会及直接向媒体提供新闻材料。总之，目的在于让公众知晓，让中间商、批发商积极协助，让股东充满信心，让新闻媒体积极报道等。

④ 准备提供给新闻记者的宣传材料，包括：有关导入CIS的新闻报道；有关导入CIS的说明书；新设计的印刷样本；新设计应用于商品和宣传品上的照片；有关组织的背景材料。

⑤ 选择对外发布CIS的公关活动形式。除采用广告外，对外发布CIS还可通过庆典、新闻发布会、展示会等形式。庆典能有效扩大组织在社会中的影响。新闻发布会能使新闻界通过CIS发布更深入、广泛地了解组织，进而通过记者传达信息的客观性、公正性，提高社会公众的信任度。展示会可以集中展示实物和示范表演，再配以多种传媒的复合传播来宣传CIS计划、品牌、整体形象，并配合开展多种文艺活动、公益活动，使CIS导入更能够引起社会的瞩目。

（2）加强CIS的对内宣传与发布

① 确认对内发布CIS的基本方面，包括：对内发布的范围；对内部员工施行教育的时间、对象和效果；必要宣传媒体和运用方法的选择；效果的测定和调整；与CIS有关的事件和活动在计划中的地位等。

② 确定对内宣传CIS的内容，主要包括：CIS的意义及实施CIS的原因；员工与CIS的关联和必要的心理准备；实施CIS的过程；关于新的组织理念；关于新的组织标志的管理和应用；统一对外说明方式。

③ 对员工的教育，主要包括：认识、理解CIS说明书和CIS手册；利用幻灯片的视

觉效果，使员工认识新的标志；利用内部报刊、会议实现内部员工沟通。教育员工的目的在于形成对组织理念的共识，同时进行行为训练，建立新的工作行为礼仪和文化礼仪，如标志性礼仪、升旗唱歌、佩戴徽章、着装、纪念性礼仪、工作惯例礼仪、生活惯例礼仪等。

（3）完善CIS计划的监控管理

① 成立负责实施CIS的专门管理机构。成立专职性质的管理机构，负责对CIS实施监控管理，平时负责组织与CIS活动相关的联络、沟通、出版与执行工作，并在前置计划完成后负责CIS后续的质量监控工作。

② 编制预算支持CIS作业。据专家研究，可以将平时年度广告预算的30%~50%作为导入CIS第一年的规划费，以后每年计提5%左右的费用作为CIS维护费。

③ 经营者必须按CIS计划严格执行。贯彻整体综合的统一性，是CIS实施阶段的重要目标。制定CIS手册的目的正是确定组织“一以贯之”的形象，并实行CIS的统一管理。决策者的更换绝不能影响CIS执行的一贯性，否则，就会使组织形象摇摆不定，难以展现统一、明确、个性化的形象。

### 视野拓展6-5　品牌形象的“变”与“不变”

（1）品牌名称更新：品牌命名应该遵循“好读，好记，好听，好意义，好传播”的五好原则，但如果品牌最初命名时考虑不周，或由于市场发生变化，现在发现品牌名称已不能很好诠释品牌的内涵，那么就有必要进行更新。比如，联想原来的英文名称是Legend（传奇），更改为Lenovo，寓意为“创新的联想”。百事可乐的原英文名称是“Pepsi-Cola”，更改为简洁的“Pepsi”。

（2）品牌标志更新：人们接受外界信息时，83%的印象来自于视觉，标志正是满足人视觉需要的元素，是品牌与消费者沟通的重要渠道。消费者的审美观是在不断变化的，品牌的标志也应适时地进行调整，把握时代的节奏。2011年3月，星巴克实行全球换标，新标识去掉了“Starbucks Coffee”的字样，仅保留了双尾美人鱼的图像。

（3）品牌广告语更新：品牌广告语是品牌在市场行销时的主张、承诺，可以克服零乱的信息，向消费者展示品牌在情感及功能方面的利益点。当然品牌广告语也应把握时代脉搏，获取消费者的共鸣。可口可乐历经百年沧桑，留下了许多条广告语，广告语的不断创新使可口可乐青春永驻，活力四射！很多企业在广告语问题上常感困惑，在“变”与“不变”之间左右为难，可口可乐紧紧围绕“乐观向上”的广告语能给我们一些启示。

（4）品牌代言人更新：企业之所以聘用品牌代言人，是因为代言人有着巨大的市场号召力，然而“流行的往往是易逝的”，品牌代言人的人气也会有盛有衰，选用过气的代言人难免会给品牌留下陈旧过时的形象，所以企业聘用品牌代言人一定要紧跟时尚潮流。百事可乐之所以能在历史的潮流中，永远保持自己“流行”“时尚”的形象，不仅因为百事可乐的广告精彩，包装切合时代潮流，还因为百事可乐选用的不同品牌代言人不断给品牌注入时尚的活力。

（5）品牌包装更新：包装是产品的外部表现形态，也是消费者与品牌进行沟通的媒介，被称为品牌“无声的推销员”，因此包装更新是赋予品牌新形象的最直观手段。包装更新应当遵循的原则是：表现品牌时代感，体贴消费者需求，配合产品更新，传达品牌新主张等。

资料来源　杨兴国．品牌形象更新——让青春永驻［EB/OL］．［2011-05-09］．https：//expert.brandcn.com/pinpaiguandian/110509_281746_2.html.改编．

## 本章小结

组织形象是指一定文化背景下的公众对组织内在精神或外显特征感知后所形成的总体印象，其特质是组织文化现象在人们头脑中的综合印记。组织形象的构成可以归纳为三个层次，即理念形象、行为形象和视觉形象。良好的组织形象是组织最重要的无形且无价的资产。知名度和美誉度是组织形象的两个基本标志。

组织形象设计属于公关战略策划，是组织根据实际条件及形象追求目标的调查结果，结合组织的独特性质，对组织形象战略及具体塑造组织形象活动进行整体构思、谋划的运作过程。组织形象设计有基本的程序要求。

CIS是由理念识别系统（MIS）、行为识别系统（BIS）、视觉识别系统（VIS）共同构成的企业识别系统，也是企业的经营发展战略。MIS、BIS、VIS的设计都有严格的标准和要求。CIS战略的实施是一个复杂的长期过程。

## 课后思考

（1）企业如何实现知名度与美誉度的双赢？

（2）CIS是否适合任何社会组织？为什么？

（3）企业花巨资搞CIS是否值当？为什么？

（4）以某组织为例，从形象设计与塑造的角度分析该组织成功的奥秘所在。

# 第7章

# 公众关系处理

## 学习目标

知识目标：

1. 了解组织内外部公众关系处理的意义及内容，掌握公众关系处理的基本方法。

2. 了解公共关系危机的含义、种类、特征，把握公共关系危机处理的意义、原则、基本策略。

能力目标：

1. 能够结合案例分析和说明公众关系处理的内容和方法。

2. 能够结合案例充分理解公共关系危机处理的基本策略。

## 基本知识点、基本能力点及能力拓展点

→基本知识点

内部公众关系处理的内容及方法

外部公众关系处理的内容及方法

公关危机处理的原则及方法

→基本能力点

结合实例阐述公众关系处理的方法

结合实例阐述公关危机处理的基本策略

→能力拓展点

设置问题情境，提出公众关系处理的方案

策划公关危机处理方案

导引案例　　分享：博通公司员工关系管理的秘诀

最近，《财富》杂志评出“最受尊敬的企业”，博通公司成为15家上榜的半导体公司中最具创新力的企业。除了从薪酬方面给予员工鼓励外，博通公司营造的“平等”“分享”的企业氛围也是激发员工创新力的根源。

（1）做乐于分享的英雄：1988年，博通公司设立“院士制度”，院士是给予工程师的最高荣誉，它反映了工程师在技术方面做出的成就和贡献，只有少数人才能得此殊荣。在评选方面，博通公司一直坚持宁缺毋滥的原则，不只强调员工的年资、教育背景、专业成就，更重要的是，他必须要把他的知识去跟别人分享。这些院士会经常出差到世界各地，通过培训等手段帮助本地的员工提升他们自身的能力，起到教练或师父的作用。在博通公司，一个人可能会很成功地完成一个设计，我们把这样的人称为“英雄”，但是英雄不应当只是埋头苦干，也需要把自己的经验分享给大家。

博通公司的芯片是全球员工努力的成果，今天可以在美国设计，接下来由中国团队继续研发，再由欧洲团队接着干，这样24小时轮流，总有各国不同的员工在围绕芯片进行合作。不同国家的员工在一起合作，需要具备沟通的能力，博通公司鼓励员工进行面对面的沟通。因此，每年无论是技术、销售人员，还是财务、人力资源部门人员都会聚集在一起进行业务讨论。

（2）灵活的跨级沟通方式：博通公司的CEO与一线员工的沟通方式非常独特。首先，公司会在每个季度公布营业收入结果的第二天，举办一个全球性的网络直播。全球各地的员工都可以打电话进来聆听CEO关于季度营业收入的讲话。与此同时，员工还可以通过邮件等方式提问，CEO在现场立即作答。此外还有“CEO Notes”制度，CEO定期根据业界或者公司内部的情况做一些评述，与员工分享一些想法，这种分享是探讨性的。以此为基础，各个部门都有自己的一张单页的战略规划，非常直接明了地传达给员工公司所要达到的目标。这些灵活的沟通机制将每个员工的想法与公司战略决策联系在一起，极大地促进了员工参与公司事务、主动创新的积极性。

（3）营造认可创新的氛围：为了鼓励创新，公司设立了多种奖励方式，例如股票、荣誉等。即使对那些有发明创造但还未被机构批准的员工，公司同样给予奖金鼓励，如果专利获批还会另外嘉奖。除了技术员工外，其他辅助性部门的员工也可以通过创新获得认可。2010年，博通公司以色列分公司一个HR员工提议，作为一个全球化的公司，应当在园区里插上所有博通公司所在国家的国旗，后来这个建议被采纳，并形成了“博通家庭日”。当天，公司总裁兼CEO在插满国旗的园区拍照留影，并在照片背后写道：“感谢你有这么有创意的一个想法。”

资料来源　根据博通公司相关网络资料改编．

讨论内容：（1）博通公司的做法能满足员工哪些需要？

（2）博通公司运用了什么理论和方法来激励员工？

（3）你从本案例中得到哪些启示？

讨论要求：查阅资料，小组讨论、发言，通过辩论开拓思路。

分析提示：从员工需要、员工激励等方面入手。

# 7.1 内部公众关系处理

内部公众关系是组织内部各方关系的总称。组织内部公众关系是组织生存、实现目标、塑造形象的基础。任何组织的领导者和公关人员都必须高度重视内部公众关系的处理，只有做到内求团结，才能外求发展。内部公众关系主要包括员工关系和投资者关系。

## 7.1.1 员工关系处理

员工关系是社会组织在管理过程中形成的人事关系，包括组织内上下级之间关系、部门之间关系、员工个人之间关系。员工是组织的特殊公众，是组织的构成主体，是组织公关最重要、最直接的主体。建立良好的员工关系，能够培养员工对组织的认同感、归属感，形成组织的向心力，发挥员工在公关中的前沿阵地的作用。

1）员工关系处理的内容

（1）充分了解和尊重员工的需要

① 收入及福利报酬。对相当多的人来说，劳动仍然是其谋生的手段，收入的多少也是衡量其能力大小的标准，公平的待遇和合理的劳动报酬是员工的普遍需要。同时，良好的福利待遇可减少员工的后顾之忧，使其能够全身心投入工作。

② 工作环境。安全、可靠、优美、舒适的环境，对于提高员工的工作热情和劳动积极性有积极作用。

③ 民主管理。组织的重大决策要经过员工代表大会讨论或广泛听取员工的意见，让员工参与管理，充分发挥员工的主人翁精神。

④ 重视员工的培训和发展。组织必须重视员工的培训，制订出相应的员工培训计划，吸引和留住人才。组织应给员工提供有挑战性的工作，为员工的成长发展创造条件和机会，帮助员工设计其职业生涯，实现其理想与追求。

（2）建立畅通的信息沟通渠道

畅通的信息沟通渠道是良好员工关系的基础。组织内应建立畅通的信息沟通渠道，形成纵横交错的信息网络：

① 自上而下的信息传递，即“上情下达”。组织的重大经营决策及各种信息应及时告知员工，使其充分了解和理解组织现状。组织可通过内部网络、报刊、广播、板报、会议、电子邮件、短信等方式传达信息，与员工沟通。

② 自下而上的信息反馈。组织应广泛收集员工的意见、建议，了解员工的需要，把握员工的思想动态，具体可采取接待来访、咨询，实地调查，设置意见箱、建议箱，问卷调查，座谈会，内部网络，现场办公会等方式。

③ 横向信息沟通。部门之间、员工之间不存在隶属关系，组织应有意识地举办各种文娱、体育活动，增进内部横向联系，沟通感情，促进其相互协作。

### 案例分析 7-1　薪酬激励全面化、场景体验化

现在“90后”“00后”才是真正互联网的一代。他们自我期许度很高，追求平等与对等，不受说教和约束，所以得多表扬、多鼓励他们。工作中他们会追求科技的新奇感、游戏感、参与体验感。

这种情况下，要重塑HR对管理的属性定义，传统的是管控和服务两种属性，现在更强调用市场思维，用场景模式去解决管理问题。

如今，游戏化管理、幸福企业、价值认可非常多，某种意义上人力资源管理变成了产品设计师，通过各种各样五花八门的产品设计征服员工，让员工的精力充分释放，让他们不闲着。员工特别喜欢贴标签、点赞、打赏，还有荣誉体系的各种荣誉、奖牌。

让他们参与历练，通过价值观的行为评价，对他们进行关爱认可，绩效认可，行为认可，成长认可，就是要点赞，对他们做的所有事情有积分和认可，从而激活他们的内驱力。

资料来源　彭剑锋．数字化的人力资源管理如何重塑组织与人［EB/OL］．［2023-10-10］.http://www.eeo.com.cn/2021/0319/480374.shtml.

讨论内容：薪酬激励如何做到全面化、场景体验化？

分析提示：从尊重员工需要角度入手。

2）员工关系处理的方法

（1）上级与下级关系的处理

① 塑造良好的领导形象。领导形象与其权力无关，领导形象的好坏取决于领导者的自身素质、政绩，以及与下属沟通的频度和有效性。

② 支持并公正评价下级的工作。上级必须尊重下级在自己的职责范围内能全权负责的愿望，遇到困难，应尽力为其排忧解难。同时，要客观、公正评价下级的工作业绩，并据以给予恰当奖惩。

③ 平等相待。上下级在组织管理中的地位有高低之分，但在人格上却是平等的，上级应和下级真诚相处，平等相待。

（2）同级关系的处理

同级之间是一种平行关系，既相互协作，又存在竞争，因此要从以下方面把握平级关系的处理：

① 消除戒备心理，培养信任感。同级间应彼此尊重，不要狂妄自大；还应讲究“诚”“信”，态度和蔼可亲、礼貌周全；对己严，待人宽，善于欣赏别人。

② 分清职权界限，掌握处事分寸。划清职权界限，不越权处理、干涉非本部门负责的工作，减少同事之间、部门之间的矛盾和纠纷，形成良好的合作关系。

（3）下级与上级关系的处理

① 尊重上级。尊重上级的职权，尊重和服从上级的决策，尊重上级的人格。要善于领会上级的意图，默契配合工作。

② 了解上级。了解上级的性格、能力、特长、知识水平、工作习惯、处事方式等，

根据上级的特点有针对性地进行沟通。

③ 让上级了解和信任自己。下级应积极主动获得上级的了解和信任，并努力提高自己的工作能力，圆满完成上级交给的工作任务，让上级放心。

**实务训练 7-1**　　李女士该怎么办？

李女士在行政事业单位工作，是某办公室副主任，上面有分管领导A和主管领导B。分管领导A职务高于主管领导B，而且两人一直不合。一次，领导A找李女士谈话，让她私下打听下其他单位的一些先进的管理方法，但嘱咐不能告诉领导B；她打听了其他单位的一些同行，不过这件事让领导B知道了，领导B打电话问她，她就说了事情的经过。领导B这个人很有心计，很沉稳，他在单位工作20年了，很吃得开。第二天李女士找到了领导B，向他汇报了领导A交办的事，领导B很不高兴，告诉她不要多事！然后，领导B表面上对她还是如常，但是其实把赋予她的一些权利给剥夺了，让另外一个副主任去做（办公室有两个副主任，其实领导B就等于正主任）。有些文件现在也不用李女士处理了。

李女士很苦恼，心里想，她是倾向于领导B的，毕竟是他把李女士带入这个办公室的，没有他的指导，也许自己没有今天的成绩。李女士知道做错的地方在哪，就是应该先向领导B汇报，即使领导A不同意，但她犯了这个低级的错误。

实训内容：如果你是李女士，你会怎么办？

实训要求：自由结合或者个人给出解决方案，并说明为什么要这样做。

### 7.1.2　投资者关系处理

投资者关系是指组织与其投资者的关系。对组织而言，投资者是具有多重身份的公众，建立良好的投资者关系是保证企业持续发展的重要条件。

1）维护投资者的正当权益

投资是企业资金的主要来源，投资者拥有参与经营管理权、优先认股权、经营成果分享权、剩余财产分配权、股份转让权等。企业在处理投资者关系时，不论其持有股份多少，都应尊重其“特权意识”，努力维护其正当权益。

2）加强与投资者的信息交流

企业应保持与投资者之间的联系，及时向其通报企业经营管理各方面的情况，如企业的经营目标、政策、计划、资金运用状况、股利分配方案和盈利预测等，为投资者的投资决策提供充分、可靠的资料。

3）视投资者为顾客

投资者与企业之间不只是单纯的财务关系，投资者是企业的所有者，其利益与企业利益休戚相关，企业应激励和吸引他们参与企业的生产和销售活动，利用他们的社会关系去发展企业的销售网络。投资者可以说是最有钱的顾客，企业应大力开发投资者这个强大的顾客群。良好的投资者关系不仅能保证企业财源稳定，还能为企业意外地开辟新市场。

## 案例分析7-2 深交所发布上市公司2020年投资者关系管理状况调查报告

为持续掌握上市公司投资者关系管理（以下简称“投关”）工作状况，引导规范上市公司投关工作，推动提高上市公司质量，近期深交所开展了2020年深市上市公司投关状况调查。调查结果显示：

上市公司普遍重视投关工作，向投资者传递企业价值的意愿强烈，并注重工作过程的合规管理。95%的上市公司制定了投关工作专项制度，46%的公司根据实践情况对投关制度进行过修订。从投关工作目标看，帮助投资者了解公司经营发展战略、展示公司内在价值、加强与投资者沟通是上市公司最重视的三个目标。其中，“帮助投资者了解公司经营发展战略”“展示公司内在价值”的重要性从2019年的第二、第三位上升至第一、第二位。从投关考核指标看，上市公司最重视“监管合规的考核结果”，该指标的重要性在2019年排在第二位，其后是“投资者交流的次数与质量”和“互动易平台关注度及回复情况”。

上市公司对投关工作的投入有所增长，能够基本满足开展日常工作和提升专业化水平的需求。人员方面，73%的上市公司为投关工作配备2名专职人员，22%的公司配备3名专职人员，“董秘+证代”仍是主流模式。经费方面，78%的公司投关年度经费在30万元以内，其中经费在10万以上的公司占比相较2019年提升了13个百分点。对于人员和经费投入，分别有58%和80%的公司认为能够满足现有工作需要。为提升专业化水平，78%的公司聘请了或正在考虑聘请专业服务机构，相较2019年提升了4个百分点。

2020年，上市公司主要通过互动易平台（97%）、线上股东大会（76%）、线上说明会（61%）等渠道与投资者进行线上交流，形式以文字问答和电话会议为主。约八成公司认为线上转型能够提升投资者接待的效率，与投资者交流的效果良好。作为线上投关工作的首要渠道，互动易在2020年共有36.7万条提问，同比增长50%，其中二月至四月同比增长高达150%。

上市公司越来越重视自愿信息披露，规范披露是上市公司关注的重点。2020年，51%的上市公司有过自愿信息披露，内容以行业经营、公司治理和战略规划为主，这部分公司绝大多数（98%）认为自愿信息披露有助于向投资者传达公司的成长属性和潜在价值。20%的公司在拟定自愿信息披露内容时存在困难，难点在于需要确保披露连贯完整、风险提示信息量大、措辞既要通俗易懂又要避免歧义。

提高上市公司质量是资本市场的永恒主题。强化投资者关系管理，有助于提升上市公司可持续发展能力与内在价值，促进市场稳定运行和健康发展。深交所将持续推动上市公司完善公司治理、提高信息披露透明度，积极引导上市公司与投资者双向沟通，努力构建投资者关系管理发展新格局。

资料来源　深交所．上市公司2020年投资者关系管理状况调查报告［EB/OL］．［2023-04-25］．https://finance.sina.com.cn/wm/2021-04-09/doc-ikmxzfmk5908514.shtml．

讨论内容：（1）你认为投资者关系处理的关键是什么？

（2）根据自己的了解对国内企业投资者关系处理状况进行评价。

分析提示：从投资者关系处理角度入手。

## 7.2 外部公众关系处理

外部公众关系是指组织与其外部各方面关系的总称，主要包括顾客关系、社区关系、新闻传媒关系、政府关系。任何组织都生存于一定的社会环境中，都必然与外界各方面的公众发生广泛的联系，建立良好的外部公众关系是组织生存和发展的必要条件。

### 7.2.1 顾客关系处理

顾客关系是指各种产品的生产者和供应者与购买者和消费者之间广泛的外部联系。建立良好的顾客关系必须在经营管理全过程中坚持“顾客第一”“顾客是上帝”的经营管理理念，使组织的一切活动都以顾客的利益和需求为导向。

1）维护顾客的正当合法权益，是处理顾客关系应遵循的基本原则

根据《中华人民共和国消费者权益保护法》，消费者的权益主要有：①在购买、使用商品和接受服务时享有人身、财产安全不受损害的权利。②知悉所购买、使用商品或所接受服务真实情况的权利。③自主选择商品或服务的权利。④公平交易的权利。⑤因购买、使用商品或接受服务受到人身财产损害的，享有依法获得赔偿的权利。⑥成立维护自身合法权益的社会团体的权利。⑦获得有关消费和消费者权益保护方面知识的权利。⑧享有人格尊严、民族风俗习惯得到尊重的权利。⑨享有对商品和服务以及保护消费者权益工作进行监督的权利。

2）加强与顾客的信息沟通

（1）向顾客传播有关信息，如经营方针、经营状况，产品的性能、规格、价格、使用方法及销售方式，产品销售及售后服务方法等。

（2）收集顾客的信息，包括顾客年龄、性别、职业、爱好，对产品品种、质量、价格、服务等的要求。

（3）通过来访接待、顾客访问、电话征询、顾客座谈会、问卷调查等方法，收集顾客对组织产品及形象的评价意见。

3）提供适合顾客的优质产品

顾客关系建立在顾客对产品需要的基础上，劣质产品无论如何也得不到顾客的支持，也就不可能建立稳定、良好的顾客关系。德国奔驰汽车公司经营多年，历经多次汽车产业危机，却没有受到大的冲击，靠的就是其引以为傲的产品质量。

4）提供始终如一的完善服务

完善的服务包括售前服务、售中服务和售后服务。售前应积极开展消费教育和消费引导，告知消费者产品的用途，教会消费者如何正确选择和使用产品，把消费者引导到稳定的消费序列中。售中应做到“笑脸相迎，笑脸相送”“百问不厌，百挑不烦”，使消费者带着满意的心情离去，吸引消费者再来。售中还应注意观察细节，以更好地达成销

售目的。售后应为消费者排忧解难，坚持“货物出门，负责到底，保证满意，否则退货”的服务方针。

5）妥善处理与中间环节的关系

生产企业与消费者之间存在批发、运输、零售等一系列中间环节。从某种意义上说，顾客关系就是企业与这一系列中间环节的关系，企业在顾客中的信誉往往要通过这些中间环节去建立和维护，如果中间环节发生差错，顾客往往会追究企业的责任，从而影响企业的形象和声誉。

6）妥善处理与顾客的矛盾和纠纷

妥善处理组织与顾客的矛盾和纠纷的基本要点是：

（1）组织公关人员应诚恳、耐心地倾听顾客的意见和问题，尽可能站在顾客的立场上考虑问题，争取顾客在感情和心理上的共鸣。

（2）迅速、准确地答复顾客的投诉和质询。如果顾客投诉合理，应当即表示处理意见，或退或赔；如果是服务员态度问题，应马上赔礼道歉，而且最好是服务员本人来道歉；如接到的是信函投诉，应记下对方的地址，处理后立即给对方回复。

（3）及时纠正错误，并承担相应责任。仅有友好态度而不解决实际问题，只会使顾客更加不满。纠纷发生后，组织必须采取切实可行的措施解决问题，以平息顾客的不满，稳定顾客的情绪，避免顾客采取影响组织形象的过激行为，如向新闻机构、消费者协会投诉等。

（4）事件处理后，应了解顾客对事件处理的满意程度，从中吸取教训，总结经验。

### 案例分析7-3　只载一名旅客的航班

英国航空公司所属波音747客机008号班机准备从伦敦飞往日本东京时，因故障推迟起飞20小时。为了不耽误在东京等候此班机回伦敦的乘客的行程，英国航空公司及时帮助这些乘客换乘其他公司的飞机。共有190名乘客欣然接受了英国航空公司的妥当安排，但有一位叫大竹秀子的日本老太太说什么也不肯换乘其他班机，坚决要乘008号班机，原定另有飞行安排的008号班机只好照旧到达东京后再飞回伦敦。东京至伦敦，航程达1.3万千米，可是英国航空公司的008号班机上只载着一名旅客，这就是说大竹秀子一人独享着该机的353个座席，以及6位机组人员和15位服务人员的周到服务。有人估计，这次只有一名乘客的国际航班使英国航空公司至少损失约10万美元。从表面上看，这的确是个不小的损失，可实际上却是一个无法估价的收获。正是这种一切为顾客服务的行为，使英国航空公司在世界各国来去匆匆的顾客心中树立了用金钱难以买到的良好形象。

资料来源　白巍．公关成功典范200例［M］．北京：农村读物出版社，1994．

讨论内容：（1）阐述在进行顾客关系活动中树立“服务意识”的重要性。

（2）顾客未必总是正确的，为什么还要说“顾客永远是正确的”？

分析提示：从顾客关系处理方法及顾客纠纷处理角度入手。

### 7.2.2　社区关系处理

社区关系是指组织与所在地民间团体、单位、居民之间的睦邻关系。建立良好的社区关系，争取社区公众的理解、支持与合作，对组织的生存和发展具有重要意义。建立良好的社区关系需要做到以下几方面：

（1）通过新闻宣传、邀请社区公众参观组织或参加组织庆典、印发专门的小册子等，向社区公众介绍组织的经营宗旨、历史、现状、为社区做出的贡献等情况，加深社区公众对组织的了解。

（2）保持与社区民间团体、其他组织的联系，收集社区的各种情报资料，了解社区的活动情况及社区公众对组织的态度、意见，及时发现存在的问题，努力消除社区公众对组织的不满和误解。积极参加社区的各项活动，进而建立与社区公众的联系。同时，鼓励员工及其家属与社区建立广泛联系，增进组织与社区公众的感情。

（3）提供人、财、物，支持社区公益事业的发展。如赞助社区文化、体育活动；资助养老院、残疾人基金会等社会福利机构的活动；资助社区办学，发展社区教育事业等；向社区居民开放组织的服务设施和娱乐设施，如图书馆、体育场馆、电影院等。

（4）当社区遭遇天灾人祸等意外时，积极为社区排忧解难。例如，某公司设立24小时热线，为社区无报酬地提供抢险救灾、生活救助等服务。

#### 延伸讨论 7-1

讨论内容：（1）社区公众与其他公众有什么不同？

（2）当组织利益与社区利益发生冲突时，应如何处理？

### 7.2.3　新闻传媒关系处理

新闻传媒关系是指组织与各种新闻传媒的关系，包括组织与电视台、广播电台、报社、杂志社等非人格化新闻机构的关系；组织与记者、编辑等新闻工作人员的关系。

新闻传媒是组织与公众实现广泛交流、沟通的必经渠道，是公关人员必须特别重视的方面。因为新闻传媒是影响公众舆论的重要环节，与新闻界建立良好关系，能够使组织的正面信息较顺利地传达给公众，引起公众注意，从而树立良好的组织形象。同时，如今大众传播工具具有高速、准确、广泛、远程的优势，能够极大地提高组织公关传播的效率。

1）把握新闻工作与公关工作的共同需要

新闻工作与公关工作有许多相似之处：首先，新闻人员与公关人员具有“角色”上的相似性，都起着“中介”作用。二者都扮演着“喉舌和耳目”的社会角色。由于角色的相似性，双方有共同语言。其次，公关界与新闻界之间是相互需要、相互协作的关系。公关工作需要运用大众传播手段形成有利的社会舆论，塑造组织形象，而新闻界也只有与社会各界建立广泛联系，才可能保证新闻来源渠道的畅通。

2）掌握与新闻界建立良好关系的方法

（1）主动向新闻界提供有价值的新闻素材，如新产品开发成功、新生产线投入使用、企业举行重大庆典等。

（2）尊重新闻界的权力，不强迫新闻界发布有利新闻而扣发不利新闻，不无礼纠缠记者和新闻机构。

（3）礼貌接待新闻界人士的来访，不蓄意掩盖或隐瞒坏消息，不阻挠记者采访。

（4）主动邀请新闻界人士参观，使其了解组织各方面情况，既能为记者提供新闻素材，又可给组织创造新闻宣传的机会。

（5）公平对待各种新闻机构，不搞级别、种类上的厚此薄彼，公平地将新闻素材提供给有需求的新闻机构和人士。

（6）与新闻界保持经常联系，如重大节日向新闻界人士发送纪念品，举办各种形式的联谊活动，增加组织公关人员与新闻界人士之间的友谊，使新闻界对组织有好感。

（7）冠名赞助新闻栏目，增强组织在新闻界的美誉度和知名度。

（8）当新闻界发布了组织的有利消息时，应主动表示感谢。当新闻界发布了组织的不利消息时，如属事实，应主动向公众致歉，把改进工作后的情况公之于众，恢复组织形象；如不符合事实，则应直接向新闻单位提供证明材料，澄清事实，但不能持敌对态度，更不能轻易诉诸法律。

### 7.2.4 政府关系处理

1）熟悉政府颁布的有关政策、法规

经过多年的政府机构改革，政府对组织的行政干预逐渐减少，政府主要依靠政策、法律和宏观经济手段对社会组织进行管理，组织的一切活动都必须在国家政策、法律允许的范围内进行，否则就会受到相应的制裁。因此，组织必须熟悉政府所颁布的政策、法规，并及时了解政策、法规的变动，据以修正组织的方针、政策和实际行动。

2）熟悉政府机构的组织结构及其职能

政府机构，上至国务院，下到街道办事处，层次各不同，对组织的领导和管理有直接的，也有间接的。组织日常接触的主要是其主管部门或一些相关的具体职能部门，而并不需与政府所有部门打交道。熟悉政府机构的内部分工、工作范围、办事程序，并与有关部门的工作人员保持必要的联系，可减少“公文旅行”“踢皮球”现象，提高办事效率。

3）加强与政府的信息沟通

组织除要了解国家的有关方针、政策、法规外，还应及时将实际部门的具体情况反馈到政府的有关部门，根据本地区、本部门、本行业的特殊情况，主动提出政策、法律建议，并通过适当的渠道进行宣传、说服工作，尽量争取有利于自身发展的法律、政策环境。

4）协调组织利益与国家利益的关系

组织目标必须服从国家整体发展目标，组织利益必须服从国家利益。公关人员是组织与政府之间的中介人，要善于协调组织利益与国家利益之间的关系，在不影响国家利益的前提下，尽可能争取组织利益，当组织利益与国家利益发生冲突时，则应顾全大局，维护国家利益，并尽量化解二者之间的矛盾。

5）建立与政府部门的经常联系

公关人员应把握一切有利时机，加强与政府部门的联系，增进政府部门对组织的了解，扩大组织在政府部门的影响，并获取组织所需的各种信息及政府部门对组织的意见、建议，以便及时调整工作。

**案例分析7-4**　**政府公关：跨国企业的中国式营销之舞**

美国联邦快递UPS在政府公关准则手册中这样写道："我们在任何国家公共事务的角色都是向当地政府说明：'我们的立场为什么最符合你们的公众利益'。"这一条原则，可以说是所有跨国企业政府公关的核心原则之一。跨国企业在中国进行政府公关，主要遵循以下三项原则：

（1）与政府部门进行主动沟通：跨国企业多主动与政府部门接触和联系，了解政府相关政策法规的变化，使企业能够及时对政府政策的变化做出相应的调整。

跨国企业通过企业内刊、新闻报道、座谈会、公关活动等多种形式向政府传达企业的良性信息。同时，定期由企业高层领导统筹带头，主动约请政府相关主管部门来企业参观或举行会议，了解政府对企业的一些指导政策，以利于企业采取措施去维持良好的政府关系。

（2）与政府建立互信基础：跨国企业应积极响应政府的号召或者以主动的姿态为政府分担社会责任方面的重任，并为此做出一系列书面或口头承诺，并以自己的行为履行诺言，赢得政府部门的信任。宝洁自进入中国以来，多次主动向中国政府捐赠了巨额资金用以建设希望学校，目的就是通过实际行动表现企业的社会责任感，赢取政府的好感与信任。

（3）与政府进行利益互惠：随着政府职能的不断转变，政府对于企业而言，既是监督者、管理者，某些时候也是利益共享的伙伴。所以，跨国企业会以新的角度看待自身与政府之间的关系，在企业运营中考虑政府自身的一些需求与利益，在企业的经济利益和政府的社会利益中寻求平衡点，使双方都能得到实惠。许多跨国企业积极参与某些政府技术攻关项目、社会公益事业，目的就是在满足政府社会利益的同时，建立、促进与政府的良好关系。

资料来源　林景新. 政府公关：跨国企业的中国式营销之舞［EB/OL］.［2013-04-26］. http://manage.org.cn.改编.

讨论内容：（1）结合案例分析政府关系与其他公众关系的不同。

（2）通过上述案例分析你得到什么启发？

# 7.3 公关危机处理

## 7.3.1 公关危机处理的含义和意义

1）公关危机与危机公关

公共关系危机（公关危机）是指由于某些人为的或非人为的突发事件及重大问题的出现，打破了组织正常的有序运转状态，使组织声誉和利益受到损害，甚至遭遇生存危险，从而不得不面临和处理的紧张状态。组织内部经营决策失误、管理不善、组织素质低、公关策略失误，外部无法抵御的外力或突发性自然灾害、体制及政策变化等都可能是导致公关危机的原因。

公共关系危机处理（危机公关）(crisis public relations)，或称危机管理（crisis management)，是组织调动各种可利用的资源，采取各种可能或可行的方法和方式，处理复杂且紧急的内外公众关系，预防、限制和降低因危机而产生的消极影响，从而使潜在的或现存的危机得以解决，使危机造成的损失最小化的方法和行为。

2）公关危机处理的意义

（1）妥善处理危机可以减少组织损失。妥善处理危机事件，迅速控制事态的发展，能使组织的损失减少到最低限度。这对于事后迅速恢复生产经营活动具有重要意义。

（2）妥善处理危机可以维护组织形象。组织形象是组织的重要资源，无论是纠纷事件还是突发事件都会给组织带来一定的形象损失。公共关系以维护形象为己任，所以处理危机事件，维护组织形象的重要性是不言而喻的。

（3）妥善处理危机可以增强内部团结。处理危机事件不仅是对组织凝聚力的检验，也是加强内部团结的好时机。

（4）妥善处理危机可以创造经营时机。在处理危机事件的过程中，公关人员应树立“妥善处理危机就等于盈利”的观念。成功的组织与失败的组织之间的差别，并不在于是否出现过与公众的纠纷和危机事件，而在于出现危机后所采取的截然不同的处理方法。成功的组织能借助处理危机事件创造有利的经营因素和条件。

**案例分析7-5**　　**福喜门：不同表态，不同结局**

2014年7月20日，据上海广播电视台电视新闻中心官方微博报道，麦当劳、肯德基等洋快餐供应商上海福喜食品公司被曝使用过期劣质肉。随后，福喜、麦当劳、肯德基陷入危机，并展开危机公关。

一直以来，福喜集团很“牛”，不仅规模大、历史久、设备好，更牛的是它通过了HACCP、ISO、GMP乃至LEED等众多国际性行业标准认证。戴着这些认证的帽子，福喜在全球公关与广告中总是显得“自信十足”，这次也不例外。危机发生一天后，福喜集团才发表声明说："福喜集团管理层相信，本次事件是一起个体事件。"在中国有关方面尚未进行全面调查的情况下，"个体事件"的措辞更像一种外交辞令。福喜集团首席执行官坚持称，集团在全世界的工厂都严格遵守最高的质量标准，而这与揭露出来的事实形成鲜明对比。2015年初，上海市食品药品监督管理局召回上海福喜生产的521.21吨问题食品，福喜集团居然"表示遗憾"。福喜中国表示，将上海福喜主动召回的产品指称为"问题食品"毫无事实、科学和法律依据。

作为此次福喜事件中最大的受害方之一，麦当劳很快发布首发声明，从基调上表现出麦当劳"对违法违规行为零容忍"的坚决态度，表示"立即停用并封存由上海福喜提供的所有肉类食品"，表明"食品安全是麦当劳的重中之重"的一贯立场。然而，这篇声明没有提及政府、媒体和消费者这三大极其重要的公关对象，既没有提及配合政府调查将自己损失降到最低，也没有表明品牌对于媒体监督的开放态度；最糟糕的是，对自己最大的公关对象群体——消费者没有半句道歉，对食用过问题肉的消费者的赔偿问题只字未提。10个小时之后，或许是意识到之前声明的僵硬，麦当劳发布了试图走情感路线的第二篇声明。事件发生4天之后，麦当劳没为公众带来此次食品安全危机的真相解释或是解决方案，取而代之的是第三篇声明"我们无比震惊"，并有继续为福喜撑腰的"嫌疑"，"决定换上海福喜为河南福喜"。在外界压力下，第二天麦当劳才发布第四篇声明，宣布与福喜暂停一切合作。福喜受调查一事公开以来，麦当劳股价累计下跌了约5.2%。

肯德基的东家百胜集团在事件曝光之后并没有选择煽情，而是在第一天和第三天分别发布了两个声明，内容涵盖品牌的立场、对事件的态度和相应的处理对策。最为重要的是，声明和大家站在一起，作为受害者也要继续谴责这样的行为，明确表达出对公众尤其是消费者的歉意。虽然公关技巧十足，但是相对于麦当劳的立场不稳，至少让消费者易于接受。2014年8月1日，肯德基的东家百胜中国又发布《致广大消费者公开信》，就肯德基、必胜客牵涉其中引发大家忧虑和不安向广大消费者致歉，同时启动"吹哨人"制度，对举报危害百胜食品安全的任何违法违规行为给予奖励。这也是在福喜事件后首个启动"吹哨人"制度的企业。百胜集团相关负责人在接受采访时更表示，百胜中国已经全面断绝与福喜中国的供应关系，百胜集团也已经全面断绝与福喜集团的全球供应关系，百胜中国全力配合政府部门的调查，并按照指引和要求处理所有后续事宜。这一系列态度和立场的表述，对挽回消费者信心起了很大作用。

资料来源　韩金. 公共关系：理论、案例、实训［M］. 北京：清华大学出版社，2019：170-171.

讨论内容：（1）面对"福喜门"事件，福喜、麦当劳、肯德基是怎样进行危机公关的？

（2）本案例对你有哪些启示？

## 7.3.2　公关危机处理的原则

任何组织都难免发生危机。危机发生后，由于情况紧急，大家都有可能手忙脚乱。

为了使危机处理有序进行，需要遵循危机处理的几个主要原则：

1）快速反应

危机大都是突发性的，而且会很快传播到社会上去，引起新闻媒介和公众的关注。发生危机时，组织会面临极大的压力，但仍需迅速研究对策，做出反应，使公众了解危机的真相和组织采取的各项措施，争取公众的同情和支持，减少危机的损失。高效率的工作是做到快速反应不可缺少的条件。

### 案例分析 7-6　危机下的老坛酸菜

1. 事件回顾

2022年的“3·15”晚会中，“土坑酸菜”引起热议，视频中老坛酸菜变“土坑酸菜”，工人们穿着拖鞋在菜叶上肆意踩踏，毫无卫生保障。涉及企业：湖南插旗菜业、雅园酱菜等；涉事品牌：统一、康师傅等。

此次危机事件属于行业性的品牌危机。事件曝光后，电商平台屏蔽“老坛酸菜”关键词搜索结果、各大超市下架老坛酸菜面，消费者与全部含有“老坛酸菜”的产品关系断裂，对整个行业内的所有品牌产生不信任的态度，甚至很长一段时间内不愿购买泡面类的产品。

2. 危机反应

涉事品牌应该在第一时间快速反应，启动应急预案，在最短的时间发布声明且做到一锤定音，起到良好的沟通效果。胡百精在《危机传播管理》中指出：在危机管理过程中，告知真相是企业危机应对时的首选策略。没有比真相更好的保护，没有比坦诚更好的策略。应对决策迟缓、回应速度过慢、逃避责任、隐瞒事实等做法都非常不利于平息舆论和降低公众怒火。

（1）快速回应，前后统一

在此次危机中，康师傅反应相较迟缓，统一与白象都做到了快速反应。但统一却没有一锤定音，先是回应“五年内湖南插旗公司已不是供应商”，后又修改声明“统一与其没有任何关系”，前后两次声明内容不一致，被公众认为不诚恳，不仅没有平息舆情，反而引发信任危机。

（2）明确受众，冷静倾听

企业要明确自己的利益相关者。对内要安抚股东、员工，保持企业正常运转，共渡难关。对外倾听消费者的声音，建立良好的沟通反馈渠道。康师傅、统一在危机沟通时要着重回答公众专注的问题，例如，从何时开始使用“土坑酸菜”的？现在市面上还售卖“土坑酸菜”吗？只有明确消费者想听什么，才能做到有效沟通。

（3）表明态度，勇于承担

企业需诚恳且谨慎地表明歉意，明确承担责任、负责到底的态度，并落实补救措施。例如，康师傅虽在声明中承认错误并致歉，但未说明后续解决措施，被指不诚恳。其后再发声明称将下架相关产品，请社会各界监督，但消费者仍不买账。因此企业在表明态度的同时还要落实行动。

资料来源 邹迪，陈泓霖，邢雯怡，等. 基于4R理论的企业危机处理和品牌形象重塑——以3·15老坛酸菜事件为例［J］. 公关世界，2023（12）：5-6.

讨论内容：公关危机中信息披露与传播的意义是什么？

2）真诚坦率

通常情况下，任何危机的发生都会使公众产生种种猜测和怀疑，有时新闻媒体也会有夸大事实的报道。因此，组织要想取得公众和新闻媒体的信任，必须采取真诚坦率的态度。著名公关专家里杰斯特特别强调实言相告原则，他指出：越是隐瞒真相，越会引起更大的怀疑。

3）人道主义

危机在不少情况下会带来生命财产的损失，新闻媒体等对危及人的生命安全的事故或事件尤其重视，甚至会加以渲染。因此，在处理危机时，组织首先要考虑人道主义原则，要把抢救、安置灾民或受害者放在第一位。

4）维护信誉

里杰斯特说，公共关系在危机管理中的作用是保护组织的声誉。这是危机管理的出发点和归宿。声誉对组织来说极其重要，是组织得到人们拥护和支持的基础。没有了声誉，组织的工作就难以进行，不但没有效率可言，甚至危及组织的合法性。在危机管理的全过程中，组织的公关人员要努力减少危机给组织信誉带来的损失，争取公众的谅解和信任。

### 7.3.3 公关危机处理的方法

对一个组织来说，危机的出现是难以预料的。一旦发生危机事件，组织该采取哪些对策进行有效处理呢？

1）成立专门的组织机构

处理危机事件关键是要镇定，不能使组织一下子陷入混乱状态，即使是灭顶之灾也应如此。这就需要有专人负责，统一指挥。当危机事件出现后，组织应首先成立由最高层领导牵头的，公关部门具体负责的，有公关人员、技术人员及其他相关人员参加的专门组织机构，全力以赴投入危机事件的处理中。

2）查清事实

重大危机事件发生后，组织首先应该运用有效的调查手段查明情况，判断事件的性质、现状、后果及影响，为制定对策及应急措施提供依据。

（1）查明事件的性质与状况：如事件的种类，事件发生的时间、地点、原因，已经得到控制还是仍在发展等基本情况。

（2）查明事件的后果和影响：如伤亡人数及严重程度、设施的损失状况及价值、这些后果已经和将会造成的社会影响等。

（3）查明事件牵涉的公众对象：直接、间接受害的公众对象，与事件本身有直接、间接责任或利害关系的组织或个人，与事件处理有关的机构以及新闻界人士等。组织要特别注意与事件的见证人保持联系，并谨慎处理与新闻界的关系。

3）制定具体对策

在全面调查了解危机事件的情况后，将所获取的信息进行分析整理，针对不同对象确定相应的对策。

（1）对组织内部的对策

① 危机应变小组应立即行使工作职权，对危机处理形成权威性的意见，统一进行指挥。

② 判明情况，制定对策，通告全体人员，以统一口径、协同行动。

③ 如属内部事件，立即通知伤亡者的亲属，采取有力措施进行救护或善后工作，安抚有关各方人员。

④ 如属外部事件，立即组织队伍参与抢救或应急服务工作。

⑤ 奖励事件中的有功人员，处罚事件的责任者，并通告有关各方。

（2）对受害者的对策

① 认真了解受害者的情况，勇于承担责任，并诚恳地道歉。

② 冷静地听取被害者的意见，了解和确认有关赔偿损失的要求。

③ 不要在事故现场与受害者争辩，即使受害者有一定的责任，也不要在现场追究。

④ 给受害者以安慰和同情，并尽可能地提供其所需要的服务，尽最大努力做好善后工作。

⑤ 向受害者及其家属公布赔偿方法及标准，并尽快实施。

⑥ 由专人负责与受害者接触，在事件处理过程中不随意更换负责处理工作的人员。

（3）对新闻界的对策

① 应统一对新闻界的口径，注意措辞，尽可能以最有利于组织的形式来发布信息。

② 成立临时记者接待机构，由专人负责发布消息，集中处理与事件有关的新闻采访，给记者提供权威资料。

③ 主动向新闻界提供真实、准确的信息，公开表明组织的立场和态度，以减少新闻界的推测，帮助新闻界做出准确的报道。

④ 必须谨慎发布信息，在事实完全明了之前，不要对事件的起因、损失以及其他方面的任何可能性进行推测，不轻易地表达赞成或反对的态度。

⑤ 对新闻界表示出合作、主动和自信的态度，不可采取隐瞒、搪塞、对抗的态度。对确实不便发布的消息，亦不要简单地说“无可奉告”，而应说明理由，求得记者的同情与理解。

⑥ 注意以公众的立场和观点来进行报道，不断提供公众所关心的信息，如补偿办法和善后措施等。

⑦ 除新闻报道外，可在刊登有关事件消息的报刊上做歉意广告，向公众说明事实真相，并向受害者表示歉意及愿意承担的责任。

⑧ 当记者做了不符合事件真相的报道时，可以尽快向该报刊提出更正要求，指明失实的地方，并提供全部与事实有关的资料，派重要发言人接受采访，表明立场，要求

公正处理，但注意避免与新闻界产生冲突。

（4）对上级主管部门的对策

① 及时汇报。事件发生后，及时向组织的上级主管部门汇报，不能文过饰非，更不能歪曲事实，混淆视听。

② 定期和及时联系。在事件处理过程中，应定期报告事态的发展，及时与上级主管部门取得联系，求得上级主管部门的指导和支持。

③ 总结报告。事件处理完毕，形成详细报告，包括处理经过、解决方法以及今后的预防措施。

（5）对业务往来单位的对策

① 传递信息。组织应尽快如实地传递与危机事件有关的信息，并以书面形式通报正在采取何种对策。

② 当面解释。如有必要，组织应选派职员到业务单位去解释。

③ 传达处理经过。在事件处理过程中，组织应定期向各界公众传达处理经过。

④ 书面表示歉意。事件处理完毕，组织应用书面形式向公众表达诚恳的歉意。

（6）对消费者及其团体的对策

① 疏通零售点渠道。组织可通过零售点渠道向消费者发布有关事件起因的书面材料。

② 疏通报纸渠道。如有必要，组织还应通过登载声明的形式来公布事件经过、处理办法和今后的预防措施。

③ 热情接待消费者团体及其代表。因为他们代表着消费者的利益，在新闻界很有发言权。当他们前来询问有关情况时，既要热情接待，又要慎重承诺。

（7）对组织所在社区居民的对策

① 组织应登门道歉。如火灾、爆炸等突发事件给所在社区居民带来损失，组织应向其致歉。

② 员工出面道歉。根据事件的性质，组织也可以派员工去居民家道歉。

③ 发布道歉声明。在全国性的报纸和地方性报纸上分别刊登道歉声明，面向所有公众，告诉他们急需了解的情况，明确表示本组织敢于承担责任的态度。

④ 赔偿损失。根据实际情况，赔偿必要的经济损失。

4）危机的总结和善后工作

危机总结是危机管理流程中最重要的一环，只有对危机发生和危机处理的全过程进行记录和总结，组织才能真正做到转危为机。危机过后，组织需对整个危机进行全面总结并做好善后工作。主要应抓好以下几个方面工作：

（1）组织内部体系和机制的修补。组织要对内部进行重新的检查和审核，总结经验和教训，进行内部体系和机制的修补。

（2）恢复公众对组织和品牌的信任。通过第三方做外部的调研工作，评估危机事件给组织和品牌造成的损失、公众对组织和品牌态度的改变，并制定措施弥补已造成的损失，恢复公众对组织和品牌的信任。

（3）消除危机的负面影响。在互联网时代，任何事件都是有痕迹的。一次失败的危机公关如同钉进树木的钉子，一颗一颗钉子钉进去后，就算拔出来，留下的也是无数的伤痕。危机往往会给组织带来相当大的负面影响，留下一定的“后遗症”。为此，策划人员应将消除危机造成的“后遗症”作为矫正性公关策划中的一个重点内容加以研究，从物质、人身、心理等方面拟订方案、采取措施，消除危机给组织带来的负面影响。

（4）提升舆论引导能力。危机事件发生后，各种传闻往往容易在时间与空间上迅速扩散，形成对组织的较强的负面影响，并转化为对组织以后进一步发展极为不利的舆论环境。负面印象会造成某种思维定式，在公众心目中留下长期印象，此时再进行形象的扭转，其难度将会加大。因此，在危机处理的策划中，组织必须采取主动、及时的正面传播战略，以公开、客观的报道，实现危机事件媒介宣传上的定位；用积极、坦诚的态度引导舆论，形成转化公众意见的有利氛围。

## 本章小结

公众关系处理是组织内求团结、外求发展的“人和”基础，包括内部公众关系处理与外部公众关系处理。内部公众关系包括员工关系和投资者关系；外部公众关系主要包括组织与顾客、社区、新闻媒体、政府的关系。内部公众关系与外部公众关系在内容和处理方法上有一定的区别，只有采取有针对性的方法，才能形成有利于组织发展的和谐环境。

公关危机是指由于某些人为的或非人为的突发事件及重大问题的出现，打破了组织正常的有序运转状态，使组织声誉和利益受到损害，甚至遭遇生存危险，从而不得不面临和处理的一种紧张状态。

公关危机处理是指组织调动各种可利用的资源、采取各种可能或可行的方法和方式，处理复杂且紧急的内外公众关系，预防、限制和消除危机以及因危机而产生的消极影响，从而使潜在的或现存的危机得以解决，使危机造成的损失最小化的方法和行为。公关危机处理对组织具有重要意义。对一个组织来说，一旦发生危机事件，必须成立处理危机事件的专门组织机构，对危机事件进行调查和判断，制定处理危机事件的具体对策，并做好必要的总结和善后工作。

## 课后思考

（1）分析不同类型公众的不同特点，辨析其公关危机处理方法的差别。

（2）选择某一商业组织，模拟策划其外部公众关系处理方案。

（3）结合实例阐述公共关系危机的处理及其意义。

（4）结合实例简述公共关系危机处理的对策及其运用。

# 第8章

# 公关宣传

## 学习目标

知识目标：

了解公关新闻宣传特点、新闻价值要素、公关广告类型及其他公关宣传方式。

能力目标：

能够结合案例把握组织具有新闻性质的事件，掌握策划新闻、公关广告、公关演讲的基本方法和技巧。

## 基本知识点、基本能力点及能力拓展点

→基本知识点

公关新闻宣传的特点及新闻价值要素

制造新闻的基本方法和技巧

公关广告的类型及策划方法

其他公关宣传方式及特点

→基本能力点

确定对不同组织具有新闻价值的事件

进行公关演讲

开发和利用其他公关宣传方式

→能力拓展点

根据问题情景，策划新闻和公关广告

**导引案例 董事长手撕员工联名信，老乡鸡“另类”公关强势刷屏**

2020年元宵节，一段5分钟的硬核视频火了，各大社交平台上都流传着#老乡鸡董事长手撕员工联名信#的视频，让更多人认识了号称中式快餐第一品牌的老乡鸡。

老乡鸡董事长束从轩真诚地向一线医护人员致敬，谈到受疫情影响，老乡鸡保守估计损失5亿元，但是疫情期间老乡鸡一直坚持为抗疫前线的医护人员送爱心餐。

他当场撕掉了员工申请疫情期间不要工资的联名信，表示哪怕卖房卖车也要保障员工的基本生活。这一举动引得不少网友为其点赞。

当然也有人质疑这是一场策划好的营销事件，不过老乡鸡的确是认真做了实事，有值得称道的资本，该夸还是得夸。

疫情之下，餐饮业被按下“暂停键”，但是抗击疫情的行动却从未停止，老乡鸡董事长这番话背后是企业迎难而上、不惧寒冬的大爱与担当。

很多人可能并不知道老乡鸡是如何登顶中式快餐第一品牌的，这得从老乡鸡的前身肥西老母鸡讲起。

老乡鸡董事长束从轩是养殖业出身，养鸡的生意做了20多年后，决意改变生意方向，当时国民生活水平提升，旅游餐饮消费群体人数不断上涨，于是他看中了餐饮业。

2003年肥西老母鸡第一家店在合肥市舒城路开业，那个时候中式快餐给人的印象仅是果腹，谈不上健康营养，老乡鸡以此为突破口找准了品牌的独特定位。

老乡鸡主打养殖标准化、流程精细化的健康土鸡——肥西老母鸡，凭借180天土鸡、农夫山泉烹制、21道程序炖制的营养美味肥西老母鸡汤牢牢占据市场。

农夫山泉是老乡鸡为产品增加的认知优势，利于消费者产生更强烈的体验感知，肥西老母鸡汤也成为老乡鸡的招牌菜品。

老乡鸡掌握了前端土鸡养殖、中端食材加工、后端菜品销售的全产业链，通过标准化规模化流程化的运作控制成本，这个优势也促进了老乡鸡门店迅速扩张。

老乡鸡以健康、营养、美味、快速的中式快餐，满足消费者填饱肚子并补充营养的饮食需求，拥有100多家直营门店后，2012年品牌升级为老乡鸡。

肥西老母鸡在安徽省内已经积累了多年的知名度和美誉度，突然之间没有任何征兆的更名引起了安徽人民的热议，但也让老乡鸡这个新品牌名称迅速占领消费者心智。

更名也意味着老乡鸡要向全国扩张，加速开店坐实“安徽最大的连锁快餐品牌”，去年9月南京门店数量破百，10月老乡鸡荣获全国“中式快餐”和“快餐小吃”双料冠军。

随后老乡鸡宴请全国近百万人到门店免费吃饭的活动不但引爆互联网，还刷新了世界纪录，成为“免费用餐人数最多的中式快餐品牌”。

从安徽本土龙头品牌，荣升为全国第一品牌，老乡鸡用了16年。目前老乡鸡在全国有800多家直营店，每月新开近20家店，日均接待40万人次，年销售额超过30亿元。

这次疫情，老乡鸡的反应非常迅速，1月23日武汉宣布封城当天，老乡鸡立即启动特别防控预案，武汉市100多家直营店暂停营业，最大程度杜绝疫情传播。

上千名老乡鸡员工留守武汉放弃春节与家人团聚的机会，只为降低疫情传播风险，束从轩特意在视频中表扬湖北子公司的总经理应对及时、管理有方。

如今的老乡鸡已经升级到第五代门店，为了强调体验感和参与感，改变了模仿西式快餐的点餐取餐动线，试图化解除了产品其他模式都与西式快餐差异不大的局面。

老乡鸡将供应商、中央厨房、门店全部纳入数字化管理，并有专门负责新产品研发、设备迭代的新餐饮中心，通过技术创新与模式优化让中式快餐连锁企业逐渐从传统走向现代。

最新消息是束从轩回应了手撕员工联名信的事件，他并不奇怪有人质疑炒作，再次表明了动用一切资源保住员工的决心，而且已有多家银行主动联系可以提供帮助。

经过此次刷屏事件，老乡鸡显然提前积累了大批潜在用户，有现代化的技术实力和模式创新做支撑，不难想象疫情结束后老乡鸡的走势应该是良好的。

资料来源 数英. 董事长手撕员工联名信，老乡鸡“另类”公关强势刷屏［EB/OL］.［2023-01-02］. https://www.digitaling.com/articles/259909.html.

讨论内容：你认为此次公关活动的亮点是什么？从案例中你获得了哪些启示？

讨论要求：查阅相关背景资料，撰写分析报告。

## 8.1 公关新闻宣传

公关新闻宣传是指组织公关部门撰写新闻稿或吸引新闻媒体记者撰写新闻稿，通过新闻媒体传播，以达到宣传组织形象的活动。利用新闻宣传的方式向公众提供信息，为组织创造良好的舆论氛围，是公关宣传最常用的方式。

### 8.1.1 新闻宣传的特点及新闻价值

1）新闻宣传的特点

（1）客观性。新闻宣传是从第三者的立场报道新闻，不带商业色彩，可给公众留下客观、公正的印象，容易得到公众的信任，比组织自我宣传的效果好。

（2）社会影响大。一方面，新闻传媒覆盖面广，新闻宣传的对象不只是组织的顾客，影响面较广；另一方面，新闻传媒对所传播的信息具有“授予地位”，社会上每天发生的事情非常多，能被新闻传媒报道出来的只是其中很少的一部分，一条信息经过新闻机构的重重筛选被报道出来，这本身就表明此信息是重要的、有典型意义。若能被多家新闻机构争相报道、连续报道，其社会影响更大。

（3）传播成本低。新闻素材可能是组织提供给新闻机构并经其证实后通过新闻传媒让公众知晓的，也可能是新闻记者自己挖掘出来的，这种宣传一般不需付费，相当于免费广告。

（4）传播的主导性差。新闻传媒是独立于组织的机构，不受组织控制，组织提供的新闻素材、新闻稿件能否被采纳，安排在什么时间、位置等，主动权不在组织。当然，组织在新闻宣传中并不是完全被动的，可有意识地策划一些新闻事件，吸引新闻界的注意，争取新闻报道的机会。

2）新闻价值

新闻价值是新闻事实本身所包含的使人们兴奋的、感兴趣的素质，其核心是受众对当今物质和社会文化的追求、选择和需要。新闻工作者通常把它作为选择新闻事实进行报道的标准。构成新闻价值的要素主要有：

（1）真实性。新闻报道绝不能主观臆断、弄虚作假、欺骗公众，虚假的报道不仅有违新闻的宗旨，也有损组织的形象和声誉。

（2）时效性和时新性。这是指新闻事件是新近发生的而且是社会大众所不知道的，包含着时间近、内容新两个含义。在可能的范围内，记者总是想方设法尽快把新闻传递给读者，因为新闻最强调的就是一个“新”字。

（3）重要性。新闻事件与当前社会生活和大众的切身利益有着密切关系，会影响许多人，势必会引起人们关心，如政局的变动、政策的变化、战争进展以及重大经济信息、重大体育比赛等。重要性是相对的，有时一些司空见惯的小事也会因时间、地点、人物及其他因素变成具有重大新闻价值的事件，如总理或省长挤公共汽车。

（4）接近性。这是指新闻与读者在地理上或思想、利益上的接近。事情发生的地点越近，读者越关心，新闻价值就越大；事情与读者的切身利益和思想感情越密切，读者越重视，新闻价值就越大。

（5）奇异性。不寻常的事情就是新闻。给新闻下这样的定义显然是不全面的，但也不无道理。奇异性至少能增加新闻的可读性，能引起读者的兴趣。

真实性、时效性和时新性是新闻价值必备的因素，而重要性、接近性、奇异性是新闻价值的选择因素。一个事件所具有的选择因素越多，其新闻价值越高。

### 实务训练 8-1

实训内容：选择某一组织具有新闻价值的事件进行评述。

实训要求：分成小组，分析该事件新闻的价值。

## 8.1.2 公关新闻稿的制作与传播

1）公关新闻稿的制作

（1）创建新闻资料库

把所有能找到的资料分门别类整理，以便以后撰写新闻稿时有充足的素材，并随组织变化而不断更正和补充。新闻资料库的内容包括组织历史、组织规模、组织结构、组织荣誉、组织文化、组织理念、产品销售状态、产品（业务）介绍、组织（产品）优势特征、研发团队、组织规划、重点人物，以及相关的图片、影片库等。公关人员要具有敏感性，不断寻找相关素材，同时要有刨根问底的精神，加大收集新闻资料的深度，对发生的故事、活动、人物讲话都要有深层次的总结。

（2）寻求公关稿的创意

公关稿的撰写者应成为媒体和组织的“智囊”，而不是“发稿机器”；否则，读者会嗅出字里行间的交易味道，质疑媒体的客观与公正。公关稿的创意包含文章角度的选取、观点的确立和思路的安排等。公关稿的价值取决于创意，好的公关稿往往能够以最恰当的方式突出组织希望传播的信息。

（3）关注重大话题

关注重大话题可以采用以下方法：

① 领军人物法。挖掘组织领军人物在性格、业绩、经历上的亮点、新闻点。对读者而言，这样的文章往往可读性强，阅读率也就高。

② 舆论造势法。可以借助某些特殊事件，强调组织的观点和做法。比如，某地发生了购买电脑两年后出现问题无人维修的事件，形成了行业的焦点话题，于是某厂商就与其他一些厂商提出了“3年免费维修”的承诺，受到业内外人士普遍关注。

③ 管理营销法。一些成功组织的经营管理方法逐渐被人们所关注，很多媒体专门报道这类话题。可以对有特点的组织文化、有成效的经营管理方法加以总结，辅以一些故事，提供给媒体。

④ 借势法。可以借助一些国内、国际重大事件的影响传播自己，使人们在关注事件的同时了解组织。

⑤ 多种活动法。有特点、有影响力的活动大都会引起媒体的关注和报道，比如新闻发布会、行业展、研讨会、经销商大会、产品促销活动、赞助活动、公益活动等。策划某活动时，要站在媒体的角度，充分挖掘活动的社会意义，为媒体报道和评论做资料上的准备。

**视野拓展8-1　公关新闻传播中的借势**

借势，即“借彼之力，为己所用”，通常是指借助外部已有的形势衬托、凸显企业自身优势的一种操作方法。在企业现有公关资源不足以引起社会广泛关注的情况下，便可以借助外力组织公关活动。借势通常有以下几种情况：

（1）借名人之势，即通常所说的利用名人效应，为公关新闻传播寻找形象化符号。比如，北京财富公馆在其公关推广中便借用了“财富500强CEO”这一群体的商界明星效应，提出了“财富500强CEO官邸”这个鲜明的新闻传播主题。

（2）借舆论导向之势。公众的广泛参与使舆论导向能够引起人们的心理共鸣，对于深入和广泛传播企业品牌十分有益。

（3）借政策环境之势。政府和行业管理部门出于宏观管理的需要，在不同时期、不同背景下，会采取不同政策、倡导不同的价值取向。对于战略公关传播而言，借政策之势的要点是对政策的正确理解、把握、熟悉和运用。政策不是一成不变的，要敏锐地洞察政策在不同时期的变化。

（4）借“文化地图”之势。“文化地图”反映了一个国家或地区人民的文化水平和文化事业发展状况。借用“文化地图”之势，就是要鸟瞰“文化地图”的全貌，透视经典文本、意识形态、价值观念和偶像认同四个坐标由表象到本质的深刻变化情况，把握其发展规律和变化趋势，从而为战略公关新闻传播所用。

此外，依据所借用载体的不同，公关新闻传播中的借势方法还可以细分为借消费趋势之势、借气候差异之势等。

资料来源　王成．战略公关新闻传播“四势”[J]．国际公关，2007（6）.

2）公关新闻稿的传播

公关新闻稿传播的核心是提高发稿的命中率。面对众多媒体，公关人员要具有猎手的素质，以发现适合刊发新闻的媒体。

（1）研究媒体的特点与公关新闻稿的匹配度。比如，把每份报纸研究清楚，有多少版面，具有什么特点等。不同新闻要找到与之相适应的新闻版面，如行业版面、财经版面、消费指导版面、营销版面等，一些组织报道、人物采访可以通过行业版面或财经版面发布，消费指导版面多见于综合性媒体，可用于发布新产品，营销版面可用于发布促销信息等，组织可以根据自己的需求将相应版面合理组合应用。

（2）充分利用新媒体。随着信息时代的来临和科技的发展，企业和政府面对的媒体不仅是传统媒体，还有来自网络的BBS、聊天室、个人网站、博客、微信等。企业网站、博客、微信、短视频平台成为目前企业对外宣传的窗口，成为电子时代最受青睐的传播平台。一些企业开始培养公司的“营销博客”“微信公众号”“直播号”等，在各种平台上发布有助于推广产品和树立企业形象的文章和音视频。

（3）力争主流媒体传播。主流媒体能影响主流人群，影响社会中最有话语权和行为能力的人群；能代表社会的主流意识形态，反映人们对政治、经济、社会问题的观点。

### 实务训练 8-2　什么是好的公关新闻稿？

好的公关新闻稿应该能够：抓住眼球—使消费者产生共鸣—引发购买冲动或使公众认可企业。好的公关新闻稿应具备以下特点：引言、标题、小标题吸引眼球；叙事脉络条理清晰；注重细节；用数字说话；应用好的比喻将复杂的事情讲得清楚、生动，使文章有吸引力；对素材控制有力，以核心理念为中心进行裁剪，不吝惜素材；最精彩的内容放在最前面；营造悬念，解释悬念，用大矛盾解构文章，用小矛盾推动行文；精准、巧妙地使用直接引语，让中心人物说话；让文章主题集中，开一个小口，反映大事；恰当使用陌生化手法，让视角更加超脱，使大家对熟悉的事物有新的认识；恰当使用蒙太奇方式，使叙事更加具有冲击性；善于说“不”，以逆向思维获取非常效果；坚持写实主义，不加评论地将一件事情写得非常有现场感；能够运用“借光”手法，通过与大公司的对比等提升小企业的被关注度；突出企业目的与媒体需求的结合点，实现企业与媒体双赢。

资料来源　根据网易新闻中心媒体大全的相关资料改编.

实训内容：选择某一事件，为某公司写一篇1 500字的公关新闻稿。

实训要求：个人撰写。

### 8.1.3 公关新闻策划

1）新闻策划与策划新闻

新闻策划是利用已经发生的新闻事件进行筹划、组织报道，以期达到某种宣传效果。国际广告公司称之为事件营销。

策划新闻也叫“制造新闻”，是为达到某种宣传效果或者是社会效果，而人为地策划一起可供媒体报道的事件。策划新闻是在不损害公众利益的前提下，有计划、有组织地策划具有新闻价值的事件，举办有新闻价值的活动，争取新闻宣传的机会。

新闻策划是对客观发生的新闻事件进行有效和充分的利用；策划新闻则全部在主观的预想和操作之中，甚至连新闻事件本身都是人为策划的产物，但不是指制造假新闻和“有水分”的“新闻”。

新闻策划与策划新闻都是公关工作中艺术性、技巧性最高的活动之一，要靠公关人员广博的知识、超凡的想象力和丰富的实践经验来实现。

2）公关新闻策划的方法

根据所选题材不同，公关新闻策划可从如下几个方面着手：

（1）挖掘企业内部资源，以公司现有资源或基本事实为基础制造能够吸引受众关注的新闻话题。椰岛鹿龟酒的公关战略便是一个典型案例。1995年媒体报道“美国博尔公司提出以1.2亿元的价格买断椰岛鹿龟酒配方及生产权”的爆炸性新闻后，椰岛股份有限公司便开始大规模“造势”传播。随后的一段时间内，围绕椰岛鹿龟酒配方、生产权该不该卖的争论抢占了全国各大媒体的主要版面，椰岛鹿龟酒也因此“一夜成名”。

（2）分析社会热点新闻事件，从中寻找与企业和产品关联的信息，以此为基础制造新闻话题。例如，邦迪牌创可贴的一句经典广告语“没有什么创伤不能弥合”，便是结合当时朝韩和谈中“金正日和金大中碰杯”这一新闻热点而推出的。

（3）逆向利用媒体制造声势。2000年11月，中美史克公司爆发了感冒灵PPA事件，该公司进行了有效的危机公关。与此同时，产品中不含PPA的“999感冒灵”借势出击，成为事件中的赢家。

3）策划公关新闻的方法

策划公关新闻的方法可以总结为：制造一个事件：轰动性事件；制造一个纪录：成为新闻热点；制造一个故事或传奇：老百姓喜欢的故事；制造一个新概念：闻所未闻的东西；制造一种期待：设计悬念，吸引关注；制造一个排行榜：能触动民众“穴位”。

制造出来的新闻是公关人员精心策划的结果，比一般新闻更能迎合新闻界及公众的兴趣，能显著提高组织的知名度。但制造新闻必须遵循公关的基本原则，不能愚弄和欺骗公众，不能损害公众利益和社会利益。比如，近年来公众关注的教育、医疗等问题。

虚假宣传主要有两种行为类型：一是指商品宣传的内容与商品的客观事实不符。如将非获奖产品宣称为获奖产品；将国产商品宣传为进口商品等。二是指可能使宣传对象或受宣传影响的人对商品的真实情况产生错误的联想，从而影响其购买决策的商品宣传。如某家具店广告标示展销“意大利聚酯漆家具”，消费者都理解为是意大利进口家具，而实际上只是用意大利进口漆涂的家具。这则广告似乎难以认定为虚假广告，但它确确实实能使消费者对商品的产地产生误解，进而做出错误的购买决策。因此，策划新闻不能演变成引人误解的虚假宣传。

**案例分析 8-1　　引起轰动效应的“广告”**

天安门广场一向是广告的禁区，一旦成功便会产生轰动效应。1994年6月，双汇集团十多幅广告飘扬在天安门广场，一炮走红。“天安门广场首次对广告开禁”成为轰动性新闻。“双汇”2001年销售收入为80亿元，挺进世界肉类企业前三强。

20世纪60年代初期，日本西铁城钟表公司为了开拓澳大利亚市场，提高西铁城手表的知名度，挖空心思想出了一条销售妙计：采用飞机空投方式，从高空中把手表扔下来，落到指定的广场，谁捡到便送给谁。消息一经传开，马上引起轰动。成千上万名观众早早地赶往指定地点，好奇地看着一只只金光闪闪的手表从天而降。当人们拾起这些手表时，惊奇地发现，表针还在“嘀嗒、嘀嗒”地走动，手表竟然完好无损，人们无不为其质量所折服。于是，西铁城手表一时在澳大利亚名声大振，求购者络绎不绝。

广州市增城区挂绿广场有棵400多年历史的老荔枝树，每年只结几十颗果，是挂绿中的极品。2001年，增城区举办第一届荔枝旅游节，老树上的10颗果拍卖了31.8万元，其中最高一颗5.5万元，创造了吉尼斯纪录，被称为“世界水果之王”。2002年6月30日，10颗荔枝共拍卖131.5万元，其中1号珍果拍出55.5万元的天价。全国媒体竞相报道，标题极具吸引力：一颗荔枝换辆宝马，随后追踪这10颗荔枝的命运，增城荔枝名声远扬。

资料来源　编者综合相关新闻报道整理.

讨论内容：(1) 分析三个案例的成功之处。

(2) 谈谈自己策划新闻的想法。

讨论要求：查阅相关资料，自由讨论、发言，撰写简要分析报告。

## 8.2 公关广告

### 8.2.1 公关广告与商业广告

广告即在印刷媒介上购买空间，在电子媒介上购买时间，以语言、文字、图案等形式为出资人传播信息，以宣传组织，促进销售。

广告分为商业广告和公关广告。商业广告以增进公众对组织提供的某种产品或服务的了解，促进产品销售为目的。公关广告以增进公众对组织的整体了解，提高组织的知名度和美誉度，使组织活动得到公众信任与合作为目的。公关广告与商业广告都是公关宣传的方式，都需要支付一定的费用，通过购买传媒的使用权来传播信息，但二者有明显区别：

（1）直接目的不同。商业广告的直接目的是推销产品，通过介绍产品各方面的情况，促进消费者购买。公关广告的直接目的是引起社会公众对组织的重视，产生对组织的好感，从而树立良好的组织形象，刺激用户的潜在需求。

（2）宣传内容不同。商业广告以介绍商品或服务为主，其主要内容是产品名称、商标、质量、功能、价格、购买方法等。公关广告是推销组织，向社会和公众提供的是组织发展目标、经营方针、员工素质、获得的各种荣誉等组织形象方面的信息，间接介绍组织的产品。

（3）宣传效果不同。商业广告可以增加销售额、服务收入，直接提高组织的经济效益。公关广告通过提高组织的知名度和美誉度，间接地持久提高组织的经济效益。商业广告的信息传递过程是“公众—产品品质—企业组织形象”，公关广告的信息传递过程是“公众—企业组织形象—产品品质”。

（4）宣传方式不同。商业广告往往要集中归类，占用媒体的广告时间或空间，使公众了解广告内容。公关广告通常以专题节目、赞助大型活动等形式出现，不直接给人以广告的感觉。

我们可以通过实例对二者进行简单的比较。商业广告：给您一个凉爽的夏天——春兰空调。公关广告：正值“3·15”国际消费者权益日之际，春兰空调献给首都人民一片爱心。

### 8.2.2　公关广告的类型

（1）实力广告，向公众展示组织在技术、资金、人才等方面的实力。例如，某高校在其招生广告中列举自己拥有多少两院院士和教授、现代化教学条件、重点实验室数量、一流专业数量等，以吸引高质量的人才。

（2）观念广告，宣传组织的价值观念、经营思想、经营哲学等。例如，长虹“以产业报国，民族昌盛为己任”的广告语。

（3）解释广告，在公众对组织产生了误解或在组织生产经营中发生了有损公众利益的事件时，向公众澄清事实，消除误解或表达歉意。

（4）信誉广告，传播公众对组织的好评与赞赏、组织在国内外获奖的情况等。例如，某企业以其产品通过了某项国际质量认证体系认证进行广告宣传。

（5）祝贺广告，庆祝节假日、兄弟单位开业或其他庆典等。

（6）致谢广告，向顾客、关系户表示感谢。例如，“某厂建厂几十周年，向国内外新老朋友、广大客户鸣谢”。

（7）响应广告，强调组织与社会生活各方面的关联性和公共性，以求得社会公众的理解和支持。例如，对政府提出的某政策或当前社会生活的某个重大主题表示响应。

（8）倡议广告，以组织的名义率先发起某种活动、倡议有意义的新观念等。

（9）征求广告，通过公开征求意见、建议、解决方案等方式吸引公众的注意，增强其对组织的兴趣。例如，征求组织或产品的名称、标志、商标等。

（10）公益广告，以公益性、慈善性、服务性主题为内容，并不介绍组织，只是在广告旁边用很小的字注明是某组织赞助，以赢得公众的好感。比如，某饮料公司赞助的《这是你们在非洲打猎时遗忘的东西》公益广告是这样的：在非洲肯尼亚广袤的原野上，烈日当头，微风轻拂。一个非洲小伙子，一手提着锋利的长矛，一手紧抱着一个小包袱，神情焦急，一路小跑，一路寻觅……他循着路标，来到了首都内罗毕机场，毅然决然地搭上了飞出非洲的航班。飞机上，他用双手把小包袱紧紧抱在怀里，唯恐有任何闪失。他只有一个想法，无论如何，也要把自己捡到的东西归还给它的主人。飞机降落在繁华的欧洲都市。在这个完全陌生的文明都市里，小伙子处处感到不适，而他的出现也引来了好奇的都市人的纷纷侧目。但非洲小伙子痴心不改，依然是一手长矛，一手包袱，在茫茫人海中苦苦寻觅。功夫不负有心人，他最后竟然幸运地找到了失主的家。家门打开，年轻夫妇满脸疑惑，不知发生了什么事情。非洲小伙子却如释重负，他小心翼翼地从小包袱里拿出一样东西，笑呵呵地说："这是你们在非洲打猎时遗忘的东西。"原来，那是被年轻夫妇随手丢弃在非洲草原上的一个空矿泉水瓶。广告最后告诫游人要尊重大自然，不要在旅途中乱扔杂物，污染环境，并注明了此公益广告是由某饮料公司赞助的。

### 案例分析8-2　公关广告案例

美国雪佛兰汽车曾在一个获得大奖的电视广告中，以爱国主义为中心，用整整1分钟时间不停地向观众展示美国国旗，以慢镜头描绘各种感人的场面及美国人民工作、生活的情况，从加利福尼亚州到纽约，全美30多处景致在广告中清晰可辨。整个广告中没有提及任何汽车的性能、型号，却反复强调伟大的美国和勤劳而了不起的美国人民。这些情感上的呼吁获得了大批美国人民的共鸣与支持，在人们心目中悄然起到了"美国，美国——雪佛兰"的形象暗示，使人们在感情上支持雪佛兰，买下一辆雪佛兰汽车，不仅拥有了一辆汽车，更拥有了一份做美国人的骄傲。

上海三菱电梯有限公司在成立一周年时发布广告新闻：凡与上海三菱电梯有限公司成立同日出生的本市小公民，均可获得一份生日礼物，并由总经理亲自颁发礼品。当时我国著名古建筑园林艺术学家、同济大学教授陈从周的儿子陈丰在美国不幸身亡，而陈丰的女儿恰与三菱同日诞生，公司副总经理登门拜访陈教授并向其孙女赠送生日礼物。此举引得各报刊记者纷纷专访报道。这一出奇的广告宣传就近期目标来说，让公众看到三菱如此热心为下一代投资，树立了实力雄厚的企业形象；从长远目标来讲，与三菱同龄的人自然会永远记得三菱公司。

资料来源　根据相关新闻报道改编.

讨论内容：(1) 上述两个公关广告的诉求是什么？

(2) 两个公关广告的"亮点"是什么？

讨论要求：自由讨论。

分析提示：从公关广告的功能入手。

### 实务训练 8-3

众所周知，招生广告是学校为自身争取更多合适本校的优质生源最直接的方式之一。不同学校间，也有着不同的宣传目的和表现方式，而最基础的就是契合考生及家长的诉求，又向学子们展示本校特色。

实训内容：为学校策划一个招生的公关广告。

实训要求：分组策划，形成方案。

## 8.2.3 怎样做好公关广告

1）主题明确

公关广告的总目标是使公众了解组织，在公众心目中树立组织的良好形象。因此，公关广告应在组织基本理念的基础上，提出组织的最高目标，并通过明确的主题表达出来。例如，海尔的“真诚到永远”，IBM的“IBM即意味着最佳服务”，麦克唐纳公司的经营哲学是“优质、服务、清洁、公道”。

2）内容真实

公关广告应坚持实事求是的原则，避免自吹自擂，哗众取宠。心理学研究表明，人们更喜欢那些诚实说出自己缺点的人。国外曾有人做过这样的实验，对同一型号汽车做两则不同的广告，一则只讲优点，另一则指出“门内把手太偏右了一点，用起来不很顺手”，结果顾客更相信后一则广告。

3）构思新颖

广告如果是老调重弹，不仅不能引起公众的注意，还可能引起公众的反感。广告必须在内容、手法、角度等方面不断创新，才能引人注目。美国一广告公司为大众汽车做了一则广告，画面是一辆小汽车位于题为“次品”的大字横幅标语上方，下面注明“大众汽车的检验员因仪表板上的小储藏柜里有一道划痕而拒绝接受该汽车”，这则广告被誉为该公司的最佳广告。

在提倡新颖构思的同时，要注意广告构思必须与公众心理、习惯相符，过分夸张、华而不实的广告也容易引起公众反感。“三年六班李子明同学，你妈妈给你送来了两瓶旺仔牛奶……”小学的喇叭大声播报，李子明激动又自豪，眼泪狂飞（夸张的动画效果），飞扑到妈妈怀里，亲了一口牛奶罐子，说：“妈妈我爱你！”身后的小同学满眼羡慕地说：“哇，你的妈妈好爱你哦！”这则旺仔牛奶广告的“母爱”诉求确实打动了无数母亲的爱子之心，但也受到了众多观众和媒体的指责，称其“歪曲母爱”，误导儿童以为父母只有买了旺仔牛奶才是真正爱孩子。

4）语言简练易记

广告应写得简明扼要，通俗上口。可采用押韵的方法把广告稿写成诗歌、快板、对联、顺口溜等，使之便于记忆。进行广告语构思时需研究不同地区、国家的风俗和语言习惯，避免出现沟通障碍，影响广告宣传效果，尤其是向国外做广告宣传时更应注意这一点。

**视野拓展 8-2　　经典广告词欣赏**

百事可乐：The choice of a new generation（新一代的选择）。

精工手表：The first ever，the last you never need（一朝拥有，别无所求）。

雪碧：Obey your thirst（服从你的渴望）。

IBM公司：No business too small，no problem too big（没有不做的小生意，没有解决不了的大问题）。

三星电子：Feel the new space（感受新境界）。

麦斯威尔咖啡：Good to the last drop（滴滴香浓，意犹未尽）。

百事流行鞋：Ask for more（渴望无限）。

丰田汽车：Poetry in motion，dancing closing to me（动态的诗，向我舞近）。

资料来源　编者根据相关公司广告整理.

### 8.2.4　品牌代言人策略

品牌代言人是为组织的营利性或公益性目标进行信息传播服务的特殊人员。品牌代言人参与各种媒介宣传，传播品牌信息，提高品牌知名度和认知度，与受众近距离沟通，并促成购买行为的发生，建立品牌的美誉度与忠诚度。代言人是品牌塑造的传动轮，组织应构筑品牌与代言人之间的完美“联姻”关系。

1）围绕品牌个性选用代言人

品牌个性与代言人个性的吻合是品牌传播效果优化的关键。代言人个性千差万别，或沉稳老练，或青春活泼，或温文尔雅，或粗犷朴实。只有品牌个性与代言人个性准确对接，才会产生传播识别的统一性，有效地树立和强化品牌在公众心目中的独特形象。

2）营销目标区域化与代言人细分化相协调

企业类型不同，产品特色不同，在运用代言人时，应首先从企业的营销目标区域出发来选择代言人。企业要把握好营销目标的区域化研究，了解区域受众的生活价值观，同时也要追踪社会潮流，分析名人的特点，找到营销目标与代言人的最佳结合点。

3）产品生命周期与代言人人气周期相搭配

品牌应恒久不变且随时间推移而愈见生命力，而品牌之下的产品是发展变化的，这种变化不但体现在种类的增加和产品线的延长上，也体现在单个产品本身生命周期的变化上。与之相似，代言人的人气也会有一个萌芽、成长、鼎盛和衰落的发展周期。企业应能找准产品生命周期与代言人人气周期的最佳结合点。比如，当产品处于导入期，一般采用人气极旺的代言人，以迅速扩大知名度；当产品进入成熟期，则可考虑换用一些有潜质的新星代言，以利于延长产品的市场生命周期。

4）契约期内实行“一夫一妻制”

名人“一女多嫁”，同时为多家企业的多种产品代言，在使自己成为广告明星的同时，却使代言的品牌在受众心目中的印象日趋混乱和模糊。因此，企业在选择代言人时，不但要分析其人气、个性、区域化影响等，还应考虑其专一度，要求其对本品牌“忠贞不贰”。

**实务训练8-4**

实训内容：分析国内某企业选择品牌形象代言人的失败之处。

实训要求：自由讨论，形成分析报告。

## 8.3　其他公关宣传

### 8.3.1　公关演讲

演讲是演讲者在特定的时间和环境中，借助有声语言和态势语言直接向广大听众传递信息的活动。演讲是公关工作中最常用、最普遍的一种口语传播方式，是一种永远都不会过时的公关手段。

1）演讲稿的写作

除即兴演讲外，演讲前都应写好演讲稿。演讲稿是演讲的蓝本，将演讲者构思的主题、内容等以文字形式呈现，帮助演讲者记忆演讲思路和词句。

（1）确定主题。演讲缺乏主题，听众会很难把握。演讲主题应紧密结合形势，选择公众普遍关心的问题，能给听众新知识、新信息，符合演讲者身份、演讲时间、听众实际水平。在此基础上，要结合演讲主题拟定演讲题目。

（2）收集处理材料。演讲主题确定后，应围绕演讲主题收集材料，并对材料进行筛选，把最典型、最生动、最真实、最有说服力的材料运用到演讲稿中。

（3）拟定演讲提纲。演讲提纲应包括演讲的标题，演讲的主要观点、论据，以及论证材料排列顺序、论证的层次等，结构清晰、完整会增加演讲的逻辑力和说服力，演讲者可打草稿拟定演讲提纲。

（4）推敲演讲语言。演讲提纲落实成演讲稿需逐字逐句推敲，演讲稿应用词准确、句子精炼，演讲语言力求口语化、形象化，使公众容易接受。演讲者最好自己动笔写演讲稿，这样才能融进自己的感情，形成自己的风格。

2）演讲的艺术

（1）开场白，应能吸引公众。给公众留下良好第一印象的开场白有多种方式：①开门见山式，使公众一目了然地把握演讲的要领。②设问式，引起悬念。我国演讲家马相伯在做广播演讲时，一开场就是“请看，今日的中国是谁家的天下？”，然后层层剖析，给出自己的答案。③幽默式，能很好地表达演讲者的智慧和才华。约翰·罗克在要求解放黑人奴隶的演讲中说“女士们、先生们，我来这里与其说是发表讲话，还不如说是给这种场合增添了一点颜色”，幽默地道出了主题。④成语名言，如讲青年人应珍惜时光时可用“一寸光阴一寸金，寸金难买寸光阴”。⑤故事式，以一个能表现主题的非常有代表性的故事开场。⑥现身说法式，从自身的特征或曾到过某地的感受引入主题。

（2）正文，是整个演讲的核心内容，要求层次清楚，重点突出，可采用并列式、正反式、递进式、对比式等手法安排材料，论证主题。

（3）结尾，应耐人寻味，给人留下长久的印象。结尾的方式也有多种：①收拢全篇式，用概括的语言强调主题思想。②激将式，用富有鼓动性、号召性的语言结束全篇。③引用名言。④引申重点，强化记忆。松下幸之助曾在对公司员工演讲时这样结尾："我已讲过六条，其重要性各不一样，唯有第一条和第二条是公司生存发展中最致命的，即松下永远以质量战胜一切竞争者，松下的凝聚力高于一切，这两条将成为我们的法宝和座右铭，也是我要求全体员工切记的。"

演讲不管是开场还是结尾都应注意克服一些常犯的错误：草草收兵，如"因为时间关系，我就不多讲了"；画蛇添足，如"下面我再补充几句"；滥用客套话，"今天没有准备，随便给大家讲几句"等。

**实务训练 8-5**

今天，实现中华民族伟大复兴的接力棒已经交到新时代青年手中，实现中华民族伟大复兴的重任已经历史性地落到当代中国青年肩上。新时代青年尤其是青年大学生能否接好接力棒，能否担负起历史赋予的重任，关乎国家的未来、民族的希望，关乎中华民族伟大复兴的顺利实现。

实训内容：请以"当代大学生的使命"为题进行演讲。

实训要求：自写演讲稿，在课堂上进行演讲。

### 8.3.2 组织自办媒介宣传

依靠新闻传媒与公众沟通，组织往往是被动的；利用人员宣传，影响面又太窄。组织自办媒介作为利用大众传播手段的一种补充方式，有其独特的优势：可以针对某一类特定公众灵活确定宣传内容和方式，能提高宣传的有效性。

1）自办印刷媒介

自办印刷媒介包括报纸、杂志、宣传小册子、年报、海报、简报等。制作印刷媒介应充分考虑目的、目标读者、具体内容、媒介的类型和名称、发行数量和发行周期、印刷形式、公开出售还是免费赠送、直接邮寄还是专人发送等。为了办好自办印刷媒介，组织内应设立一个高效率的宣传出版小组。印刷媒介根据发行对象不同可分为对内印刷媒介和对外印刷媒介。对内印刷媒介包括内部报刊、海报、简报等，读者为组织员工和投资者。对外印刷媒介以组织的外部公众为对象，一般采用报纸、杂志的方式。组织可根据不同目的、不同宣传对象编印不同报刊，如员工报刊、大众报刊、经销商报刊等。

2）自办电子媒介

自办电子媒介包括广播、电视、电影、网站等。广播是各种社会组织广泛运用的宣传工具，一般以内部公众为对象，内容丰富多彩，可以是组织的重大信息、员工的生活趣事、表扬批评稿等。电影也是传播信息极为有效的一种工具，组织可为员工、投资者、社区公众等制作不同内容的影片，并组织专场播放。有的组织拍摄组织发展历史的影片，参观者通过影片便可了解组织发展的过程。美国一家生产谷类食品的公司为改变人们早餐食用面包和喝咖啡的习惯，专门拍摄了《向良好健康问早安》的影片，并到世界各地巡回播放，取得了非常好的效果。

许多组织利用闭路电视系统作为内部宣传的手段。网络在公关宣传中的作用为越来越多的企业所重视，许多组织使用购买或自行开发的内部办公系统，为组织内部信息沟通提供了较好的渠道。

### 8.3.3　公关实物宣传

实物宣传是指组织以优质的产品或服务作为宣传媒介，通过赞助、馈赠、试用、征询等活动对目标公众所做的宣传。实物或模型具有现实说服力，比单纯的文字或口头宣传更有效。实物宣传如果能配上简洁的文字、生动的解说词、动人的音乐，宣传效果更佳。

常见的公关实物宣传方式有让公众免费试用样品、实行买一送一、赠送购物袋等。在第四届北京国际汽车展览会上，奥迪使用了公关绝招——奥迪展车，欢迎观众试坐。参观者跃跃欲试，奥迪展车成了展览会上的新闻焦点。手提袋在当今的生活中早已不再是单纯充当盛物工具的角色，更是厂家宣传的载体，树立形象的公关工具和广告媒介。在四川工业产品博览会上，泸州老窖利用手提袋出尽了风头：开幕前，他们利用公众等待的大量空闲时间，集中发放大量的手提袋，力求人手一袋；开幕后，面对络绎不绝的观众，他们也是有求必应。这样做，可让老客户产生亲切感，让新客户在开幕前有充分的时间熟悉有关信息，以创造商机。另外，大量观众在展馆内外提着印有组织名称、标志、产品信息的手提袋，可产生强烈的视觉冲击，印制精美的手提袋将会伴随主人出入大街小巷，流动广告的宣传效果更是不可估量。

### 8.3.4　自媒体公关宣传

自媒体（we media）是指私人化、平民化、普泛化、自主化的传播者，以现代化、电子化的手段，向不特定的大多数或者特定的单个人传递规范性及非规范性信息的新媒体的总称，也叫“个人媒体”。当前国内使用比较多的自媒体平台有微信公众号、微博、头条号、百家号、大鱼号、抖音号等。

#### 视野拓展 8-3

2014年世界杯期间无数品牌重金轰炸，用户视角早已被抢占一空，还有没有漏儿可捡？燕京啤酒另辟蹊径，利用gif贴图进行广告宣传！世界杯视频不能第一时间在微博平台传播，gif却可以实现。燕京啤酒与微博达成合作，新浪体育官方微博在世界杯期间第一时间发布的进球动图，都会出现燕京啤酒2014年世界杯广告图片。这种方法讨巧又有效，以最便捷的方式，让用户进行二次传播。借由gif图的广泛传播，小组赛期间gif图片的传播量已经超过4亿次，使燕京啤酒获得了巨大的品牌曝光量。

资料来源 根据相关网络报道改编.

从公关价值的角度看，自媒体分为三种：行业影响者（一般是某个细分行业的非常具有权威性的自媒体）；舆论影响者（一般都有自己的舆论阵地，比如微信公众号，能够有自己的影响范围）；舆论发声者（一般是各大媒体网站的专栏作者，本身没有自己的发声平台，但其能凭借某一媒体平台为企业发声）。

1）行业影响者

这些人要么是行业领导者，要么是该行业的资深媒体人。他们注重的是自己的名声，一般不会接受商业合作，所以与行业影响者接触一定要把握好度。比如，你需要他们帮助写一篇深度分析稿时，不要一上来就给人家材料然后让人家写，你要先问下他们对你这个事的基本看法，如果一致的话，最好邀请他们对你组织的领导进行采访，一来他们能更多地了解需求，二来这也算是一个报道，而不是纯软文。同时，要注意和他们联络感情，时不时邀请他们参加一些主题沙龙、高峰论坛，还可以了解到他们对组织的客观评价。

2）舆论影响者

舆论影响者一般都有自己的平台，而且还有比较大的粉丝基数。这类自媒体的发声往往能影响到一定的范围，基本相当于一个媒体的影响力。如果是愿意进行商业合作的自媒体，会比较好沟通，他们基本会以商业方式处理。如果是愿意卖人情的自媒体，就需要有熟人介绍了，而且介绍还需要一个“巧妙”的场合，之后你们可以偶尔单独见面，探讨一下你的企业或其他方面，但这是一个漫长的过程。

3）舆论发声者

这类自媒体从基数来说是比较庞大的，而且是一拨又一拨出现。虽然他们的影响力不那么大，但企业更应该维护与他们之间的关系。因为他们是最活跃的舆论发声者，也是各大媒体的内容产出者。如果是愿意进行商业合作的自媒体，需要建立一个比较规范的稿费机制，还可以把他们组成一个独立的圈子，将来可能会成为你的舆论发声地。如果是愿意卖人情的自媒体，你可以给他们提供一些素材，当然，舆论方向会比较难控制，但如果与他们的关系比较融洽，他们还是会把握分寸的。

自媒体公关一定是从朋友开始的。因为你面对的不是机构，不是组织，而是个人。而人都是有人性的，人性都是有弱点的。这也是自媒体公关宣传不同于其他公关宣传的地方。

## 实务训练8-6

“欢迎报考云南农业大学，我们这里真的不用天天都挖地。校园环境也非常地美丽，食堂饭菜也非常地美味，学姐也非常地漂亮，还可以每天喝普洱茶……我在云南农业大学等你哦！”

云南农业大学的丁同学在个人社交账号上发布了一条视频介绍自己的母校。视频中，他刚强调不用天天挖地，随即就喊身后耕地的同学小声点。视频发出后引发网友爆笑点赞，不少网友戏称："这是招生'减'章，直接劝退好多人。"

在一众高校光鲜亮丽的"欢迎报考××大学"的招生视频中，丁同学的视频来了一波反向操作，过于平实地"说瞎话"戳中了大家的笑点。有网友笑称："校长正提着5米大刀找你。"也有网友表示，这样的大学生活太酷了。

实训内容：尝试为自己的学校设计和拍摄形象宣传片。

实训要求：自由结合、分工合作完成。

## 案例分析8-3　"白酒+"火爆出圈 引发跨界"趣味营销"

"美酒加咖啡，就爱这一杯"。最近，某咖啡品牌联合贵州茅台推出的"酱香拿铁"自开卖便引发关注。除在社交媒体上刷屏外，门店的销售量也同样可观。无论是茶饮还是白酒，陕西都不缺代表性企业，这样的"白酒+"联名是否有借鉴意义？

**一杯饮品火爆出圈**

一大早，在西安软件园上班的邹韵琪便在公司附近的门店通过小程序下单买了杯酱香拿铁。"前一天在网上刷到这个消息，特别感兴趣。一杯的价格也能接受，所以就想尝试一下。不过，应该不会把它当'口粮'来喝，主打一个猎奇。"

一位咖啡饮品店店员告诉记者："9月4日出现了爆单，这两天基本保持着每天1 000多杯酱香拿铁的订单量。现在还能好点，下午人会更多，等待的时间会更长。"

相较于常规的咖啡饮品，此次酱香拿铁联名被人们戏称为"上班族的早C晚A"——一边是商务宴请餐桌上的白酒，一边是上班族的"续命"咖啡，"这是年轻人的第一杯茅台，也是中老年人的第一杯咖啡。"

9月4日晚，记者从品牌官方直播间了解到，截至23时30分，酱香拿铁的订单销售量已经达到90万+。根据咖啡品牌发布的微博称：酱香拿铁首日销量突破542万杯，首日销售额突破1亿元。

**"白酒+"引发跨界"趣味营销"**

其实，这已经不是白酒企业第一次推出联名款产品了。

可以看出，为了让年轻人喝上自家的第一口白酒，越来越多的企业开始尝试年轻化、时尚化，部分曾经"高高在上"的白酒，如今都推出新、奇、特的创意，希望吸引年轻人的目光。比如，酒企与相关企业联合推出的酒糟面膜、酒心巧克力、文创盲盒雪糕等。

"这是一次很成功的跨界，将咖啡和白酒品牌的优势扩大了。既满足了市场多元化创新发展需求，也满足了年轻人求新求异的心理，还让高端白酒借助咖啡走向了平民化，从而扩大了市场占有率。"陕西省社会科学院文化旅游研究中心主任张燕就此次"白酒+咖啡"联名，谈了自己的想法。

在她看来，两家企业的联名给其他品牌提供了一定的思路。"其实，无论是咖啡还是白酒仍有一定局限性，毕竟有人不喝酒或者不喝咖啡。因此，可以将相关创意应用到更大众化的市场中。作为消费者，我们喜欢并期待看到这种新产品的推出。”

张燕告诉记者，此前针对相关课题他们作了调研。“以陕西本土为例，其实已经出现了很多跨界的特色产品。比如，油泼辣子月饼、凉皮馅饺子、油泼辣子冰淇淋等。不过，要想让产品走得远，还是要依赖产品本身。”

资料来源 石喻涵，段林蕊．“白酒+”火爆出圈 引发跨界“趣味营销”［N］．三秦都市报，2023-09-08（A4）．

讨论内容：（1）分析此次“白酒+咖啡”的传播之道。

（2）公关宣传追求传播效果应注意哪些问题？

讨论要求：自由讨论、发言，撰写简要分析报告。

分析提示：从公关宣传综合分析入手。

## 本章小结

公关新闻宣传是组织公关部门撰写新闻稿，吸引新闻媒体记者撰写新闻稿，通过新闻媒体传播，以达到宣传组织目的的活动。

组织公关新闻稿的制造和传播及组织新闻策划需要遵循一定的要求和模式。新闻策划与策划新闻存在区别。

公关广告与商业广告都是进行公关宣传、树立组织形象的方式，都需要支付一定的费用，通过购买传媒的使用权来传播广告信息，但两者的直接目的、内容、效果、方式等都有明显区别。

公关演讲、组织自办媒体、公关实物宣传也是公关宣传的重要方式，各有一定技巧。

## 课后思考

（1）分析对不同性质组织有新闻价值的事件，结合校情思考新闻策划的方法。

（2）经过实训总结出策划新闻的方法、公关广告技巧、公关演讲技巧。

# 第9章

# 专题公关活动

## 学习目标

知识目标：

1. 了解专题公关活动的特征、目的，掌握各类专题公关活动组织与策划的方法。
2. 了解公关谈判的含义。

能力目标：

1. 能够结合案例说明和掌握专题公关活动组织与策划的技巧。
2. 能够结合案例掌握公关谈判的策略与技巧。

## 基本知识点、基本能力点及能力拓展点

→基本知识点

专题公关活动的特征、目的及主题

专题公关活动筹划的内容

各类专题公关活动组织与筹划的方法

→基本能力点

结合实例阐述专题公关活动组织与筹划的技巧

结合实例分析公关谈判的策略

→能力拓展点

策划专题公关活动方案

模拟谈判情境，进行公关谈判

**导引案例　　来瓶“82年的雪碧”**

这一届的年轻人在经历万物皆可卷、看尽奇葩新鲜事之后，已经练就了“把生活写进段子”的佛系心态。他们熟练运用网络热梗，寄情于以自嘲纾解情绪，用吐槽调剂生活。无论是支持的球队爆冷了、AI开始整顿职场了、还是埋头苦读终于“上岸”了……何以解（庆）忧（祝）?“82年的雪碧”已然成为不二之选。举杯背后，不难看出当下年轻人善于通过自我调侃、找乐子的方式，轻松应对压力的生活态度。

带着对“梗文化”的精准洞察，日前，雪碧在中国市场正式推出新品“雪碧致敬1982限定柠檬味汽水”，并开启全新“雪碧致敬1982”主题活动。不仅将这款赛博饮品带进现实，还亲自下场整活，接连带来创意视觉、线上竞拍会、线下主题快闪等趣味互动，鼓励各位消费者笑对压力，在每个燥热时刻都能酷爽以对。

故事的开始，往往都是双方的互相奔赴。

当雪碧开始走心，这场缘起社交网络的幽默互动，就已不再是消费者单方面的自嗨——近日，有细心的网友发现，只要在微博发帖并命中关键词“82年的雪碧”，就会收到来自@雪碧官方的一张竞拍会主题邀请函，邀请大家直击雪碧致敬1982新品全球首次竞拍，这也预告着一波品牌大动作即将来袭。

7月5日晚，在网友们的翘首以待中，“雪碧致敬1982全球首场竞拍会”在其抖音官方直播间正式上线，邀请消费者竞拍5套创意主题礼盒。其中，除限定新品外，消费者还可一并拍得新颖有趣的定制服务，全景玩转“82年的雪碧”——比如，享受专人、专车、专线的奢品配送服务；或是畅游亚洲唯一的拉菲酿造基地，探寻专属于82年的尊贵与荣光……回顾品牌过往，这在全球尚属首次，主打的就是一个沉浸式体验。

随着直播间内的各位竞拍人频频加价，竞拍高潮迭起，活动时段内同时在线观看人数最高时达近10万。现场气氛之紧张热烈，令众多网友直呼急需来瓶真“82年的雪碧”压压惊。这场压轴出场的直播活动，也将当天的抖音电商超级品牌日推向高潮，官方直播间全天在线总观看人次累计突破508万。

从线上到线下，从直播竞拍到城市街头，随着雪碧致敬1982新品强势占据货架C位，这位玩梗高手已经准备好继续“搞事情”了！据悉，后续雪碧不仅将落地线下主题快闪店，还将探索更多沉浸式互动玩法，邀请消费者尊享限定新品的酷爽雅调。更多夏日限定惊喜，敬请拭目以待。

此次发起“雪碧致敬1982”主题活动，雪碧官方盖章网络热梗，是国际品牌主动拥抱本地文化的一个积极表态；横空出世的限定新品更是将幽默效果直接拉满，成功为雪碧立住了“饮料界段子手”的人设。

而开辟出竞拍会、快闪店等花式玩法，则延续网络热梗的社交属性，打开了与年轻世代互动的新思路。在造梗、玩梗成为年轻圈层个性化表达的当下，雪碧凭借这些小而美的体验触点，为消费者制造了一次次不期而遇的惊喜邂逅。毕竟，谁能拒绝用多一种打开方式，品鉴一瓶自带高级格调的“82年的雪碧”呢？

根植产品和体验的创意，都在传递着同样的讯息——于雪碧而言，品牌表达的无限可能性，蕴含在感知和沟通年轻文化的过程之中。成为一个有记忆点的文化符号，让品牌内涵和年轻人的价值观隔空共鸣，进而引领青年文化的进阶之路，是雪碧希望在玩梗出圈的热闹之外，留下的悠长余韵。

资料来源　佚名. 官方玩梗+整活，来瓶“82年的雪碧”不再是玩笑［EB/OL］.［2023-07-12］. https://www.chinapr.com.cn/259/202307/3449.html.

讨论内容：此次“雪碧致敬1982”主题活动的公关形象诉求是什么？

讨论要求：查阅案例相关活动背景资料，做好讨论记录。

# 9.1　专题公关活动概述

## 9.1.1　专题公关活动的特征、目的和主题

1）专题公关活动的特征

专题公关活动是组织为达到某一具体目的而专门举行的公关活动。专题公关活动具有如下特征：

（1）主题明确。专题公关活动具有明确、单一的主题和围绕这一主题的特殊活动方式，它容易引起公众的关注，引发浓厚的兴趣，易产生轰动效应，从而给公众留下深刻的印象。

（2）感染力强。专题公关活动可以同时利用各种传播媒介和传播手段，通过诸如声、像、光、现场、实物、印刷品、纪念品，以及演讲、报告、解说、咨询等方式达到综合效果，因而具有很强的感染力。

（3）实效性强。专题公关活动常常能引起新闻界的关注，得到新闻界的支持，可以在较短的时间内实现尽可能大的信息覆盖面，尽快扩大影响。专题公关活动的时效性越强，其公关效果也就越明显。

2）专题公关活动的目的

（1）专题公关活动的目的必须与组织的公共关系总目标相一致。专题公关活动的目的是指导和实施专题公关活动的依据，也是评估专题公关活动效果的标准。专题公关活动的目的必须与组织公共关系的总目标相一致，遵循组织公共关系的基本原则与规范，即通过各种专门的社会活动，树立组织形象，提高组织的社会知名度和美誉度，建立组织与公众的密切联系，扩大社会影响，为组织创造一个和谐的社会环境，并通过社会公众来传播组织的信息。

（2）专题公关活动的目的应当尽量具体化，即有明确的内容和任务要求，做到既有利于实施，又便于进行效果检验。一般来说，专题公关活动可以有以下几方面的目的：提高组织领导人、组织新产品的知名度与声誉；改善与传播媒介的关系，增进彼此的了解与沟通；改变组织原有形象，树立新的良好形象；创造良好的消费环境，向公众推广新的消费观念或新产品；加强组织内部员工的团结，提高向心力与归属感、荣誉感；增强政府或投资者对组织的信心，吸引更广泛的支持等。

3）专题公关活动的主题

每一次专题公关活动都要有一个与目的相一致、与组织公共关系总目标密切相关的明确的主题。设计专题公共活动的主题时应考虑下列因素：

（1）能充分体现专题公关活动的目的，切不可顾此失彼。任何有悖于目的实现的主题，即使设计得再精彩也是败笔，结果只能导致专题活动的失败。

（2）在分析公众的基础上加以设计，了解公众的需求和兴趣，要充分适应公众的心

理需要，增强公众对组织的亲近感，从而使其易于被接受。

（3）能突出专题公关活动的特色，形象生动，既富有激情，又贴切朴素，同时要具有鲜明的个性，切忌空泛和雷同。设计主题应有独具特色的东西，“语不惊人死不休”，就是强调创新和独特性。主题的设计要简明扼要，容易记忆，要用通俗易懂的简要文字来表达内涵丰富、鲜明生动的主题，否则不仅不易宣传，还会使人厌烦或产生理解上的歧义。

（4）设计主题时还应考虑本次专题公关活动与前后活动的连续性，给人以连贯、整体的感觉和印象，以便收到双倍的效果。

### 9.1.2 专题公关活动的筹划

1）确立目的，设计主题

确立专题公关活动所要达到的具体目的，并据此设计专题公关活动的主题，是搞好专题公关活动的前提。关于这一点，已在本章前面的内容中进行了阐述，这里不再重复。

2）确定采用的形式、规模，选择媒介

专题公关活动所采用的形式及规模，要视具体目的、所要达到的效果以及不同的公众对象来加以确定。比如，举办展览会、展销会是创造良好的消费环境、向公众推广新的消费观念或新产品最有效的形式之一，其规模除考虑市场需求、产品性质等因素外，还应考虑所需的人、财、物。专题公关活动的传播媒介主要包括大众传播媒介与群体传播媒介，组织应根据专题公关活动的形式、不同的公众对象及所要传播的内容加以选择并予以综合利用。例如，举办一个博览会，既可以采用制作电视节目、POP广告的形式，亦可采用电话解说、散发印刷品等形式。

3）确定日期及日程安排，选定场所

确定专题公关活动的日期应注意利用或避开重大节日、纪念日。一般来说，凡是与重大节日、纪念日有直接或间接联系的专题公关活动，可以考虑利用节日烘托气氛，以扩大专题活动的影响；凡是与重大节日、纪念日没有联系的专题公关活动则应尽量避开重大节日、纪念日，以免被其冲淡气氛。此外，还应避免与其他活动发生冲突。有一些专题公关活动还要注意季节的选择。一般不宜在较短的时间里开展两项重大专题公关活动，以免影响或抵消应有的效果。此外，日程安排应尽量紧凑，避免空当，但也要留有余地。日程表一旦确定就应严格执行，尽量不被特殊情况所干扰，做到有条不紊。组织要选择适合专题公关活动规模的场所，例如，在过于豪华的场所举办援助灾区的专题公关活动显然是不恰当的。

4）确定主要参加者

专题公关活动的主要参加者包括主持人、有关领导、重要来宾等，其中主持人可以说是关键性人物，直接影响到专题公关活动的水平甚至成败。主持人的修养、素质、文化水平、风度仪表等在一定程度上体现着组织的整体面貌，公众往往通过这一关键性人物来确认组织的形象或产品的质量。主要参加者确定后，应提前印发请柬，以保证其出席。

5）制订宣传报道方案

首先要确定本次专题公关活动主要宣传什么。一般一次专题公关活动只能围绕一个主题进行宣传，即抓住一个重点。如果同时出现两个以上的重点，反而使人抓不住最重要的东西，因为它们之间的效果可能恰好相互抵消。专题公关活动举办前要尽早通知新闻单位，并提供素材，帮助记者事先了解该项专题公关活动将可能产生的社会效益与经济效益等，争取得到新闻界的支持。新闻稿、解说词等也应提前准备好，以便随时向记者提供参考。

6）组织精干的筹备人员队伍

专题公关活动在策划与实施中，需要各个环节的相互照应、密切配合，这样才能保证工作质量，经得起实践的检验。同时，通过周密的组织工作，可以使公众感受到组织的实力与魅力，从而增强对组织的信任感。

7）准备各种设施、实物、礼品

组织要根据专题公关活动的需要提早准备现场所需的各种设施。这是一项烦琐、复杂而又必须做的工作，如现场电源、灯光、音响、投影机、摄像机等的准备和调试。现场实物，如组织微缩景观、组织标志、组织产品或产品模型等，亦应提前准备好。小礼品应尽量体现组织独到的风格，既有纪念意义，又要考虑实用价值，还要能产生广告效果，同时成本低廉。现场的装饰与布置应别致新颖，独具匠心，不落俗套，服从于专题公关活动主题的需要，其中主席台与记者席是需要特别加以考虑的。

8）预算费用开支

专题公关活动的各种开支都要事先估算好，以便做到量入为出，并留有余地。任何一个组织在举办专题公关活动前都要考虑成本问题，并详细做好各项预算。因为这不仅体现了设计者、组织者科学的工作态度，同时也有助于强化活动设计的科学性。

9）现场组织

现场组织工作主要包括向导、登记、接待、发放宣传品和纪念品、解决临时发生的有关问题等。组织者既要当好指挥员，使所有参加者有所适从，又要当好服务员，使每一位参加者都感到舒畅、满意；既要照顾全局，又要做好每件细微的事，保证整个活动的顺利进行。

10）方案调整与进程控制

专题公关活动的方案确定后，组织仍应当根据各种反馈信息不断调整、修正，以提高专题公关活动的质量。在专题公关活动实施过程中，组织应尽力把握进程，除非有特殊情况发生，否则应严格执行原订的计划方案，以便对整个过程加以控制，达到预期效果。

### 实务训练 9-1

实训内容：选择一个公关活动主题（如迎新晚会、招聘会），策划活动方案。

实训要求：自由结成不同项目组，撰写策划书。

## 9.2 专题公关活动实施技巧举要

### 9.2.1 赞助的艺术

赞助是组织无偿提供资金或物质支持某一项事业，以获得一定的形象传播效果的社会活动。

1）赞助的类型

（1）赞助体育运动。这是组织赞助活动最常见的一种形式，特别是赞助像奥运会和世界杯一类的大型体育活动，可以扩大自身的社会影响力。李宁品牌就是因赞助中国体育代表团而蜚声海内外的。

（2）赞助文化事业。如音乐会、演唱会、文艺演出等。宝洁赞助的电台系列剧“Ma Perkins”在美国播出后，大受欢迎，于是其赞助播出更多的“肥皂剧”，“肥皂剧”的忠实观众也同时成为宝洁产品的忠实用户。

（3）赞助科学教育事业。如设立某项培养和奖励专门人才的奖学金、基金，或直接赞助某个科研项目和学科建设。《2022中国高校基金会大额捐赠观察报告》基于高校基金会年报等公开披露信息，统计到2021年国内高校基金会接收了254笔金额大于等于1 000万元人民币的大额捐赠，大额捐赠笔数较2020年增加41%，并刷新2015年以来的最高值，其中，188笔为新发起的大额捐赠项目，亦为7年来新高，大额捐赠到账总额达86.04亿元，保持稳健成长态势。

#### 实务训练 9-2

世界杯是国际足联的主要营销手段，通过门票、电视转播权、赞助、交易等而获得巨额经济收益。根据权益不同，国际足联对赞助商进行了分级，分别是一级、二级、三级赞助商，具体为国际足联合作伙伴（FIFA Partners）、世界杯赞助商（FIFA World Cup Sponsors）、区域赞助商（FIFA Regional Supporters）。国际足联官网显示，2022年卡塔尔世界杯共有6家中国企业是赞助商。万达是国际足联合作伙伴；海信、蒙牛和vivo是世界杯赞助商；BOSS直聘和雅迪是区域赞助商。越来越多的中国企业通过世界杯这一全球顶级体育赛事，向世界展现中国企业风采，打造更具全球影响力的中国品牌。

实训内容：选择其中的一家中国企业，总结其参与世界杯的具体玩法。

实训要求：自由结成项目组，通过互联网查找相关资料。

（4）赞助社会慈善和福利事业。如残疾人士的社会救济、重大自然灾害的救灾活动、对孤寡老人的援助、对社区公益福利事业的捐赠等。2008年“加多宝”因为四川汶川地震灾区捐款1亿元而名声大振。

（5）赞助地方性的节日活动。如各种具有地方色彩的节日活动：洛阳牡丹文化节、潍坊风筝节、广东龙舟节、哈尔滨国际冰雪节、云南泼水节、深圳荔枝节、海南国际椰子节、自贡灯会等。

（6）赞助大型展览。如专题性展览会、交易会、各种博览会（如上海世博会）等。

（7）赞助壮举和探险。如赞助南极科考队的探险活动等。2005年9月中旬至10月下旬，中国联通公司以首席合作伙伴和“独家通信支持单位”的身份，为科学家在可可西里地区进行为期40天的科学考察活动提供了金额高达2 000万元的现代化通信设备和通信资源，使此次科考活动拥有了史无前例的通信保障。

（8）赞助各种竞赛活动。例如，可口可乐公司专门赞助各种青年人的活动，以此来争取青年人对公司的喜爱；李宁公司赞助中国高校篮球联赛，获得了大学生的高度赞赏。

（9）赞助特殊领域。建立基金组织，专门支持某一特殊领域，如保护文化古迹和文化遗产，或设立专业奖项，如最佳摄影奖、最佳新闻奖、最佳设计奖等。

（10）赞助环保事业。这是国际公关业关注的热点，每年都有很多组织投入大量资金宣传环境保护。

**视野拓展9-1　七年公益长跑：蚂蚁森林累计协议捐资超34亿元 种树4.75亿棵**

公益事业是一场不折不扣的长跑。

2023年8月28日，蚂蚁集团公布了蚂蚁森林运行七年来的数据，从2016年8月启动至今，蚂蚁集团通过“蚂蚁森林”累计协议捐赠34.65亿元。随着各地生态项目的实施，已实际支出20.53亿元，剩余部分将由蚂蚁集团和蚂蚁森林基金会按照种植养护进度和验收结果陆续如期支付。

据统计，蚂蚁森林启动七年来，通过与20多家公益机构合作，已经种下了4.75亿棵树、参与共建了31个自然保护地，陆续支持了内蒙古、甘肃等22个省份的生态建设。蚂蚁森林的各类生态公益项目，创造了种植、养护、巡护等累计370多万人次的劳动增收机会。

这一公益实践，实现了项目管理模式、生态成果巩固和公益资金监管三方面的创新。同时，也拓宽了农牧民就业增收渠道。

2016年，陈树君作为甘肃省武威市古浪县八步沙林场工作的第一个大学毕业生，面对前辈们造林挡住的那一大片沙漠，他暗下决心一定要干些实事。

“机会之门终于打开了，在一个教授的讲座上，我找到一些新的思路。”陈树君介绍，梭梭树是温带荒漠中生物产量最高的植被类型之一，既能改良土壤、恢复植被，又能使周边沙化土地得到保护，在生态修复上起着不可比拟的作用。苁蓉是多年生寄生植物，寄生于梭梭根系生长，只要接种成功，经过2个生长季后就可以采收。

不过，“梭梭+苁蓉”的模式，需要投入大量的人力、物力、财力，仅靠政府扶持难以满足产业化的需求。

2018年的一天，陈树君在手机上偶然发现了蚂蚁森林项目，而在蚂蚁森林实施落地的树木种类里，占比最大的就是梭梭。

他向林场提出了向“蚂蚁森林”争取公益资金支持的想法，经过多方联系，很快得到了回应。2019年，蚂蚁森林向中国扶贫基金会捐资，在古浪县首批支持梭梭造林1.06万亩，共计117万株，帮黄花滩生态移民的乡亲们探索接种苁蓉实现增收的新路子。

如今，梭梭接种苁蓉已进入稳产期，每年每亩收入可达2 000元以上，远高于本地普通粮食种植每亩收入400多元的水平，1万多亩梭梭接种的苁蓉，年收入预计可达2 000万元以上。

此外，蚂蚁森林还陆续向古浪县分批捐种了花棒、柠条和榆树，与梭梭一起，目前累计种植面积超过16万亩，成为戈壁滩上谋发展的“绿色基建”。

这只是一个小小的缩影。蚂蚁森林从“种树”出发，进一步关注到生物多样性。2022年，蚂蚁集团还与威海市政府、中华环境保护基金会签订了《威海市海洋生态环境保护与修复合作框架协议》，这也为团队的海草修复事业创造了更稳定的支持环境。

团队海草修复工作的日常，可以通过蚂蚁森林平台连接社会大众，向公众反馈海洋生态保护修复工作的进展、开展海洋生态相关的自然科普，并以在海里种下真实的海草作为激励，进一步倡导公众践行身边的绿色低碳。

目前，蚂蚁森林已经在山东沿海完成鳗草培育种植6 660万株。此外，蚂蚁森林还在福建沿海修复红树林，目前已完成272万株的秋茄种植。

2021年11月，国务院办公厅印发的《关于鼓励和支持社会资本参与生态保护修复的意见》（以下简称《意见》）明确鼓励和支持社会资本以“自主投资、与政府合作、公益参与”三种不同方式参与生态保护修复项目。

“自2016年蚂蚁森林上线之初，就已按照《意见》中所鼓励的第三种‘纯公益捐资模式’参与相关项目，这对于更多的社会力量参与生态保护修复具有一定的示范意义。”联合国海洋大会中国政府特使、自然资源部原总工程师张占海表示。

资料来源　陶力．七年公益长跑：蚂蚁森林累计协议捐资超34亿元 种树4.75亿棵［EB/OL］．［2023-09-07］．https://m.21jingji.com/article/20230830/herald/b8ca2c1f534ee5f8c19778a422bdddc7.html.

2）赞助的技巧

（1）少花钱多办事

比如，把许多组织的财力集中起来建立一个基金会，并将基金会交由一个非营利的信托机构管理，参加这个基金会的各组织可以用集团方式赞助一些社会公益事业。组织不要盲目赞助“找上门”的活动。

（2）赞助冷门

通过赞助使冷门成为吸引社会公众注意力的“热点”。在赞助中，组织要利用新闻媒介进行宣传。组织可以找一个不太为社会公众注意的需要赞助的团体，把一笔种子基金投入该团体中，成立新的基金会，通过广告等各种形式提高该基金会的知名度，以吸引他人也加入赞助的行列。例如，自2009年起，世界知名品牌宝格丽与救助儿童会便致力于共同呵护儿童成长，积极为贫困、动乱地区及边缘地区儿童提供高质量教育服务，使那些困顿于自然灾害、战争、矛盾冲突、边缘化地区中的儿童及残疾和贫困儿童得到了较好的教育。到2017年12月，宝格丽对其募捐超过7 000万美元，覆盖全球33

个国家，受益儿童超过100万，受到世界的关注。

（3）注意紧跟赞助后的宣传形式

组织要尽量利用赞助活动去宣传自己。因为活动主办者有许多工作要做，只能给赞助者提供机会，而怎样利用机会则是赞助者的事。组织出资赞助理应把相关活动机会充分利用好，做足“赞助秀”。

（4）准确把握目标公众的消费心理，使赞助与营销“双赢”

国内一些企业注重打公关的“教育牌”，将营销与教育回馈联系在一起，准确而独到地把握住了消费者心理。比如，在暑假期间，不少企业开展了对学生消费品的公关营销活动，收效明显。北京欢乐谷推出的中考、高考学生半价购买门票活动，就吸引了不少学生。

## 9.2.2 举办展览会的艺术

展览会是一种综合运用各种传播媒介、手段来推广产品、宣传组织形象、建立良好公共关系的大型活动。它通过实物、文字、图表等来展示成果，图文并茂，能给公众留下深刻印象。它是社会组织塑造最佳公关形象的形式之一。

1）举办展览会必须掌握的技巧

展览会是一种综合性的立体式传播媒介。要办好它，组织必须掌握以下技巧：

（1）弄清参观者的类型，以便有针对性地准备展览会的内容。

（2）选择适合的展览地址。这方面的要求主要包括：方便、好找；周围环境与展览会的内容协调；展览所需的辅助设施容易配备和安置。

（3）注意展板、实物与解说词之间的合理配置，既不能重复，又不能脱节。

（4）解说词要具体、精练、吸引人，把具有新闻价值和传播功能的东西挖掘出来。

（5）展览会的辅助设备和相关服务要跟上。例如，为了成功地举办一次国际展览会，要专设对外贸易业务部门，以及订购、邮政、通信、检验、对外运输等服务部门，还要设休息室、洽谈室等。同样，要举办一次国内展览会，所需的设备和所要提供的服务也是较多的。

（6）要设计一些能展示组织形象的标志和适当的纪念品，一方面联络感情，另一方面加深组织在公众心目中的深刻印象。

（7）确定展览会的经费预算。举办展览会需要一定的费用，如场地费用、设计和布置费用、职员费用、联络费用、交际费用、宣传费用、运输费用和保险费用等。在做这些经费预算时，一般应留出5%～10%的预备金，作为调剂之用。

（8）选择适当的参展商品。组织要尽量选择质量较好、具有独特风格、在市场上有竞争力的商品参展，且商品的品种和档次应力求齐全，参展的商品还要有针对性。

（9）选择适宜的展览位置。如果参展，组织应尽量争取取得一楼入口处附近的展览位置。

（10）选择恰当的时机。何时展览，对于一些季节性明显的商品来说，是尤其要考虑的因素。一般来说，展览时间应适合该项商品的销售季节，而且每次展览时间不宜过长，以免拖延时日，耗费钱财，影响效果。

2）展览会期间的公关艺术

（1）与新闻界保持密切联系

在举办展览会之前，组织应向新闻界通告展览会的时间、地点、内容和规模等；在展览会期间，要及时向新闻界提供有关资料，并争取广播、电视和报刊记者的采访，以此来扩大宣传，提高组织的声望。

（2）通告参观者

除通过新闻界的宣传以吸引社会公众之外，组织还要直接与有关的社会机构、社会团体联系，通告相关公众；对于特殊公众，组织应提前发出邀请。

（3）适当安排与展览会相关的活动

比如，适当安排一些与展览会相关的会议，以壮大展览会的声势，也可邀请一些知名人士、新闻机构、主管部门的领导参加，以扩大展览会的影响。

（4）搞好展览会的效果测定与总结

展览会的效果测定是对展览工作所带来的社会效益的测定。它主要体现在观众对展品的反应、对组织形象的认识和对整个展览会举办形式与效果的看法等方面。其测定方法包括观众留言簿形式、召开座谈会形式、记者采访形式和问卷调查形式。

### 实务训练 9-3

实训内容：为学校组织的学生毕业作品设计展览会制订活动策划方案。

实训要求：自由结成项目组，撰写策划书。

## 9.2.3 新闻发布会的策划技巧

新闻发布会是指借助媒体的公信力量对企业进行宣传的一种途径，新闻发布会、记者招待会和酒会（或舞会）是其主要的三种形式。

新闻发布会是目前企业较普遍采用的一种宣传形式，而记者招待会和酒会（或舞会）的形式则一般在政府行政单位采用较多。新闻发布会是重要的专题公关活动，其策划目的在于对外传播组织的权威性信息，以改善或重塑组织的社会形象。

1）选择合适的时机

适于召开新闻发布会的时机有组织及产品（服务）已成为某类公众关注的问题的一部分、组织或其他成员已成为众矢之的、新产品上市、开始聘用某大牌明星做自己的广告模特或者形象代言人（记者有时对广告不感兴趣而是觉得广告模特值得关注）、组织人员重大调整、扩大生产规模、取得创纪录的销售业绩以及组织遇到危机事件等。

2）筹划与准备中的“彩排”

俗话说：有备无患。搞好新闻发布会，务必要提前筹划培训与排练。一般来说，为召开一次新闻发布会，组织可以进行一两次的系统化培训，以预见发言人是否称职、哪些方面还欠缺等问题。其具体训练方法如下：

（1）集聚那些平时敢于直言的人让他们充当“记者”，给他们两类问题，一类是肯定会被问到的，还有一类是希望不被问到的，让“记者”提问。

（2）让通晓技术工艺流程的人员与会，以检查发言人所说是否准确；如涉及法律问题，组织的法律顾问也应在召集之列。

（3）反复播放“彩排”录像，让新闻发言人看看自己的表情、体语是否还有问题，然后提出改进意见。

（4）专业人士培训。有些组织认为这是浪费时间、金钱，其实是其不懂专业培训的价值所在。即使你认为自己永远不会召开新闻发布会，但你也许会在你的办公室里遇到类似的情况——某件丑闻引来大批记者，那时就来不及训练了。

3）选择合适的新闻发言人

代表组织形象的新闻发言人对公众的认知会产生重大影响。如其表现不佳，组织形象无疑会受损。此外，新闻发布会也是组织要员同媒体打交道的一次好机会，值得珍惜。新闻发言人一般应具备如下条件：

（1）有效的传播与沟通能力。这是“第一位”的要求。它又体现为宽博的知识面、清晰明确的语言表达能力以及良好的倾听能力和反应力、端庄的外表（包括身体语言）等。

（2）执行原定计划并加以灵活调整的能力。

（3）有相当级别的头衔。新闻发言人在组织中应该身居要职，有权代表组织讲话，给人以信任感。

4）确定合适的日期

确定合适的日期即确定目标公众最容易获知某新闻信息的时间。一般周一不合适，这时记者们往往忙于检查上周工作；周五也不宜选，因为很多人正考虑着如何过周末，他们当然不愿意坐在会场提问或接受单独访问。周二到周四通常较合适。此外，组织要确认该时段不会有其他更重要的新闻，以避开突发性事件。确定在某一天的几点钟开始是最困难的一件事。早报、晚报的截稿时间不同。如安排早报记者参加，新闻发布会应在中午、下午举行；如要在当天晚间新闻报道中播出，新闻发布会最好安排在上午9：30或10：00—10：30。组织应切忌只为自己组织考虑而忽略为记者提供方便。

5）发出正式邀请

通常，带有组织标志的邀请函表明新闻发布会是很正规的。信函中最好不注明会议联系人的全名和个人电话，爱德曼国际公关公司认为这是为了不让记者提前采访或提前得到新闻发布会的细节，因为如果他们提前透露了一些消息，就会伤害到其他记者的感情。如果媒体与组织距离不远，就亲自送去，注意不要送得太早，以免邀请函被埋没于文件中，但也应给对方留出准备时间。组织可以及时通过电话询问信函是否如期到达、对方是否与会等。

6）准备新闻通稿与背景材料

对于每次新闻发布会，组织都应提供新闻通稿和背景介绍，以便记者能在会议涉及的问题之外挖掘新闻事件、确定报道范围。新闻通稿最好在开会前发给记者，这意味着记者一签到就能拿到它，这样就可以一边听一边翻看。不过，材料要设计得便于快速阅读，不要冗长拖沓。组织最好还要给记者提供声像资料。为此，要确保有专业摄像师在场。背景材料一般应包括：新闻发布会涉及的新闻时间、要点；组织发展简史；技术手册——如果发布会的召开目的在于介绍一种新产品；发言人个人介绍及照片；其他材料，如名片等，以便供记者、编辑日后加以联系。新闻通稿与背景材料的封面也应加以留意，最好打印上组织标志，以提高公众认知度。

**实务训练 9-4**

实训内容：结合学校实际，策划一次大学生艺术节的新闻发布会。

实训要求：自由结成项目组，撰写策划书。

**视野拓展 9-2　　新闻发布会的“4P”与“4C”**

按照与新闻发布会相关工作的关联程度来分，一个完整的新闻发布会大致可以分为三个阶段：事先萌芽阶段（即新闻发布会的背景、由来）、事中运作阶段（包括新闻发布会的准备工作和现场发布）、事后跟进阶段。新闻发布会需要把握八大要素。这八大要素可概括为“4P”与“4C”。“4P”，即 proposition——“主题”定位，plan——“方案”拟订，people——“人员”邀请，place——“地点”布置；“4C”，即 confirmation——“确定”所需资料，choose——“选择”发布时间，control——“控制”现场气氛，come after——“跟进”传播效果。

### 9.2.4　各类庆典活动的艺术

隆重的庆祝典礼谓之庆典。对组织而言，除了逢年过节外，组织的重要纪念日或取得重大成绩时，均可举行庆典活动。庆典活动名目繁多，我们选取开业典礼和节庆活动来加以说明。

1）开业典礼

开业典礼是组织在社会公众面前的第一次亮相。它往往会体现出组织领导人的组织能力、社交水平以及组织的文化素质，也往往会成为组织对相关社会公众进行取舍和表明亲疏的重要标准。通过邀请知名人士和记者参加，组织可扩大影响，提高知名度。成功的开业庆典活动，需要公关人员精心策划与安排。

（1）确定开业庆典的形式。开业庆典的形式多种多样，可以采取正规的大会形式，如记者招待会、商品展览会、宴会等，也可以采取比较随便的联欢会形式、座谈会形式和舞会形式等。

（2）拟定出席典礼的宾客名单。宾客名单应该包括政府有关部门的负责人、社区各公众团体的负责人、知名人士、社团代表、同行业代表、公共关系专家、新闻记者、公众代表及员工代表等。

(3) 按照宾客名单写请柬。请柬中要写清开业典礼的时间、地点、采取的形式等。请柬写完后应按一定的时间要求提前送达出席人手中，一般要求请柬提前3天送达，最迟也要提前12小时送达。

(4) 拟定典礼程序和接待事宜。一般程序为：宣布典礼开始，宣读嘉宾名单，组织负责人致辞，嘉宾致贺词，组织负责人致答谢词，剪彩。在准备接待事宜的过程中，相关人员主要是负责签到、接待、剪彩，以及摄影、录像等有关工作的服务人员，应使他们了解典礼程序，掌握自己的工作时机，及时到达岗位，以保证典礼程序有条不紊地进行。

(5) 确定剪彩人员。一般安排嘉宾中地位、名望较高的人物剪彩，也可请对组织有重大贡献的人物剪彩。例如，某商场开业之时，特邀两位前来观看的顾客剪彩，冠以“上帝剪彩”的名目，显示了商场对消费者的尊重以及为顾客服务的决心和热情，被媒体广为报道，在当地公众中亦传为美谈。

(6) 确定致贺词的宾客名单。一般来说，致贺词的宾客应有一定的代表性，即代表组织的某一类或某几类公众，如政府公众的代表、社区公众的代表等。同时，公关人员还要为本单位负责人拟写答谢词。贺词与答谢词都要言简意赅，起到沟通情感、增进友谊的作用。

(7) 安排一些必要的助兴节目。中国传统的助兴节目有锣鼓表演、舞狮子、放礼花等。此外，组织还可以安排一些歌舞表演等节目。助兴节目最好由本单位内部工作人员编演，以增强员工的职业自豪感；如果条件允许，也可以外请歌星、知名演员来演出。

(8) 组织参观。开业典礼快要结束的时候，可以组织宾客参观本单位的工作现场，如商场设施、服务条件、商品陈列等。这是让上级、同行及社会公众了解组织的好机会，也是自我展示、传递信息的一条可行途径。

(9) 征求意见。这项工作可以通过座谈或留言簿的形式进行。组织要广泛征求宾客的意见和建议，尽量避免疏漏现象的发生，自我完善，以使组织各方面的公共关系更为融洽，达到更好发展的目的。

(10) 颁发纪念品。纪念品可以保证开业典礼活动产生持久的效果，并成为有效的传播手段。在开业典礼的准备过程中，最好准备一些能体现组织经营特色的纪念品，如通讯录——附以必要的情况介绍和图片；影集——附以具有组织特色的彩色照片等。组织公关人员可以从中选定一种纪念品，并保证参加者人手一份。

开业典礼要求气氛热烈、隆重，形式丰富多彩，内容庄重大方，以给人留下深刻的印象。

### 实务训练 9-5

开业典礼是商场开业活动策划筹备期的最后一项活动，也是筹备期各项工作业绩的综合体现。在此期间，最重要的事项是向社会各界公众、同仁展示商场品牌形象，提高知名度。

实训内容：选择某一商场，策划开业典礼。

实训要求：自由结成项目组，撰写策划书。

2）节庆活动

节庆是为节日或喜事而举行的、表示快乐或纪念的庆祝活动。不同国家甚至一个国家的不同民族和地区都有自己独特的节日庆祝活动。节庆日是公共关系部门特别是宾馆等接待服务单位开展公关活动的极好时机。恰到好处地开展节庆活动，组织公关将会达到预期效果。

（1）明确公共关系节庆活动的重点

各国、各地区、各民族的节日名目繁多，大体可分为法定节日、民间传统节日两大类。对于法定节日，除宾客所在国的国庆日可向其表示祝贺外，逢我国国庆日，亦可酌量安排一些电影、文艺招待会等活动。对于其他的法定节日，无论是我国的还是他国的，公关部门一般不必另行安排庆祝活动。此外，世界各国都有自己的民间传统节日和宗教节日，如欧美国家的“狂欢节”，基督教的“圣诞节”“复活节”，伊斯兰教的“开斋节”，佛教的“浴佛节”等。重要的民间传统节日和宗教节日，应列为公关节庆活动的重点。

（2）开展节庆活动，贵在富有传统特色

如我国许多大酒店的公关部，在传统的春节、中秋节等节日，都会及时按照我国的传统方式，安排宾客吃“年夜饭”“团圆饭”，组织员工给他们“拜年”或请他们赏月，并组织他们观看一些富有民族特色的文艺节目等。这样做，对于国内同胞，可以使他们感到分外亲切，缓解思乡之情；对于国外宾客，则能使他们领略异国他乡的特殊风情，增添旅途的乐趣。

（3）开展节庆活动，重在创新

节庆活动真正的考验不在于它的创办，而在于它的创新。你办我办大家办，全国的节庆活动成千上万，优胜劣汰是必然结局，而优胜总是归于创新的一方。撇开竞争不说，节庆活动年年办，如果鲜有新意，也难免“一年新，二年旧，三年五载冷和臭”。节庆活动的创新主要体现在：

① 主题创新。主题是节庆活动的灵魂，是节庆活动文化内涵的集中体现。创新了主题，节庆活动的面貌才能焕然一新。每一届的主题都要有新的创意，每一届都必须有不同的主题。

② 机制创新。其是节庆活动成败的关键。灵活有效的机制，对促进节庆活动健康发展至关重要。节庆活动中的领导机制、运作机制和营销机制等要不断创新，而运作机制是最关键的一环。要真正把举办权交给市场，坚持“政府主导、社会参与、市场化运作”的方针，推动节庆活动持续健康发展。

③ 操作层面的创新。要大胆地进行内容创新，在保留经典内容的基础上充实新鲜内容，对公众产生永久的吸引力。要体现鲜明的地方特色，借鉴吸收一些优秀的节庆文化成果，把国内外一些品牌节庆活动所创造的经验和做法拿来为我所用，让节庆活动更加多姿多彩，充满活力。

**案例分析9-1**　　伊利冰雪季

2022年北京冬奥会引发了全国冰雪运动热潮，国家大力提倡参与冰雪运动，实现3亿人参与冰雪运动的目标。伊利为强化奥运合作伙伴身份，关注北京冬奥会，将冰雪、活力、伊利进行强势关联，实现线上线下资源整合，扩大伊利活力营销的覆盖面。

传播目标：伊利全力支持国家体育总局冬季运动中心开展大众冰雪季活动，带动3亿人上冰雪，释放活力。

传播策略："冰雪之上、活力开趴"，多平台联动，打造全民关注、全民参与的"冰雪派对"。

项目执行：2016年12月16日，大众冰雪季开幕，伊利全媒体发声力挺。以视频为核心，利用明星、KOL、伊利产品地等多种媒体形式，向全民发出"伊利请您到冰雪之上释放活力"的邀请。

2016年12月24日，全民冰雪"开趴"，打造伊利活力专场。以线下活动为核心，利用明星微博、直播平台合作的方式，实现大量曝光，营造全民响应号召、传递冰雪活力的欢乐气氛。体育明星与消费者一同体验冬季运动的乐趣。

项目评估：此次传播总覆盖人数约4亿人次，影响人数约1.7亿人次。在精准洞察目标受众需求基础上，制造"冰雪之上、活力开趴"话题，用通俗易懂的传播方式和内容与受众沟通，让受众在冰雪中释放快乐因子，把专业的冰雪运动演变成一场快乐的派对，激发大家走出家门享受冬日的魅力，迎合了伊利的品牌主张。线上直播与线下活动同步进行，完成了二次传播，让人们充分感受了冰雪运动的乐趣。

资料来源　金旗奖编委会. 2017最具公众影响力公共关系案例集［M］. 北京：中国财富出版社，2018. 改编.

讨论内容：(1) 你认为该案例的创新是什么？

(2) 你认为节庆活动如何创新？

讨论要求：自由讨论，撰写简要的分析报告。

分析提示：从节庆活动创新分析入手。

### 9.2.5　社会公益活动

开展社会公益活动，是以组织对社会的责任感为前提，通过支持社会公益活动，促进社会对组织的了解，增强社会对组织的好感，从而塑造良好的组织形象，争取社会潜在公众的公关活动。

举办社会公益活动，种类、形式多样，诸如支持各项体育竞技比赛，支持文化出版事业，设置各种奖学金、助学金和发明基金，修建公共场所，支持教育事业，捐助希望工程，支持当地有益于社会公众的活动等。

开展社会公益活动，要注意选择恰当的公益活动范围，正确选择时机，以本组织的经济实力和可达到的目标为依据考虑公益活动的规模和出资数额。

### 实务训练 9-6

实训内容：为学校策划一次社会公益活动。

实训要求：自由结成项目组，撰写策划书。

## 9.3 公关谈判

公关谈判是比较特殊的专题公关活动。与其他专题公关活动一样，每一次公关谈判都有明确的主题和目标。不同的是，直接参与公关谈判的人数有限，场面和影响力有限。但是，作为专题公关活动，谈判的准备、过程、结果信息的宣传及参与人员的数量、专业性及其表现，对组织形象的塑造都具有深刻的影响作用。

### 9.3.1 公关谈判含义

谈判是人们为了改善相互关系而交换意见，为求得一致而相互磋商的一种社会行为。从广义上说，一切谈判都有协调关系、塑造或展示组织形象的功能，因而都具有公关性质。

公关谈判是指组织为塑造良好形象，协调和改善组织与公众的关系，争取合作、支持与谅解而进行的双方正式的会晤与磋商，是为实现公关目标而被经常运用的人际传播与沟通手段。

双赢是公关谈判的基本形态。这是由现代公共关系双向对称的性质和互惠互利、共同发展的宗旨所决定的。当组织与公众的利益关系发生矛盾或重大变化时，势必通过谈判来解决问题。公关谈判以赢得公众的理解、同情和支持，赢得更有效的合作和实现共同利益，塑造良好组织形象为宗旨，谈判双方一般不会进入严重的利害冲突状态，往往是合作与对立参半，有时甚至是以合作为主导。良好的合作使谈判双方都能获得满意的结果，达到共赢。

### 9.3.2 公关谈判策略

公关谈判一般包括开局、概说、明示、交锋、妥协、协议六个阶段，不同谈判阶段有不同的谈判策略选择。

1）开局策略

（1）协商式开局策略

在谈判开始时，以“协商”“肯定”的方式使对方对自己产生好感，创造或建立起对谈判的“一致”感觉，从而使双方在愉快、友好的气氛中不断将谈判引向深入。

（2）保留式开局策略

在谈判开局时对对方提出的关键性问题不做彻底、确切的回答，而是有所保留，从而给对方以神秘感，吸引其步入谈判。保留式开局策略适用于低调气氛或自然气氛，不适用于高调气氛。

（3）坦诚式开局策略

以开诚布公的方式向对方陈述自己的观点，从而为谈判打开局面。采用这种开局策略时要综合考虑多种因素，如与对方的关系、当时的谈判形势等。坦诚式开局策略可以在各种谈判气氛中应用，通常可以把低调气氛引向高调气氛。

（4）进攻式开局策略

进攻式开局策略是通过语言或行为表达己方强硬的姿态，从而获得对方必要的尊重，并借以制造心理优势，使得谈判顺利地进行下去。采取进攻式开局策略时一定要谨慎，因为在谈判开局阶段就设法证明自己的实力，会使谈判处于剑拔弩张的气氛中，对谈判进一步发展极为不利。

**案例分析9-2**　　**不守时、慌乱的“代价”**

巴西一家公司到美国去采购成套设备。来自巴西的谈判小组成员因为上街购物耽误了时间。当他们到达谈判地点时，比预定时间晚了45分钟。美方代表对此极为不满，花了很长时间来指责巴西代表不遵守时间，没有信用，如果经常这样下去的话，以后很多工作很难合作，浪费时间就是浪费资源、浪费金钱。对此，巴西代表感到理亏，只好不停地向美方代表道歉。谈判开始以后，美方似乎还对巴西代表来迟一事耿耿于怀，一时间弄得巴西代表手足无措，说话处处被动，无心与美方代表讨价还价，对美方提出的许多要求也没有静下心来认真考虑，匆匆忙忙就签订了合同。等到合同签订以后，巴西代表平静下来，才发现自己吃了大亏，上了美方的当，但已经晚了。

资料来源　根据相关资料改编.

讨论内容：（1）美方代表运用了什么谈判策略？

（2）巴方代表为什么会陷入被动？

（3）如果你是巴方代表，你会如何？

讨论要求：自由讨论、发言。

2）对抗策略

在对抗阶段谈判策略的运用，应当考虑组织与对方实力的对比情况，组织处于主动地位或处于被动地位的谈判，对抗策略的运用应当有所区别。当谈判对方弱小，自己强大，己方处于谈判主动地位时，实施对抗策略能使对方做出让步；或反复说明谈判成功能给对方带来的好处，而自己却迟迟不签订合同，通过调动对方的胃口来为己方争取更多的利益。

若对方实力强，己方处于被动地位，是无法在谈判中与对方正面对抗的，此时对抗策略的实施就是要设法改变谈判力量对比情况，变被动为主动，以达到最大限度保护自己、满足己方利益的目的。首先，要运用团队的力量，为己方制造强大的声势，使对方改变态度，接受己方的意见。其次，通过软化对方的某个关键人物，使对方不能从思想上统一起来，内部产生意见分歧，从而达到缓解僵局的目的。

## 案例分析9-3　　谈判的时间“死线”

一名美国代表被派往日本谈判。日方在接待的时候得知对方需要于两个星期之后返回。日本人没有急着开始谈判，而是花了一个多星期的时间陪他在国内旅游，每天晚上还安排宴会。谈判终于在第12天开始，但为了美国代表能够去打高尔夫球，谈判每天都早早结束。终于在第14天谈到重点，但这时美国代表也该回去了，已经没有时间和对方周旋，只好答应对方的条件，签订了协议。

资料来源　根据相关资料改编.

讨论内容：(1) 日方代表运用了什么谈判策略？

(2) 美方代表为什么会陷入被动？

讨论要求：自由讨论、发言。

3）让步策略

对于存在利益差异的谈判双方来说，在资源有限的条件下，为达成一致而做出让步是不可避免的。让步本身就是一种策略，体现了谈判者用主动满足对方需要的方式来使自己的需要得到满足的精神实质。

(1) 让步的原则

让步的精神实质决定了让步的一般原则：

① 让步必须是对等的。己方做出让步的许诺是为了谋求对方也做出让步。

② 双方要同时让步。让步是为了换取对方相应的让步，要求二者同时。

③ 让步是以满足对方需要来换取自己的利益。为满足对方而适当让步，应以己方利益要求得到满足为条件。

④ 不轻易向对方做出让步的许诺。必须让对方懂得，己方每次做出的让步都是重大的让步。

⑤ 让步的幅度要适当。每次让步的幅度不宜过大，让步的节奏不宜过快，但也必须是足够的，才能使谈判以适当的速度向着预定的成交点推进。

谈判者应辩证理解让步原则，注意让步的处理必须有一定的灵活性，需要针对具体情况进行具体分析，做出合理的让步决策。

(2) 让步的类型

西方公关界对让步有比较深刻的研究，把常见的让步分为若干类型，从实际运用的角度出发，又把这些让步类型分为常用型、慎用型、忌用型三类：

①常用型让步可以分为希望成交型和妥协成交型。

希望成交型让步属递减让步，即让步的幅度越来越小。妥协成交型让步的特点是先做一次很大的让步，然后让步幅度急剧减小，清楚地告诉对方自己已经尽了最大的努力，要做出进一步的让步根本不可能了。

②慎用型让步可以分为坚定冒险型、强硬态度型和忽冷忽热型。

坚定冒险型让步的特点是在谈判初期毫不让步，给人一种没有讨价还价余地的感觉。强硬态度型让步的特点是有所让步，但幅度很小，给对方一种十分强硬的感觉。忽冷忽热型让步，开始时幅度巨大，显示出强烈的妥协态度，随后幅度又剧减，显示出强烈的强硬态度。

③忌用型让步可以分为刺激欲望型、诱发幻想型和愚蠢缴枪型。

刺激欲望型让步的特点是定额增减，刺激对方进一步要求让步的欲望。诱发幻想型让步是递增让步，即让步幅度越来越大。愚蠢缴枪型让步是指谈判一开始就把自己所能做的让步和盘托出，从而断送了讨价还价的所有资本。

4）打破僵局策略

（1）低潮回避策略

当谈判陷入僵局，经过协商而毫无进展，双方情绪均处于低潮时，可以换一个新的议题与对方谈判，以等待高潮的到来。由于议题与利益之间的关联性，当其他议题取得成功时，再回来谈陷入僵局的议题，便会比以前容易得多。

（2）总结休会策略

当谈判陷入僵局而一时无法用双方都能接受的其他方法打破僵局时，可以采用冷处理的办法，即总结已取得的成果，然后休会，使双方冷静下来认真考虑对方的要求，同时可进一步对市场形势进行研究，以证实自己原观点的正确性。当双方再按预定的时间、地点坐在一起时，会对原来的观点提出修正的看法，这时就会较容易打破僵局。

（3）多方案选择策略

当对方坚持条件而使谈判陷入僵局时，己方可以由是否接受对方的条件改为让对方选择自己的条件，即提出多种条件组合，让对方从中选择所能接受的条件，当对方认为其中的某一条件可以接受时，僵局就自行打破了。该方法实施的基础是对方对其他项目也有较高要求，当其他条件优越时便会放弃原来的要求。

（4）妥协退让策略

当谈判由于各抒己见且互不相让而陷入僵局时，可以采用妥协退让的办法打破僵局：首先在某些条件上做出让步，然后要求对方让步。当然，自己先让步的基础是那些非原则性的问题或对自己不是很重要的问题。由于妥协是谈判诚意的表示，在自己做出妥协后，对方也必然要做出让步，否则可把造成僵局的责任加在对方头上，这样谈判就会继续下去。

（5）利益协调策略

当双方在同一问题上发生尖锐的利益冲突，并且各自理由充足，均无法说服对方，也不能接受对方条件，从而使谈判陷入僵局时，可采用利益协调策略：让双方从各自眼前利益和长远利益的结合上看问题，使双方都认识到只追求眼前利益，可能会失去长远利益，对双方都是不利的，只有双方都做出让步，协调双方的关系，才能保证双方利益都得到实现。

**案例分析 9-4**

**利益协调，打破僵局**

我国南方某玻璃厂与美国欧文斯公司关于引进技术设备进行谈判，在全部引进还是部分引进的问题上，双方各执一端，相持不下。我方为节约外汇坚持部分引进，而美方代表坚持一揽子交易，致使谈判几乎陷入僵局。我方代表为缓和气氛，换了一个轻松的话题："你们欧文斯的技术、设备和工程师都是世界一流的，你们投进设备、搞技术合作，帮我们把厂搞好，只能用最好的东西，这样我们就能成为全国第一。这不但对我们有利，而且对你们更有利。"欧文斯的首席代表是位高级工程师，听了这话自然高兴。接着我方代表把话头一转说："我们厂的外汇确实有限，不能买太多东西，国内能生产的就不准备进口。现在，你们也知道，法国、比利时和日本都在和我国北方的厂家搞合作，如果你们就此失掉中国的市场，人家也会笑话欧文斯公司无能。"这席话，处处提醒对方注意自身的真正需要：市场与自尊。这样一来，濒临破裂的谈判就柳暗花明又一村了。我方省下大笔外汇，而欧文斯公司也由于帮助该厂成为全国同行业产值最高、耗能最低的企业而名声大噪。这是一场极为成功的谈判，双方都是胜利者，双方的需要都得到了满足。

资料来源　根据广东澳联玻璃有限公司相关资料整理.

讨论内容：(1) 谈判为什么会陷入僵局？

(2) 中方代表如何化解僵局？

(3) 为什么说这是一场成功的谈判？

讨论要求：自由讨论、发言。

分析提示：从双方利益需要的契合点入手。

(6) 以硬碰硬策略

当对方通过制造僵局给己方施加压力时，妥协退让已无法满足对方的欲望，应采用以硬碰硬的方式反击对方，让对方自动放弃过高的要求。其具体做法有两种：一是揭露对方制造僵局的用心，让对方自己放弃所要求的条件。二是离开谈判桌，以显示自己的强硬立场。如果对方想谈成，便会再来寻求谈判，并降低要求，此时谈判的主动权就掌握在己方手里了。

(7) 场外调停策略

当谈判双方话不投机，出现横眉冷对的场面时，僵局已无法在场内打破，只能采用场外调停的办法。其具体办法是：在场外与对方进行非正式谈判，多方寻找解决问题的途径，如请对方人员参加己方组织的文体活动等，在这些活动中进行不拘形式的畅谈，对某些僵持的问题可进一步交换意见，在轻松的气氛中谈一些观点对立的话题，双方都会从良好的愿望出发，容易取得成功。

**实务训练 9-7**

实训内容：选择一个主题，模拟公关谈判。

实训要求：自由组合，分成不同组进行。

## 本章小结

专题公关活动是组织为实现某一具体目标而专门举行的公关活动，具有主题明确、感染力强、时效性强的特征。

专题公关活动应有明确、具体的目的。专题公关活动的目的、主题应与组织的公关总目标保持基本一致。其筹划应考虑多种因素进行设计。

赞助、展览会、各类庆典、新闻发布会、社会公益活动是常见的专题公关活动，开展这些活动需要一定的技巧。

公关谈判是组织为了塑造良好形象，协调和改善组织与公众的关系，争取合作、支持与谅解而进行的正式会晤与磋商，也是为实现公关目标而被经常运用的人际传播与沟通手段。在谈判的开局、对抗、让步、打破僵局等不同阶段或谈判状态中应采取相应的策略。

## 课后思考

（1）如何设计专题公关活动主题?

（2）为某商场策划一次儿童节专题公关活动方案。

（3）选择某一事件，策划公关谈判的方案。

# 第10章

# 公关语言与礼仪

## 学习目标

知识目标：

了解公共关系语言的含义、原则及公共关系礼仪的含义、原则，掌握公关语言艺术、常用的公共关系礼仪、涉外公共关系礼仪。

能力目标：

选择合适有效的项目，在教师指导下，全面掌握公共关系礼仪的内容，提高理解、分析、判断问题的能力。

## 基本知识点、基本能力点及能力拓展点

→基本知识点

公共关系语言的类型

公关活动中非自然语言的构成

跨文化沟通语言的内涵

常见公共关系礼仪的内容

涉外公共关系礼仪的内涵

→基本能力点

应用公共关系语言类型

应用公关活动中非自然语言

应用跨文化沟通语言

应用常见公共关系礼仪

应用涉外公共关系礼仪

→能力拓展点

结合案例掌握不同民族、不同地区风俗、习惯和禁忌的内容

结合案例掌握公关语言及礼仪的灵活运用

导引案例　“握手”何以成为“友好”的世界通用语？

2011年，为促进不同文明之间的对话、团结和理解，联合国教科文组织将每年7月30日定为“国际友谊日”，倡议各国根据文化习俗开展增进友谊的活动，以人民、国家、文化和个人间的友谊激励促进和平，实现多元文化间的包容和尊重。

作为世界“友好”通用语的握手礼，或可算作东西方关于友谊认知相通的例证。“握手”与“言和”，东西方表现出何种默契？

握手礼在西方由来已久。公元前9世纪亚述国王撒缦以色三世的宝座上就刻有握手图案，荷马史诗《伊利亚特》中也出现与握手有关的情节。由于握手会占用原本持有武器的右手，因此被视为释放尊重与善意。19世纪中期，握手成为现代问候方式，从欧洲辐散至其他地区。

握手以表友好在中国文化中亦颇有渊源。甲骨文、金文中的“友”字由两个“又”字构成，形同两只手伸向一处，也有人认为状似两只右手紧握，但均意指协调、配合。《说文解字》注曰：“友，同志为友。从二又，相交友也。”南朝宋·范晔《后汉书·李通传》有云：“及相见，共语移日，握手极欢。”据此衍生出成语“握手言和”。

“恩德相结者，谓之知己；腹心相结者，谓之知心。”“握手”这一形式与表征下，其内核是交往双方满怀善意的“相知”（相互理解）。唯将追求善意之理解作为交往法则，才可抵达“握手极欢”之境。

世界各国历史脉络与文化基底多元，自然产生了不同的政治选择，通过“握手”促进“对话”，无疑才是促进和平，实现多元包容的正途。小到不同文化背景下的个体，如中国诗人艾青和智利诗人聂鲁达的情谊；大到文化机构的跨国协作，如时下中国国家博物馆与意大利国家级博物馆等合作举办的“意大利之源——古罗马文明展”，这些来自友谊声部的清越之音穿越喧嚣令人心悦。

资料来源　徐雪莹．“握手”何以成为“友好”的世界通用语？［EB/OL］．［2022-08-24］．https://baijiahao.baidu.com/s?id=1739778871156324410&wfr=spider&for=pc.

讨论内容：“握手”何以成为“友好”的世界通用语？请举例说明。

讨论要求：查阅相关资料，做好讨论记录。

# 10.1　公关语言

## 10.1.1　公关语言概述

1）语言与公关语言

（1）语言与言语

广义上讲，语言包括语言符号和言语。语言是音义结合的符号系统，是服务于人类交际和思维的工具。言语是对语言的运用及其产生的结果和成品。例如，说话表达、听话领会，都是对语言的运用，都属于言语活动。言语活动是十分生动、具体而又现实的。语言研究强调语言与言语的区别，而在社会交流中，人们并不刻意区分。

（2）公关语言

公关语言是在公关情景下公关主体的语言活动及其结果，包括典型的公关语言和非典型的公关语言。公关语言在建立公众关系和维持、强化、改善公关状态的过程中，为达到组织特定的公关目标，起到了独特、重要的作用。公关语言具有广泛性、实用性、双向性、直接性、情感性、文明礼貌性、民族地域性、时代性、精确性、幽默性等特点。

2）公关语言运用的原则

公关语言的运用原则是指公关主体为圆满完成公关语言交际任务，实现特定的公关交际目标而需要遵循的运用语言的根本原则。其具体可分为表达原则和领会原则。

（1）表达原则

运用表达原则有四点明确要求：

① 必须为确切地传达组织的信息、实现公关实务目标服务。

② 必须适应不同公众的不同特点，包括年龄、性别、心理特征、文化背景等方面的区别。

③ 必须适应特定的语言环境，考虑到公关的时间、地点、场合、气氛等因素。

④ 必须遵守公认的语言规范，或者是国内公认的，或者是国际公认的，或者是法定的语言及其具体的语音、语汇、语法、文字标准等。

（2）领会原则

运用领会原则要明确三个方面：

① 要以具体的语言成品，即以公众所说的话语或所写的文字为依据，准确地感受、理解对方语言的含义，不可无理由地添枝加叶，或凭想象、估计、大概、也许、可能等去理解对方的话语、文字。

② 要按照公众语言的具体规范来理解其话语、文字，包括规范的读音、书写格式等。

③ 要充分利用语言环境，即语言赖以存在的时间、地点、场合，以及前言后语、上下文等因素，不可“断章取义”或“掐头去尾”地误解对方的语言。

3）公关口头表达的要求

口头表达是公关活动中人际交往的重要形式，是一种明白通畅、生动活泼又不失庄重典雅格调的语言表达活动。公关口头表达使用场合非常广泛。公关口头表达受公关交际模式和特定公关目标影响，具有其独特的要求：

（1）根据公关活动目的有针对性地选择、使用符合公关场景的话题和公众能接受的口语。

（2）要通情达理，亲切委婉，要真诚地选择一些能够表明理解、谅解对方的语言。

（3）根据公关双方交谈的内容和环境的变化，迅速地调整口语，选择不同的表达手段，灵活应变。

（4）借助副语言和体态语言，加强、提高公关口语的表达效果。

### 10.1.2　公关语言艺术

1）接近的语言艺术

公关人员要与对象公众沟通，首先必须接近对象公众。以真诚、热心、礼貌、得体为本，巧妙地运用接近的语言技巧，不仅会给公众留下良好的第一印象，而且能使双方的交谈顺利进行下去。

（1）称呼的语言要求

在重要的人际交往中，称呼的语言要求是比较严格的：

① 称呼得当。初次见面，公关人员一般都应该根据对象公众的年龄、职业、职务、辈分，以及与自己、与本组织关系的亲疏、交往的深浅，选择恰当的称呼，可在姓名后面加上“先生”“小姐”“女士”“夫人”，或者“同志”“师傅”“老师”等称谓，以示礼貌。如果知道对方是有学位、有军衔或有显赫职位的人，还应该在称谓中加上相关的职衔，以显得更周全一些。

② 顺序讲究。称呼的顺序也有很多讲究，其中最基本的四点是必须严格注意的：第一，先上级后下级；第二，先女士后男士；第三，先长辈后晚辈；第四，先疏后亲。

③ 致意亲切。在公关交际场合，称呼之后紧接着就应问好、致意。在公关交往中，一般都是以“您好”“认识您很高兴”“大家好”“很高兴能有今天这样的机会同大家相聚”等口语接近对象公众的。

（2）介绍的语言要求

自我介绍与介绍他人在语言要求上是有一定差别的：

① 自我介绍。自我介绍是在公关交际场合结识公众的最常用形式。自我介绍时的口语，一般应根据对象公众的不同而做不同的选择。例如，把自己介绍给领导、长辈、知名人士时，语言要特别谦恭有礼，不可太直露，即使自己确有一系列的职务、头衔，也应省略、简化一些，可用名片或者待交往加深之后加以详细介绍作为补充；把自己介绍给下级、小辈时，语言不妨风趣幽默、亲切随和一些，这样可以迅速缩短交往双方之间的距离，通畅地交谈下去。

② 介绍他人。在公关场合，当公关人员处于“主持人”、“中介人”或“秘书”位置时，需要为互不相识的交往双方做介绍。介绍他人时要注意：注意介绍顺序，先把年轻者、身份较低者介绍给年长者、身份较高的客人；在双方身份相当的情况下，则应该先把自己较熟悉的人介绍给较生疏的人；当男、女客人同时出场时，一般应该先把男士介绍给女士。就是说，后者有“优先”知道、了解前者的权利。注意把双方的姓名、工作单位、主要职务及特长表述清楚，不要在忙乱中发生“张冠李戴”的错误，弄得大家都尴尬。注意介绍所含的信息量要适中，要使双方能够迅速接近和攀谈起来。介绍时要热情而文雅，彬彬有礼，充分维护客人的自尊心。介绍的声音要适中，不高不低，语调平稳，不快不慢。介绍人的手掌应朝上，掌心微微凹着，示意被介绍者，而不宜用手指指点客人。介绍人还应有合适的开头语。随机寻找话题，引发双方交谈。介绍的过程就

是寻找话题，接近对方的过程。公关人员要善于引发交往双方迅速找到共同感兴趣的话题，使双方自然而顺利地交谈起来。

### 实务训练 10-1

实训内容：介绍的语言艺术。

实训要求：把全班分为几个练习组，学生分别扮演不同的角色，进行交替轮换练习。选择练习较好的小组，面向全班进行演示。

2）说服的语言艺术

公关人员在代表组织与相关公众交谈时，有时会发现自己的言辞难以说服对方，尤其是有求于对方时，往往提不出十分有力的证言，让对方信任自己、接受自己的请求，给自己所需要的帮助。这时候，有几点具体的方法可以参考：

（1）不妨用“风俗习惯”来解决，如“在我们国家，习惯上都是这样的……”“在我们那里，历来都是这样处理的……”这样，公关人员可以比较顺利地说出自己的要求，对方一般也都会通情达理，按照你的“习惯”完成你的“要求”。

（2）可以请一两位德高望重的人，或者是对双方都有较大影响力和说服力的人来充当“代言人”，由“代言人”来劝导双方。

（3）少许、适当的批评方式，也可以起到说服人的效果。因为，适当的批评反而更能显示和表明一个人内心的诚意，使对方容易产生一种“他真是为我着想”的感受而接受说服。

（4）先提升对方的“荣誉感”，给对方以积极的肯定和称赞，说明只有他才有能力做好你所求助的事情。例如：“我知道您一向是很有魄力的，很会处理这类麻烦事情。我相信，只要您一出面，一定会‘马到成功’。请您尽力帮助我，好吗？”

（5）当对方还不是很明白、很理解你的要求，继续“背道而驰”时，则需要严正地告诫对方，语气不必过于软弱。只要义理充足，坦率地说出要求对方或劝谏对方的话语，也可以使对方明白你的真实意图，在思想上重视起来，心悦诚服地接受。有时候，直截了当地说出己方的目标、要求，把问题转回到起点，也不失为一个比较好的说服对方、解决问题的方法。

### 实务训练 10-2

实训内容：说服的语言艺术。

实训要求：设置情境，把全班分成几个练习组，学生分别扮演不同的角色，进行交替轮换练习。选择练习较好的小组，面向全班进行演示。

3）应急的语言艺术

在公关活动中，一般可以采取以下几种应急的口语表达方法：

（1）自我牺牲法。就是把自己当作牺牲品，现身说法贬低自己。例如：“刚才我批评了你对这件事的某些做法不妥，其实，我自己还不如你，如果让我去处理这件事，肯定会更糟糕。”

（2）同病相怜法。在社交场合，发现同伴有失误，如果直接说出指正的话语，或者用“打手势”的方式提醒其纠正，弄不好反而使大家都尴尬。这个时候，最好的办法就是先自我检讨，再提醒对方别犯与自己同样的错误。例如：“小李，在这件事的处理上，我曾经粗心地把小数点点错了地方，往后挪了一位。幸好老张帮我复查出来了。我建议你也及时复查一下，免得像我那样出现差错。”

（3）自扮丑角法。当我们在社交场合的言谈举止不慎当众出丑时，可以在口语技巧上加一些“诙谐”成分，当一个临时演员，扮一个丑角，自娱的同时也娱人，可以轻松化解尴尬，自找“台阶”下。例如，当发觉自己言行失态之后，可以这样说：“对不起！我刚才手舞足蹈的，看来能拿到丑角大奖了。”

（4）自圆其说法。在社交场合，说错了话，无意中触犯了对方的忌讳，或者念错了对方的名字，认错了人等，可以临时编一个小小的、美丽的谎言。诸如，“刚才我用一根火柴点着了三个人的香烟，并不表示我们要‘散伙’，而是表示咱们仨已经是分不开的‘同伙’了，以后可要同心协力啊。”“对不起！不过，过去凡是被我念错名字的人，后来都成了一流人才。我相信您也不例外。”“真是‘三日不见当刮目相看’，您的外貌变化太大了，这么帅气、潇洒，我都认不出来了。”“对不起，您的长相太像我的那位朋友了。看来我今天又多了一位新朋友……”

### 实务训练10-3

实训内容：应急的语言艺术。

实训要求：设置情境，把全班分为几个练习组，学生分别扮演不同的角色，进行交替轮换练习。选择练习较好的小组，面向全班进行演示。

4）拒绝的语言艺术

在公关活动中恰当地拒绝别人，一般来讲，可以借鉴以下几种技巧：

（1）借用名言、古训。借用名人、伟人、古人的经典话语来表达自己的意思，一方面可以使自己说出的话更具权威性，使对方“深有同感”；另一方面也可以避免自己直抒己见时太“锋芒毕露”。

（2）以亲情为“挡箭牌”。以亲人的需要为理由拒绝对方，一般而言，基于大家都有的亲情和孝顺之心，对方就不好再强求于你了。例如，别人约你做某件事情，或者约你参加某个聚会活动，而你另有安排，或者你认为与自己的工作任务不相关，不想去参加，你就可以说：“很对不起！家里老母亲还等着我回家呢。”

（3）以公务繁忙为理由。一般情况下，以另有更重要的工作或学习任务作为谢绝对方的理由，是很充足的，甚至还在无形中使对方对你产生好感和信任，认为你是一个好学上进、工作努力的人。例如：“最近实在是太忙了，要写市场调查报告，还要准备参加技术考核，等忙过这一阵，再找时间去拜访您，好吗？”

（4）直言明说。在社交场合，当对方的要求明显不合情理，或者自己一方的理由很充足时，大大方方地说明理由和真相，果断地拒绝对方是名正言顺的。例如："小李，这不行啊。你是知道的，公司有明文规定，我个人怎么能违反规定插手这件事呢？请你原谅了。"又如："哎呀，我正巧要出公差，车票都买好了，没办法参加这次聚会了。"

（5）先表情后婉拒。当对方喜气洋洋或者悲情切切地向你提出某个请求的时候，如果我们仍然以自己的"亲情"或"公事"为理由拒绝对方，则容易被对方误认为是"不尊重友情""不可靠"的人，甚至是"势利小人"，而伤了双方的情谊。这时候，"盛情难却"，你首先要在言语和行为上表明诚意，或真情地向对方表示祝福，或者沉痛地表示哀情，再委婉地说明实在无法脱身的难处，请对方谅解。

（6）寄希望于将来。这主要是指在经过仔细比较之后，要拒绝对方的时候，要尽可能委婉地说明现在的时间、地点、条件不适合对方的发展，用"以后还会有更好的机会"来安慰对方，以美好的言辞鼓励对方，把希望寄托在将来。例如："只要你肯努力研究和学习别人的好经验，将来一定能组织好大型的公关谈判活动，这次就先由张主任挂帅，出面安排这个事，好吗？"

（7）以问代答。这种方法一般不是由自己说出拒绝的理由，而是提出问题，请对方权衡，由对方放弃要求。例如："很感谢你们单位邀请我参加你们的活动，但是我同一时间还要去参加我们厂的一个新产品鉴定会，您看怎么办呢？"

（8）以"知己者"的身份拒绝对方。这也是一种比较容易被对方接受的拒绝方式。例如："您是这个新产品的设计者，您亲自出面介绍，比我去更合适些，也更容易推广您的新产品。我就不去了吧。"

### 实务训练10-4

实训内容：拒绝的语言艺术。

实训要求：设置情境，把全班分为几个练习组，学生分别扮演不同的角色，进行交替轮换练习。选择练习较好的小组，面向全班进行演示。

5）赞扬的语言艺术

在社交场合，赞美别人的语言表达方式也有很多种，比如：

（1）当面亲口说。这种表达方式在双方关系十分亲近的情况下，一般效果都比较好，能起到"加油、润滑"的作用。例如："您这件事办得真漂亮，快介绍一下经验，让我们也一起学习学习。"

（2）借第三者之口说。在双方关系还没有达到十分密切的时候，面对面地说出赞美对方的话语，难免会给人一种"拍马屁"、"奉承"或"言不由衷"的感觉，用其他人的评价或第三者的口吻对对方进行赞扬，就显得比较客观、自然了。

（3）先轻后重地赞扬。就是把对方不是很重要的、不显眼的甚至是有所欠缺的方面放在话语的前部分，然后用"但是"转换语气，重点强调你认为更好、更美的方面，加以真诚的赞扬。这样，包括被称赞者在内的听众都能对你的赞扬留下深刻的印象，并乐意接受你的赞美和推崇，乐意与你所代表的组织继续深入交往下去。

（4）扬长避短，寻找优点加以赞扬，即在对方的缺点多于优点的时候，淡化对方的缺点，努力肯定、赞美对方的长处和优点。这样做之后，对方会冷静思考：“他只肯定我们次要的方面和微小的优点而避开主要方面的评论，看来主要方面的欠缺太多，不值得称道，得认真改进才行。”对方会通过自我反省而克服缺点，发扬长处，也因此而体会到彼此的真诚友谊，交往会更深。

（5）模糊赞扬，主动请教。当事先缺乏深入的研究和准备，不甚了解对方的优点时，或者想称赞对方，但一时又说不出恰如其分的“美言”时，不妨采用这种办法。例如：“我对这个事情了解不深，只觉得很特别，很有启发。看来您在这方面是胸有成竹的，我很想听听您的高见，请多多指教。”

（6）转移话题，迂回赞扬。在赞美和夸奖一时并没有引起对方的共鸣时，最好的办法是迅速转移话题，通过迂回把你的赞扬同对方所期待的赞美融合起来，这样可以避免“话不投机”的困境而“化险为夷”，继续愉快地沟通和交谈。例如：“真是‘好事多磨’，既然你们在无意中收到这么好的效果，只要在这个基础上继续努力，预料中的好效果肯定会得到的。我完全相信你们会成功。”

（7）先褒后贬，把赞扬当作“糖衣炮弹”。在必须及时指明对方的失误，给对方以善意的忠告时，可以把赞扬作为“糖衣炮弹”，采取先褒后贬的表达法，使对方消除对立情绪而乐意改正错误。例如：“你们单位在改善管理、关心职工并调动其积极性、提高产品质量等方面所做的工作很有创造性，很值得我们学习，以我们的一点不成熟的想法，如果在××方面再做一些调整，可能你们的工作会更出众、更成功。”

**实务训练10-5**

实训内容：赞扬的语言艺术。

实训要求：设置情境，把全班分为几个练习组，学生分别扮演不同的角色，进行交替轮换练习。选择练习较好的小组，面向全班进行演示。

6）批评的语言艺术

要批评别人，又想收到好的效果，一般来讲，以下几种方法可供参考：

（1）宽厚地为对方考虑。就是要求批评者站在对方的立场上，帮助对方寻找失误的原因，然后再在尊重对方人格、为对方保留颜面的基础上，心平气和地据实批评对方。

（2）避免比较。在批评某人时，应尽量避免把对方同其他人进行比较。因为每个人的生活环境、工作经历、所受的教育程度、处事方法等各不相同，失误也有各自不同的原因。如果不加区别地扯在一起，或者褒一方而贬另一方，就会把批评者扯进一堆“是非乱麻”之中，被批评者甚至会产生逆反心理，无形中会伤害到各方的情感，破坏大家和谐相处的基础。

（3）诙谐幽默，反话正说。在公共场合，这种说话方法一般都能收到既批评了某人或某件具体的事情又不伤害人际关系的效果。

（4）旁敲侧击，表扬其他人。在需要批评较多的当事者，或者被批评人并非主观上犯错误时，一般采用赞扬不在场的其他人的方法，从暗喻中获取间接批评对方的效果。例如："张主任是个很机敏的人，他经常能够在紧急关头采取灵活措施解决难题。这个事情如果由张主任来处理，也许就不会这么被动了。"

（5）响鼓重锤，严厉告诫。俗话说："响鼓也要重锤敲。"对有些过错，如果不及时提到原则高度给予严厉的批评，而只是轻描淡写地随意说几句"下次注意"就算了，那样，犯错者不容易记住深刻的教训，以至于日后还会再犯类似的过错。当然，对于这种严厉的批评，首先，应针对事情本身的性质进行批评，而不能对当事人进行人身攻击；其次，批评必须适时适度，不可等事情已经过去很长时间了又翻出"陈年老账"；最后，应该在批评之后加以关心和鼓励，使被批评者既心悦诚服，又能重新振作精神，看到希望。

#### 实务训练 10-6

实训内容：批评的语言艺术。

实训要求：设置情境，把全班分为不同的练习组，学生分别扮演不同的角色，进行交替轮换练习。选择练习较好的小组，面向全班进行演示。

### 10.1.3 公关活动中的非自然语言艺术

非自然语言是指有声语言和文字以外的传播沟通符号，分为体态语和副语言两大类。其具体表现为表情语、手势语、体姿语及类语言等。

1）体态语

体态语，又称人体语言、动作语言、态势语言或行为语言。体态语是指人体部位做出的表示某种具体含义的动作符号，是用表情、动作或体姿来交流思想的辅助工具，是自然有声语言的一种"伴随语言"。

（1）体态语的类型

① 表情语，是通过面部表情来传递信息、交流情感的语言。它包括目光语和微笑语。

② 手势语，是人体上肢所传递的交际信息。它包括手指、手掌、手臂及双手发出的、能够承载交际信息的各种动作。其中，以手指语、握手语、鼓掌语及挥手语的交际功能最强。

③ 体姿语，是人们各种身姿态势所传递的信息。

（2）体态语的运用

①目光语的运用。目光语是运用眼神、目光来传递情感信息，参与交际沟通的语言。俗话说："眼睛是心灵的窗户。"的确，人的眼睛时刻都在"说话"，随时都可以道出人们内心的秘密，而且就整个体态语而论，通过眼睛传递的情感信息无疑是最多的，甚至可以说眼睛"说"的是人的第一体态语言。

一般而言，明澈、坦荡、执着的目光，是为人正直、心胸开阔、积极向上的表现。

用这种目光语与公众打交道，相互正视片刻，很容易获得对方的信任，达到沟通的目的。同时，还要注意目光注视的部位、注视时间的长短及注视方式的具体运用等。

在公关交往时，视线应停留在对方的双眼和嘴部之间的三角区部位，以示对对方的重视（如图10-1所示）。视线接触对方面部三角区部位的时间占双方交谈时间的40%～50%，时间太短，表示“不怎么感兴趣”；时间太长，则可能被视为无礼或挑衅。目光注视方式也是多种多样的，如斜视、扫视、窥视、环视、正视等。恰到好处地运用目光语，可以营造和谐、友好的氛围。

图10-1 目光语的运用

②微笑语的运用。微笑语是略带笑容，通过不出声的笑来传递信息的表情语之一。微笑语可以说是一种世界通用的表情语，它除了表示“友好、欣赏、欢迎、肯定”等语意外，还能表示“歉意、否定、拒绝”等语意。

微笑语在社交中的作用主要表现在以下几个方面：展示风度、气质；表示友善，营造交际氛围；表示赞许、肯定、承认；委婉地表示拒绝；缓和僵局，消除尴尬；表示讽刺、愤怒和“不屑”。

微笑语作为一种动态的表情语（尤其是真诚的微笑语），具有独特的魅力和社交功能。真诚的微笑可以给人一种温暖的亲切感和安全感，可以迅速缩短交往双方的心理距离，直至产生情感上、思想上的共鸣。

### 实务训练 10-7

实训内容：目光语、微笑语。

实训要求：自由设置情境，独立练习。选择练习较好的个人，面向全班进行演示。

（3）手势语的运用

手势语，也是一种表现力很强的体态语。它包括手指语、握手语、鼓掌语和挥手语。手势语常可以用来弥补有声语言的不足。其适用范围十分广泛，使用频率也很高。例如，招手表示“呼唤”，摇手表示“不同意”，举手表示“赞同”，搓手表示“为难”，拱手表示“礼节”等。

①手指语，是通过手指的各种动作传递信息的手势语。在公关交际场合，公关人员都会有意无意地使用手指的各种动作来辅助或替代有声语言传达信息，起着“指示”或象征作用。

②握手语，是公关交际双方互相伸出右手，彼此相握，以传达信息的一种手势语。

在公关场合，握手是很有讲究的：

一要注意次序。一般而言，长幼之间、上下级之间、主宾之间、女士和男士之中，年长者、身份高者、主人、女士先伸出手，后者才伸手相握。公关人员应根据交往公众的具体情况和自己的身份决定是否主动伸手，以及应先与谁握手。

二要注意细节。如果多人同时在场，千万不可交叉握手，应待别人握过之后再握；握手时若戴着手套，应该先脱下手套再握手，以示礼貌和尊重；握手时还应配合其他的体态语，如头微微低一点，眼睛注视对方的面部三角区，面带微笑，身份较低者还应当稍稍欠身。握手的力度应该适中，不太轻，也不要太重；握手时间一般保持在3～5秒钟（当然，很久不见的老朋友见面时的握手可以加大力度和加长时间）。

三要注意握手的部位不同，传递的信息也会有所不同。如果紧紧地抓住对方的四指关节，使人产生疼痛感（如图10-2（A）所示），这会使对方产生厌烦情绪而不愿意合作；如果只是轻轻地抓住对方的几个手指尖（如图10-2（B）所示），则可能表示冷淡或不愿意合作。正确的握手方式是手指微微向内弯曲，掌心凹陷（如图10-2（C）所示），这是友好、亲切的表示；如果在这个握手方式的基础上，再把左手也伸出，在对方手背上相握（如图10-2（D）所示），或者用左手半握住对方的胳膊肘、小臂等，甚至放在对方的右肩上，则表示更亲切、更热情、更关心（如图10-2（E）、图10-2（F）、图10-2（G）所示）。

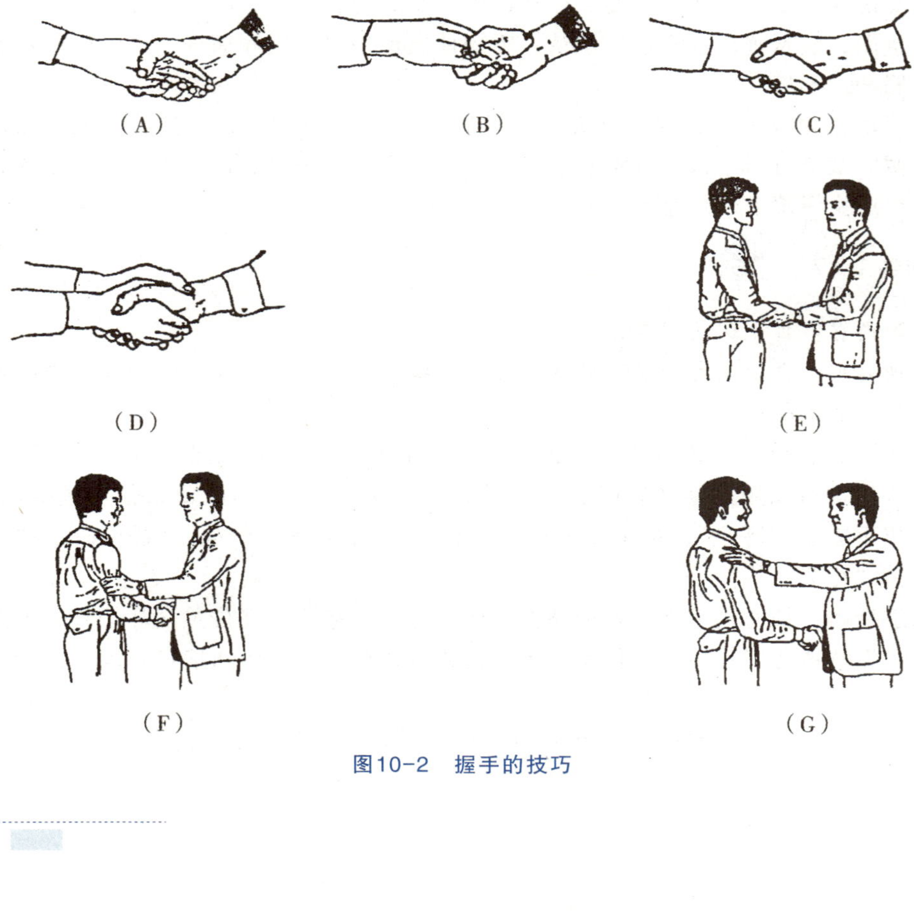


图10-2　握手的技巧

## 实务训练 10-8

实训内容：握手语。

实训要求：两人一组，自由设置情境，独立练习。选择练习较好的小组，面向全班进行演示。

③鼓掌语，是通过双手相拍发出响声以传递情感信息的手势语。在不同的社交场合，不同的掌声有不同的含义，可能表示欢迎、致意、感谢，也可能是“喝倒彩”。

④挥手语，是将手臂向正上方或斜上方高高举起，并频频挥动来传达情谊的手势语。挥手一般有送别之意，也常常用来表达积极奋进的精神，或单臂上举，或双臂上举成“V”形（表示“胜利”）。因此，只要在配合有声语言时恰到好处地挥手，就能使我们的情感得到充分的抒发、升华和体现，引起对方的共鸣，从中得到鼓舞。

（4）体姿语的运用

体姿语可分为坐姿语、蹲姿语、立姿语、步姿语、俯姿语、卧姿语等，在公关场合，前四种体姿语是最常用的。

①坐姿语，是通过各种坐姿传递信息的体姿语。坐姿一般有以下三种类型：

一是严肃坐姿，即“正襟危坐”，要求男性身体挺直，双脚并拢或稍稍分开一点，坐正（如图 10-3（A）所示）；女性一般采用双膝并拢或脚踝交叉的坐姿（如图 10-3（B）所示）。

（A）

（B）

图10-3　严肃坐姿

二是随意坐姿（如图 10-4 所示）。

三是半随意坐姿（如图 10-5 所示）。

在公关场合，选用何种坐姿，要受到语境的制约。例如，在公关谈判、集会、演讲等隆重场合，一般应采用严肃坐姿，以显示自己的庄重和对公众的尊重。而在一般的交谈、庆典、联谊会等场合，采用半随意坐姿，以营造亲近融洽的气氛。随意坐姿不宜在公关场合使用。

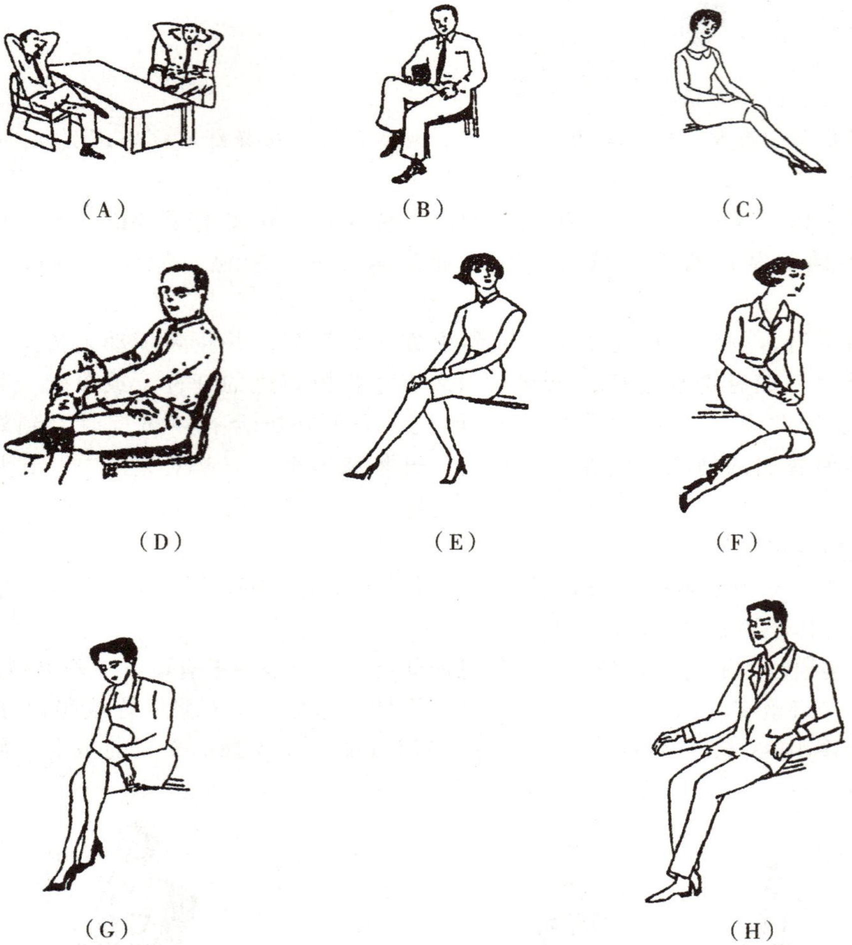


图10-4　随意坐姿

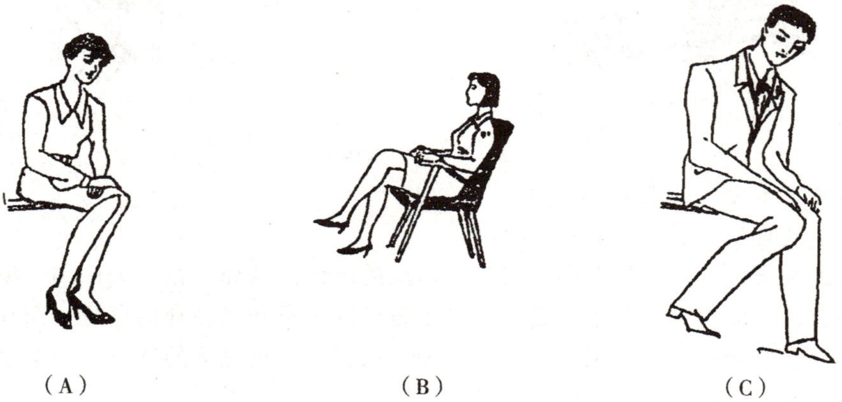


图10-5　半随意坐姿

## 实务训练10-9

实训内容：坐姿语。

实训要求：独立练习。选择练习较好的个人，面向全班进行演示。

②蹲姿语。在公关场合最常用的蹲姿有两种：一是交叉蹲姿（多为女士选用）。其基本要求是：下蹲时，右脚在前，左脚在后，右小腿与地面垂直，左腿与右腿在大腿部位重叠，并将脚跟抬起，前脚尖点地（如图10-6（A）所示）。二是高低式蹲姿（男女均可选用）。其基本要求是：下蹲时，左脚在前，右脚在后，两腿靠紧向下，左脚掌着地，右脚跟抬起，右膝低于左膝（如图10-6（B）、图10-6（C）所示）。

（A）　　　　（B）　　　　（C）

图10-6　蹲姿

③立姿语，是通过站立的姿态传递信息的体姿语。规范典雅的站立姿势，能体现出公关人员的素养，也能反映出组织的形象。以下介绍几种基本的立姿，如图10-7所示。

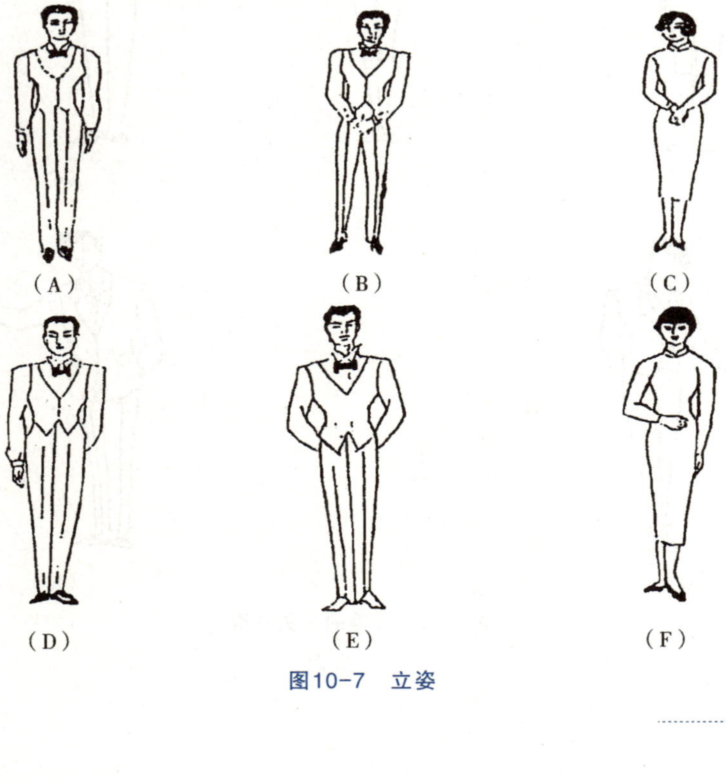

（A）　　　　（B）　　　　（C）

（D）　　　　（E）　　　　（F）

图10-7　立姿

不同的立姿不仅能够传递不同的信息，而且，同一立姿也可以传递不同的信息（如图10-8所示）。根据萨宾和哈迪克的研究，在图10-8中，（A）图表示漠不关心、无可奈何、只好如此等态度，即西方人常用的耸肩姿态；（B）图表示漫不经心、无所谓、不耐烦等态度；（C）图可以表示害羞、谦恭甚至悲哀的情感和态度；（D）图则表示傲慢、冷漠等态度。因此，以上这几种立姿要慎用。

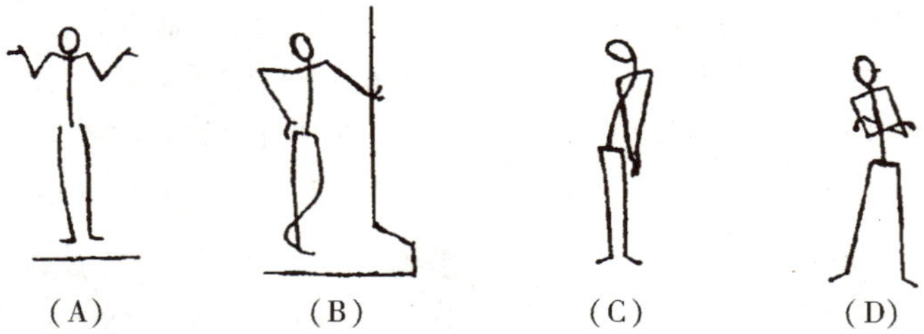


图10-8　不同立姿传递的信息

公关人员在公关场合一定要认真地选择适合的立姿，尤其应以优美、典雅的立姿，适当的欠身及手势动作，与动听的有声语言等相互配合，给公众留下彬彬有礼、庄重可亲的良好形象（如图10-9所示）。

图10-9　正确的公关立姿

## 实务训练10-10

实训内容：立姿语。

实训要求：独立练习。选择练习较好的个人，面向全班进行演示。

④步姿语，是通过人们行走的步态传递信息的体姿语。步姿语既可以大致看出人的性格、习惯，也可以了解人的心情和职业、工种情况等。一般而言，步姿语可以分为五种类型：

一是自然型步姿，特征是步伐稳健，双臂自然摆动，上身正直，两眼平视，步幅和步速适中，显得轻松而平静。

二是礼仪型步姿，特征是步伐矫健，双膝弯曲度较小，步幅和步速适中，眼睛注视目标，较明显的特点是，双臂和步子的摆动很有节奏感，显得“庄重而礼貌”（如图10-10（A）所示）。

三是高昂型步姿，特征是高视阔步，给人以乐观自信、志得意满的感觉（如图10-10（B）所示）。

四是思索型步姿，特征是弯腰低头，步子或快或慢，给人一种焦虑不安、思前想后而难以决断的感觉（如图10-10（C）、图10-10（D）所示）。

五是郁闷型步姿，特征是步子迈不开，心情沉重，给人一种垂头丧气、内心痛苦而难以解脱的感觉（如图10-10（E）所示）。

（A）（B）（C）（D）（E）

图10-10 步姿语

体姿是受生活、工作条件和环境的影响而逐渐形成习惯的，身体语言是千姿百态的。作为公关人员，在体姿方面应该有良好的训练，应该努力以典雅、和谐的体姿辅助自然有声语言，以保证公关目标的顺利实现。

**实务训练10-11**

实训内容：个人形象展示。

实训要求：仪容，眼神、微笑及面部表情要求精神气爽；仪表，服饰搭配合理，并具有创造性和审美情趣；坐、立、走、手势语流畅，自然，积极向上。参加展示的学生要面向全班进行演示。

2）副语言

（1）副语言的类型

副语言，又称“类语言”，是一种特殊的语言现象。它分为两种类型：一种是伴随有声语言出现的语音特征，如音域、音速及特殊的语言停顿，即语调、语速、语顿、重音等；另一种是表意的功能性发声，如笑声、哭声、呻吟声、咳嗽声以及惊叫声等。

（2）副语言的运用

在公关场合的口头交谈中，正确地使用副语言，可以增强自然有声语言的表达效果。超常规的多变语调，可以充分发挥其传情作用；超常规的停顿，则可以促进听者的共鸣和联想，使谈话内容波澜起伏，丰富多彩，妙趣横生，增强语言的生动性；对语速快、中、慢的处理得当，同样能给听者一种既有启发又很美妙的感受；而强调重音，则是在不同语境下表达情谊的需要，同一句话，用不同的重音技巧说出来，可以让听者随即了解所传递的信息中心所在。

笑声、哭声、叹息声等都是人类的功能性发声，在公关场合的口语交谈中，同样能配合自然有声语言传递某种信息，甚至能收到超过有声语言的效果。为此，公关人员在不同场合，面对不同的公众，务必要谨慎地选择各种副语言，自然而恰到好处地表达情谊，切不可矫揉造作，“装出来的”副语言将会对自然有声语言的效果起到破坏作用。

### 10.1.4　跨文化沟通语言艺术

在公关信息传播和沟通过程中，当信息的发送者和接收者不是同一种文化的成员时，就会产生跨文化的沟通问题。在现代公关活动中，公关组织的对象公众早已经突破了国家、民族、文化之间的界限。对于公关人员而言，了解、掌握、运用跨文化沟通中多种多样的语言，是取得公关活动成效的重要途径和手段。

1）跨文化沟通中的语言制约

任何民族语言，都是在其特定的社会历史、风俗习惯、文化背景下产生和形成的，都有其与众不同的特征、功能、含义。在跨文化沟通中，不同文化之间的差异对于语言的交流具有明显的制约作用。

（1）不同的文化给语言表达打上不同的印记

不同文化的国家、民族、地区，对于公关交往中的语言选择和使用是不同的。例如，在我国，有很多词语对于不熟悉我国文化的人来说是不好理解的，诸如丢车保帅、半斤八两等。因为外国人对中国的象棋、中国原来的度量单位并不了解，所以就无法理解其中的含义。同样道理，中国人如果不了解外国文化中的独特语言，也会产生莫名其妙的感觉。

(2) 不同的文化背景影响着对具体语句意义的理解

不同的国家、民族、地区，在长期的历史发展过程中，形成了自己独特的、习惯性使用的语句。例如，中国人在见面时的问候语一般是“您上哪儿去”“您吃饭了吗”。这些问候语句只是表示友好地打个招呼，并无具体的实际意义。而在不了解中国文化的外国人看来，这些问候性的语句是不好理解的，他们会认为你是在干涉他的私事，或者以为你要请他吃饭。

(3) 不同文化之间的差异造成语意的非对应性

语言本身是文化中最重要的部分，跨文化沟通中的语言翻译，尤其要注意其中的文化因素，应尊重对方的原意，而不能简单地直译。直译，不仅有语意生硬的问题，更重要的是，很可能误解原意，造成沟通的障碍。例如，英语中的“He is a fox”就不能简单地翻译为“他是一个狐狸”，而应翻译为“他很狡猾”。同时，中国语言中的成语典故含义非常丰富，不了解中国文化的外国人是不容易理解的。例如，成语“胸有成竹”就往往被生硬地理解为“胸腔里有竹子，得到医院去动手术取出竹子”。在跨文化的公关交往过程中，一定要注意把语句的真正含义弄清楚，要考虑到其中包含的文化因素，以保证交际的顺畅进行。

(4) 不同的文化价值观念会造成沟通中的误解

文化价值观念是指人们对社会行为的态度，是制约每个社会成员的伦理道德规范。由于价值观念在不同文化体系中的巨大差异，不同文化背景的人的价值观念不尽相同，也会影响到跨文化语言的沟通。例如，中国人把谦虚看作一种美德，当演讲、做报告、介绍自己的成功经验时，一般都会加上一两句谦虚的“开场白”——“本人才疏学浅，只有一点不成熟的看法”。这些谦虚的口语，在一些不熟悉中国文化的西方学者看来，就不好理解了——“既然你是不才之人，为何到台上糊弄我们。”“既然你还没有研究成熟，为何这么急着公布。”又如，物美价廉，是中国人普遍认可的商品买卖观念，但是在多数外国人看来，买便宜货是自己经济力量和地位低下的表现，很失面子，不会接受。

2) 跨文化沟通中的语言运用

公关语言的运用都是在一定的社会文化背景下进行的。公关人员在跨文化的沟通活动中，一定要注意自己的言谈用词，使之适合于不同的国家、民族、地区的观念、习惯，顺利实现与对方沟通的目的。

(1) 了解和掌握见面礼仪用语

① 简单明了的问候语。与外国公众见面打招呼时，除了说“您好”“早上好”之外，就不必再多说、多问诸如“您吃了没有”“您上哪儿去”之类的话了。所以，最基本的打招呼用语就是“Good morning”“How are you”。与外国公众道别时，也不必千叮

咛万嘱咐如“您慢走”“路上当心”“一路顺风”等，只是说声“Good bye”或“Bye bye”就可以了。

② 独特的体态语。语言具有鲜明的民族性和地域性，不同的国家、民族、地区，有不同的体态语，同一体态语，在不同的国家、民族、地区，也有不同的含义。如果我们能够掌握并实际运用一些交往对象常用的独特的见面礼仪用语，将更容易迅速拉近彼此的心理距离。

### 视野拓展 10-1　外国人的见面语

欧洲人见面时，多采用拥抱、接吻、击掌等体态语；拉丁美洲人见面时，以拍背为礼；坦桑尼亚人见面时，先拍拍自己的肚子，然后鼓掌，再互相握手；萨摩亚人见面时，互相嗅闻对方；瑞典的拉普人见面时，以互相擦鼻子为礼节；尼日利亚人见面时，先用大拇指在对方的手上轻轻扣弹几下，再握手；刚果河流域的人见面时，先伸出双手，再弯腰吹几口气；太平洋群岛上的波利尼西亚人见面时，一边拥抱，一边抚摸对方的后背；日本人见面多采用鞠躬礼仪；南亚地区许多信仰佛教国家的人们见面时，则多采用“合十礼”；尼泊尔山区的居民，作为主人的一方，与客人见面时，都要先伸出自己的舌头（表示舌头和心一样，都是红色的、赤诚的）；菲律宾的一些部落居民见到客人时，先握手，再转身走几步（让客人看见其身后没有凶器，尽可放心）。

（2）掌握和运用对方的文化背景知识

任何民族文化都有其独特的历史和内容，在与外国公众交往的过程中，在寻找接近的话语时，不妨适当选择对方文化中最引以为荣的知识内容，可以比较快地缩短双方由于文化背景不同而造成的心理距离。例如，对印度人、埃及人，可以谈论印度、埃及的古代历史文明；对意大利人，可以谈论足球；对美国人，可以谈论橄榄球等。

（3）跨文化沟通中的语言禁忌

各种文化中都存在一些语言习惯和忌讳，虽然多数没有明文规定，但已经约定俗成。在与不同文化背景的公众交往时，不仅必须了解这些习惯和忌讳，而且应该尊重对方的习惯和忌讳，以保证双方的交往得以愉快地进行下去。

① 尊重对方的自尊心和个人隐私权。例如，不打听对方的私事；不问女士的年龄、婚姻状况、体重、衣服和饰品的价格；不问男士的收入、身高、履历；不议论他人的政治信仰和宗教信仰。

② 尊重对方的生活习惯，注意口语、体态语的民族性和文明礼貌性。例如，在几个朋友相聚时，不可交叉握手（交叉的手臂形成“十字架”的表征，不吉利）；不可用一根火柴连续给三个人点烟（会招致不幸，意味着“散伙”）；对于阿拉伯数字“4”，在我国的港、澳、台以及广东、福建、广西等地，也是比较忌讳的。

③ 公关人员在开展涉外公关活动时，必须要注意不同国家、民族、地区的人们业已形成的风俗、习惯、禁忌，注意采用恰当的口语、体态语；要努力避免因为不了解交往对象的某种禁忌而触犯了其一向遵守的规范，最终导致公关交往因误解而失败。

**视野拓展10-2** **外国禁忌**

英国人不喜欢别人拍其肩膀，到英国人家里做客，不能系斜条纹的领带；巴基斯坦人忌讳别人拍打自己的后背；欧美人忌讳“13”这个数字，通常不设“13”号房间、班机、座次等；日本人忌讳手心向下招呼客人，忌讳“4”“9”这两个数字（在日语的发音中，“4”与“死”相近，“9”与“苦”相近）；泰国人一般不允许别人用手去摸他们认为是至高无上的头，如果有长辈在座，晚辈为避免自己的头部高于长辈的头部，通常坐在地上，或者蹲着、跪着；在东南亚一些国家，“跷二郎腿”这种“随意性坐姿语”被认为是极不友好、极不礼貌的表示；在印度、印度尼西亚及中东一些国家，是不能用左手握手或接拿食品的；在印度、尼泊尔、缅甸等国，黄牛被视为“神物”，不仅不准鞭打，不能役使，不能伤害，不能宰杀，而且随时随地都得恭敬以待，路上遇到黄牛，人和车都得让路。

## 10.2 公关礼仪

### 10.2.1 公关礼仪概述

礼仪是指人们在公众场合应遵守的行为规范和个人的文化教养，是人们在交际中约定俗成的仪式。

公关礼仪是指社会组织对相关公众必须有的礼遇和尊重。公关礼仪作为一种传播和沟通技巧，是公关人员在公关交际过程中必须遵循的。

礼仪是尊严的外在表现，其特点是“诚于中而形于外”。尊敬、适中、真诚、自律是礼仪体现的四个原则，而尊敬是最重要、最基本的原则。

1）尊敬

尊敬即尊重公众。首先，尊重对方的个性、身份和地位，尽可能站在对方的立场、角度去考虑和处理问题，这样更容易赢得公众的理解和支持；其次，要尊重对方的要求，尽可能地满足对方的意愿，即使与对方的意见相左，也应以诚相待，请对方体谅己方的不同意见和处事方式；最后，要平等相待，礼尚往来，互惠互利，既不能以势压人，也不能强加于人。

2）适中

适中即在公关交往中的各种礼仪要自然得体、恰到好处。培根说过：“礼貌举止正好比人的穿衣，既不可太宽，也不可太紧。宽裕而不失大体，如此行动才能自如。”礼仪不周全，随随便便，不行；礼仪过于烦琐，过于生硬死板，缺乏必要的灵活性，也不行。在公关活动中，公关人员一定要根据相关公众的具体情况灵活而又周全地运用礼仪。

3）真诚

真诚即在公关交往的全过程中所表现出来的真诚态度：心口如一、前后一致。公关人员要一心一意地同对方交往，真正关心和考虑对方的利益和愿望，以促进双方交往的良性发展；要摒弃那些表里不一、前后不一的两面派态度和言行。

4）自律

自律即在公关交往中，双方都要严于律己，宽以待人，更多地支持对方。双方都应严格约束己方的言行，遵守礼仪，这样公关目标自然就容易顺利达到。

### 10.2.2 常见的公关礼仪

1）称呼礼仪

称呼是公关交际双方见面时的第一个礼仪，包括四点：第一，口语要适合对方的性别、年龄、身份、职业、职务、民族、文化背景；第二，口气要谦恭；第三，声调要优美；第四，应该注意称呼的用词。例如，尊称他人时，应加上褒义词——“高”“贵”“尊”“贤”“令”“仁”等；自我介绍时，应使用谦辞——“小生”“晚辈”“敝人”“愚弟”等；如果双方关系比较亲近，还可以用代词或爱称、昵称。

2）介绍礼仪

介绍是公关场合相互认识、初步了解的基本方式，包括自我介绍和介绍他人。

（1）自我介绍

自我介绍有三点基本要求：

① 言辞要有礼得体和谦逊动听。

② 注意学会用较简明的语句介绍清楚自己——姓名、工作单位、身份、籍贯、个性特征等；同时，辅以适当的体态语和副语言。如果带有名片，应用双手递交给对方。

③ 在自我介绍完毕之后，应加上“请多关照”之类的谦辞做结束语。这样，对方就能在初次见面的短时间里留下较深的印象了。

（2）介绍他人

在公关场合，作为主持人、公关人员、领导人的秘书，必须及时、热情地为客人、来宾做好介绍工作，包括以下四项最基本的礼仪：

① 要注意被介绍者的个人资料——姓名、性别、年龄、身份等，应按照先后次序分别给予介绍（先宾后主、先主后从、先女后男、先人后己）。

② 要注意体态语和副语言的文明礼貌性。如应斜伸出右手，手心向上，手指并拢，面带微笑。

③ 为他人做介绍时，关于个人资料的信息量要适中。太简单，一句话半句话的，是不行的；太繁杂，一连串的信息资料，容易让人不得要领。公关人员要选择能够使双方很快就有共同话题的资料做介绍。

④ 介绍时，千万不要涉及任何个人的隐私。另外，除了妇女和年长者外，被介绍人一般应起立，并点头致意（但在宴会上坐定之后就不必起立了）。在相互介绍中，一般是身份低的、年纪轻的先递交自己的名片；如果上级领导或年长者先拿出名片，下级

或小辈也应该大大方方地用双手接过来，先仔细看看名片的内容，再收放好，同时用口语表示感谢，如“很高兴认识您”“以后请您多指教”。

**实务训练 10-12**

实训内容：介绍的礼仪训练。

实训要求：学生自由组合，分别扮演不同的角色，进行自我介绍和介绍他人的练习，选择练习比较好的学生，面向全班进行演示。

3）致意礼仪

见面时，除了称呼、介绍之外，很重要的一个礼仪是致意。致意的方式较多，诸如点头致意、微笑致意、招手致意、握手致意、鞠躬致意、拱手致意等。为了恰到好处地表达自己的友好、关切之情，在致意时，公关人员应注意以下两点：

（1）注意分寸

在公众场合，远距离遇到相识的友人，只需举起右手打“手势语”，即招手致意或点头致意，不要大声呼喊。如果与相识的友人在同一公众场合多次见面，点头致意即可，不必每次都站定交谈。对于曾有过一面之交，或在此之前未曾相识的人，在公众场合见到了，只需点头致意、微笑致意，不必“自来熟”、过分热情，以免让人觉得不够稳重。在公众场合，男士一定要表现出彬彬有礼的绅士风度。男士拜会女主人，一般应点头致意，如果女主人年纪较大、身份地位很高，拜会者还应施行“鞠躬致意”的礼仪，向女主人“请安”。

（2）入乡随俗

前面讲到了礼仪及其民族性、时代性等特征，公关人员在施行礼仪时，一定要“入乡随俗”。例如，在我国武术界，一般采用“拱手为揖”的传统礼仪，即左手掌包握在右拳上，两臂出肘抬高至胸前，目光友好地平视对方。另外，在我国、日本、朝鲜等东亚国家，还普遍采用“鞠躬致意”的礼仪，鞠躬的深度随场合、交际对象的不同而不同。欧美国家则普遍采用“吻礼”，长辈吻晚辈的额头或面颊，男士吻女士的手背；男士与女士之间、同性别的朋友之间，常常采用贴面礼。在欧洲，国际友人或亲朋好友之间，最常用的是握手和拥抱礼仪。公关人员应事先对交往对象的致意礼仪、风俗习惯等有比较详细的了解，以免临场失礼，影响了组织的形象。

**实务训练 10-13**

实训内容：不同国家的致意礼仪。

实训要求：收集10个以上国家的致意礼仪，并自由结合进行练习，选择练习比较好的小组，面向全班进行演示。

**案例分析 10-1　　好朋友见面也要注意公共礼仪**

王某在大学读书时学习非常刻苦，成绩也非常优秀，几乎年年都拿特等奖学金，因此，同学们给他起了一个绰号——“超人”。大学毕业后，王某顺利地获取了在美国攻读硕士学位的机会，毕业后又顺利地进入了美国公司工作。一晃8年过去了，王某已成为公司的部门经理。有一年国庆节，王某带着妻子和女儿回国探亲。

一天，王某带妻子到大剧院观看音乐剧，刚刚落座，就发现有3个人向他们走来。其中一个边走边伸出手大声地叫：“喂！这不是‘超人’吗，你怎么回来了？”这时，王某才认出说话的人正是他的高中同学贾某。贾某没考上大学，自己跑到某地去做生意，赚了些钱，如今回到上海注册公司当起了老板。今天他正好陪着两位从外地来的生意伙伴来看音乐剧。这两位生意伙伴是他交往多年的一对年长的夫妇。

此时，王某和贾某都既高兴又激动。贾某大声寒暄之后，才看到王某身边还站着一位女士，就问王某身边的女士是谁。王某这才想起向贾某介绍自己的妻子。待王某介绍完毕，贾某高兴地走上去，给了王某妻子一个拥抱。这时贾某才想起该向老同学介绍他的生意伙伴。大家相互介绍、握手、交换名片和简单地交谈后，就各自回到自己的座位上观看音乐剧了。

资料来源　刘丽萍，于艳丽. 社交礼仪与沟通技巧［M］. 天津：天津大学出版社，2016.

讨论内容：案例中的朋友见面有无不符合礼仪的行为？如有，正确的做法是怎样的？

讨论要求：自由讨论，撰写简要的分析报告。

分析提示：从致意礼仪分析入手。

4）交谈礼仪

在与交往对象交谈时，除了前面讲到的，要注意简单明了的问候语、独特的体态语、口语的表达技巧等之外，还要注意以下一些基本礼仪：

（1）神情专一

眼睛注视对方，面带微笑，注意倾听对方的讲话，并且适时地用“是吗”“原来如此”“您说得有道理”等短语评论对方的讲话内容，使交谈顺利进行下去。

（2）体态文明

在交谈过程中，不要老是低着头，不要左顾右盼，不要不停地看手表或时钟，更不要习惯性地把双手交叉在胸前。这些都属于不礼貌的体姿语。只有以“和蔼可亲”的表情语和“真诚平等”的体态语与人交谈，对方才会觉得可以推心置腹地谈下去。

（3）不随便插话

在公关交往过程中，一般不宜随便打断对方的谈话而插入自己的发言；有必要插话时，也应先道歉，请求允许后再插话。

（4）避免话题重复

在公关交际场合，双方交谈时，不应该反反复复、絮絮叨叨地讲同一件事情，以免对方感到“索然无味”；也不应该过多地纠缠具体内容的是非曲直，不可高声辩论，更不应出言不逊、恶语伤人。公关人员要不断地寻找新的、双方都感兴趣的话题，这样才可以使交谈得以“饶有兴趣”地继续进行下去。

（5）选择谈话内容

公关人员在与公众对象刚见面时的谈话，可以不受太多的约束，但是也不要谈论远离公关主题的内容，更不要谈论一些荒诞离奇甚至黄色淫秽的内容。如谈到了对方不感兴趣的话题，应在表示歉意之后，随即转换话题，并不要“刨根问底”。在交谈中，不要对他人评头论足，不可恶意贬低竞争对手。当对方在谈话中有意或无意地道人长短时，也应灵活妥当处理；或者忍耐着，不加任何评论地听完，只当作“耳旁风”；或者以调侃的口吻阻止对方，如“你的消息太灵通了”“我的精力有限，一向不关心这些事”“还是继续谈谈咱们的事情吧”。公关人员要有意识地把话题拉回到交谈的主题上来。

（6）彬彬有礼

在社交场合旁听别人的谈话，是不礼貌的。要想参加别人的谈话，应该先打招呼，对方点头表示欢迎之后，才可以一起交谈。如有“第三者”加入谈话，正在交谈的双方应以握手、点头或微笑等礼仪表示欢迎；谈话现场人数较多时，参加交谈的人应尽量做到“面面俱到”，眼光轮番注意每一个人；男士一般不参加女士圈内的谈话，即使需要与女士交谈，也应注意谦让、谨慎，不可开庸俗下流的玩笑，并拉开双方的位置距离，不可拉拉扯扯，不要唾沫横飞。

（7）掌握时间

初次见面，谈话时间不宜太长；对方工作忙时，也应长话短说，及时告退；晚间拜访，更要尊重他人的生活习惯和私人空间，尽量缩短交谈时间，在临别时应加上一句：“谢谢！今天我们的谈话很愉快。”

（8）掌握距离

掌握距离主要是指交谈双方的内在心理距离和外在的空间距离。公关场合交谈的双方都是代表某个特定的组织，都有各自组织的利益目标。怎么交谈，谈话的深浅程度怎样，如何保证交谈能够促进组织公关目标的实现等问题都应该把握好分寸，不能将这种公关交谈混同于一般的人际交往谈话。过于随便，过于紧张，过于热乎，过于冷淡，都是不合适的。

5）宴请礼仪

宴请是主方为了表示欢迎、答谢、祝贺、融洽气氛、联络感情而精心组织的公关活动之一。常用的宴请形式有正式宴会、便宴和酒会。正式宴会上，宴请的礼仪既是约定俗成的惯例，又是每个赴宴者应有的气质和文化修养的体现。

（1）主方礼仪

设宴的主方的迎送礼仪基本上与前述的聚会或庆典活动的礼仪相同，以下侧重介绍的是宴会过程中的一些基本礼仪：①请客人依次入席就座；②招呼客人，宣布宴会开始；③致祝酒词；④热情招待，向客人介绍菜肴名称，并适当地劝酒；⑤宴会结束，请客人到休息大厅随意休息，递上茶水和果品。

（2）客方礼仪

客方的礼仪主要有：①遵守时约，准时赴宴；②注意衣装、仪容，应大方得体（女士可略微化妆，男士应剃净胡须，头发梳理整齐）；③向主人问好，放好外衣、帽子、围巾，脱下手套，摘下墨镜；④客随主便，听从主人的安排就座。

（3）主、客双方进餐时的礼仪

在整个宴会过程中，随时随处都要注意举止文明：

① 由椅子的左边入座或离席；坐下时，上身不要紧靠椅背，也不要紧贴餐桌，双脚应踏在自己座位的下方；不要用双手托着下巴或将双臂肘撑在餐桌上；不要用餐巾擦拭餐具，也不要玩弄桌上的餐具。

② 主人致辞时，客人应停止进餐或交谈，并适时鼓掌。

③ 汤太烫时，不要急着用嘴去吹凉；吃食物时，不要发出声响；嘴里有食物尚未咽下时，不可与人谈话；咳嗽或吐痰时，要离开餐桌，或用手帕掩住口鼻，将头扭向外侧。

④ 在进餐过程中，不可随意松开领带、裤带，不可挽起袖子或脱下外衣。

⑤ 不可满桌翻找自己喜欢吃的菜，对平时自己不太喜欢吃的菜和其他食品，也应适当尝一点（不可流露出“厌恶”的表情）。

⑥ 喝酒时，应慢慢品尝，不可一饮而尽；酒量应控制在自己平时酒量的1/3左右；不可一边喝酒，一边吸烟；当服务员准备倒酒时，不会喝酒的人只要用手掌在杯子的上方做平盖的手势即可，不必用手捂住杯沿，也不可将酒杯倒扣在餐桌上；敬酒时，应使自己的杯沿稍低于主人的杯沿，以示尊敬有礼。

⑦ 宴会中如果临时有异常情况，应沉着应对，不要手忙脚乱。例如，掉落餐具，碰倒邻座的酒杯、筷子，只需一边道歉，一边请服务员过来补送餐具就可以了；如果把酒、汤、菜汁等洒在桌上或邻座的身上，则应在道歉的同时，用餐巾适当擦拭。

⑧ 主人宣布宴会结束示意散席时，应将餐巾叠成小块放在盘子的右边。

⑨ 在休息大厅食用水果时，应先将水果切成4～6小块，先敬旁边的女士或长者；各种招待用品，非经主人示意作为纪念品，均不可带走。

⑩ 告别时，客人应真诚地向主人道谢，称赞菜肴丰盛、精美，宴会组织得好；主人应答谢客人的光临；主人送别客人时，客人应请主人留步，并握手道别。

（4）席位礼仪

中餐的席位排列关系到来宾的身份和主人给予对方的礼遇，一般可以分为桌次排列和位次排列。

① 桌次排列。在中餐宴请活动中，排列圆桌的次序通常是距离主桌越近，桌次越高；距离主桌越远，桌次越低。在安排桌次时，所用餐桌的大小、形状要基本一致。除主桌可以略大外，其他餐桌都不要过大或过小。为了确保在宴请时赴宴者及时、准确地找到自己所在的桌次，可以在请柬上注明对方所在的桌次，在宴会厅入口悬挂宴会桌次排列示意图，安排引位员引导来宾按桌就座，或者在每张餐桌上摆放用阿拉伯数字书写的桌次牌。

② 位次排列。宴请时，每张餐桌上的具体位次的排列如下：一是主人大都应面对正门而坐，并在主桌就座；二是举行多桌宴请时，每桌都要有一位主桌主人的代

表在座，位置一般和主桌主人同向，有时也可以面向主桌主人；三是各桌位次的尊卑，应根据距离该桌主人的远近而定，以近为上，以远为下；四是各桌距离该桌主人相同的位次，讲究以右为尊，即以该桌主人面向为准，右为尊，左为卑（如图10-11所示）。

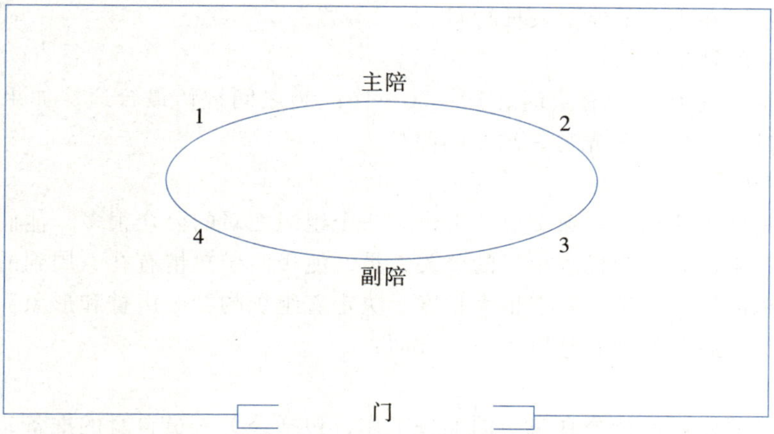


图10-11 中餐座次安排

根据上面四个位次的排列方法，圆桌位次的具体排列为：一是每桌一个主位的排列，每桌只有一名主人，主宾在右侧就座，每桌只有一个谈话中心；二是每桌两个主位的排列，主人夫妇在同一桌就座，以男主人为第一主人，女主人为第二主人，主宾和主宾夫人分别在男女主人右侧就座，每桌客观上形成了两个谈话中心；三是如果主宾身份高于主人，为表示尊重，也可以安排在主人位子上坐，而主人坐在主宾的位子上。

一般宴请位次的排列可以遵循以下原则：一是右高左低原则。两人一同并排就座，通常以右为上座，以左为下座。因为中餐上菜时多以顺时针方向为上菜方向，居右坐的因此要比居左坐的优先受到照顾。二是中座为尊原则。三人一同就座用餐，坐在中间的人在位次上高于两侧的人。三是面门为上原则，即面对正门者是上座，背对正门者是下座，如图10-11所示。四是特殊原则。在高档餐厅里，室内外往往有优美的景致或高雅的演出供用餐者欣赏，观赏角度最好的座位是上座。在某些中低档餐馆用餐时，通常以靠墙的位置为上座，靠过道的位置为下座。

6）拜访礼仪

组织与组织的交往，除了更多地采用大型集会、宴请等方式之外，有时也采用小范围的拜访方式，其灵活方便。拜访的礼仪，最重要的是在言谈举止中表现出恭敬的态度。

（1）礼貌周全

事先向主人询问可否前往拜访，何时去合适，并说明有多少人去拜访；时间一经敲定，就必须准时到达约定的地点拜访；见到主人及其家人，应礼貌地问候致意；进门后应先将外衣、围巾、帽子、手套、墨镜等放置好；坐姿要优美（不可坐在主人的位子上或高于主人座位的地方）；要吸烟时，必须先征得主人和旁边的女士同意，并先敬主人和旁边的女士；非经主人允许，不可参观主人的庭院、卧室；在主人的陪同下参观时，不要随意动主人的书籍、陈设品等；不可用脚踢主人的猫、狗等宠物。

（2）不能安排太多的内容

公关拜访多属于礼仪性的拜访，不要将谈判桌上没能解决的问题放到礼仪性的拜访中来解决，不要在主人处停留太长时间。

（3）合适的拜访时间

拜访一般安排在主人有空时，10：00—16：00之间拜访最合适；如果是在晚上拜访，不应超过22：00（事先另有约定的除外）。

7）接待礼仪

接待也是公关活动中一项重要的工作。一个组织面对的公众很多，他们或者主动来访，或者应邀来访。作为代表组织的公关人员，能否给予热情有礼、周到的接待，决定着公众对组织的第一印象，并在很大程度上决定着组织的社会声誉和形象。对于接待工作，公关人员一般要努力做到以下三个方面：

（1）认真准备

公关人员要做好接待公众来访的准备工作，包括公关人员自身的准备，诸如增强公关意识、重视公众来访、仪表服饰整洁、谈吐举止大方等；环境的准备，要使来访的公众感受到组织对公众的真诚。对于有约在先的来访公众，公关人员尤其要做好接待的准备工作，切不可临时张罗、手忙脚乱。

（2）真诚欢迎

对于突然来访的公众，公关人员应立刻放下手边的事情，热情地欢迎来访者，先招呼其坐下，递上茶水，再委婉地询问清楚来访者的姓名、身份、来访目的和要求等，然后再迅速地决定或调整接待规格、程序和方式。例如，对社会名流等重要公众人物的来访，就要十分郑重，最好由公关部负责人亲自出面接待，并立即转报上级主管乃至最高负责人；对于专业技术性强的来访者，公关人员应立即与本组织中的相关专业技术部门联系，引荐权威人士，并协助做好访谈安排；对新闻记者或公众代表的来访，应特别慎重，不要轻易表态，必要的话，在回答有关问题前应向最高领导层请示。总之，公关人员要在实事求是提供本组织信息的前提下，尽可能地树立起本组织的正面形象和信心。

（3）周到服务

对来访者的周到服务，主要是指为来访的公众提供各种便利条件。对于远道的来访者或会议代表，还应安排住宿、膳食，安排参观、座谈，介绍当地的情况，提供当地的报刊、交通地图等资料，帮助其购买返程车票、船票、飞机票等，真心实意地协助来访公众完成访问任务，使客人感到如同“到家了”一样温暖、舒心。

### 实务训练 10-14

实训内容：宴请、拜访礼仪训练。

实训要求：学生自由结合，分别扮演不同的角色，写明训练过程及体会。

### 10.2.3 涉外公关礼仪

1）涉外公关中的迎送礼仪

（1）充分准备

在涉外公关活动中，公关人员首先应在国际公众到来前做好周密的准备工作，做到心中有数、有备无患。例如，设置接待机构、人员，拟订接待方案，收集来访者的有关资料，包括来访者名单、宗教信仰、爱好和禁忌、访问要求、活动日程等。

（2）接待规格和礼宾次序

迎送国际公众，一般应事先确定接待规格和礼宾次序，按惯例实行对等原则，即主、宾的身份、职务等应对等，只有同主方关系非常密切、对主方非常重要的公众，才允许破格接待。多边交往活动中的接待次序，一般按参加国国名的英文字母的首写字母的顺序排列，有时也按照各国代表团组成时间或报到时间的先后次序排列。在特别隆重的国际交往活动中，一般应悬挂国旗。

（3）握手致意和介绍

主、宾相见时，由主方迎候人员中身份最高者率先与客人握手致意，并逐一地向客人介绍己方的每一位迎候人员；参加迎候的人员应向客人问好，或点头致意、微笑致意、握手致意。

（4）安排献花仪式

如果来访的国际公众是高级贵宾，主方应安排献花仪式。献花者一般由活泼可爱的少年儿童或朝气蓬勃的女青年担当。所献花束，不仅应当是整洁、新鲜的，而且要注意外宾的身份及所在国的风俗习惯、禁忌。总的来说，一般不采用菊花、石竹花、杜鹃花、莲花及黄色的花束。此外，还有一些具体的独特的忌讳也要注意。如拉美地区忌讳菊花（葬礼用花）；法国人忌讳黄色的花（不忠诚）和康乃馨（伤心、拒绝、轻蔑）；英国人和加拿大人忌讳百合花；亚洲地区一般也是忌讳用菊花作为礼品送人的，只是在祭祀先人时才用菊花；我国的港、澳、台地区及广东、福建等地，很忌讳别人送茉莉花（没有利润，赚不到钱）。总之，要注意了解各种“花语”。

**案例分析10-2　　花语**

送花要先懂得一些花语，才能表达心意，否则只能弄巧成拙，闹出误会。如玫瑰花代表初恋、求爱，红玫瑰代表永远幸福；山茶花代表美好的品德；大丽花表示感谢、优美；菊花表示高洁；瓜叶菊表示快活；金盏菊表示长寿；三色堇代表爱情；百合花表示百事合心、团结友好和尊敬；月季表示幸福、光荣、美、常新；梅花表示坚贞不屈、刚毅；金盏花表示别离、惜别；金银花表示不畏风雪；万年青表示友谊长存；文竹表示长寿；红豆表示相思；橄榄枝表示和平；仙人掌表示热心；天竺葵表示决心；罗汉松表示长寿等。

讨论内容：你知道多少花语？

讨论要求：收集10种以上花语，并进行完整的阐述。

（5）陪同客人

迎候人员，尤其是迎候团的负责人，应当陪同来宾到住宿处或休息地。如果主方组织有陪同团，则应在来宾稍事休息后，向客人介绍陪同团成员，介绍客人访问期间的活动日程安排和注意事项，并尽可能地帮助客人了解住宿环境，询问并帮助解决客人临时遇到的困难，使客人感到宾至如归。陪同团成员如到客人的房间谈话，原则上应是两个人同去。

（6）安排客方回程和送行

主方要提前安排好客方的车票、船票或飞机票，国际公关活动结束后，公关人员应陪同客人到车站、码头或机场，按顺序一一握手道别，挥手致意，直到客人乘坐的车、船或飞机离开视线，方可转身返回。

2）涉外公关中的宴请礼仪

（1）中餐基本礼仪

① 避开外宾的忌讳。例如，宴请西方客人应回避“13”这个数字；在斋月宴请穆斯林客人，宜在日落之后进行等。

② 注意仪表美。公关人员应当让客人感受到“主人是精心打扮过了的”“主人很重视这次交际活动”。

③ 主随客便。进餐过程中，只宜对外宾介绍中国菜的名称、特色，不要反复劝客人吃菜或喝酒。

（2）西餐基本礼仪

①座次的安排。如果是男、女两人用餐，男士应请女士坐在自己的右边；如果是两位男士请一位女士用餐，则应请女士坐在中间；如果是同性别的人同时用餐，则靠墙的座位留给其中的年长者。一般吃西餐用长餐桌，宴请的人数较多时，男、女交叉安排座位，以女主人的座位为准，主宾坐在女主人的右边，主宾的夫人坐在男主人的右边（如图10-12所示）。

无论是入座后打开餐巾还是离座前收叠餐巾，均应以主人为先；餐巾打开后，往回叠1/3，然后铺盖在自己的腰下方至大腿部；不要用餐巾擦拭餐具；临时有事离开餐桌，可将餐巾稍微折一下放置到桌上。

②餐具的使用。在西餐中使用的餐具主要是刀、叉、匙、盘、杯等。西餐一般讲究吃不同的菜用不同的刀叉，饮不同的酒用不同的酒杯。其根据上菜的顺序依次摆放，只需按顺序由外到里地取用就可以了。通常，最外面那副刀叉是吃色拉的，中间那副是吃海鲜的，最里面的那副带着齿的，是吃牛排用的。一般是左手拿叉，右手拿刀。拿叉的姿势是用左手拇指、食指、中指拿住叉；拿刀的姿势是右手食指压在刀背上，其余手指拿住刀把，如图10-13所示。

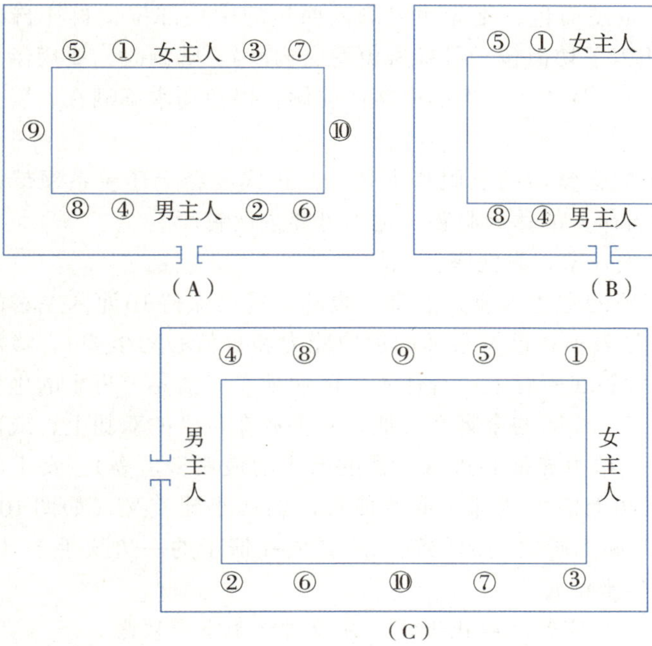


图10-12　西餐的座次安排

图10-13　吃西餐刀叉用法

③用餐方法。先用刀将食物切成小块，再用叉送食物入口。每道菜吃过之后，就将刀叉并拢放在盘子里，表明已经吃完，请将其收走，服务员就可以收走了；如果在吃了一会儿之后要稍微休息一下，就将刀叉呈“八”字形放置在盘子的中间；如果要吐出嘴里的鱼刺或骨头，应先吐在叉子上，然后再放到骨渣碟子里；除非喝汤，在西餐中一般不用匙羹；吃面条时，可用汤匙辅助叉子，但不能用刀切断面条。进餐时一定要注意不可一边说话一边舞弄刀叉。一般是在上汤后开始吃面包，可用手撕下小块面包，再用刀

涂上奶油或果酱。如果是硬面包，则先用刀刺入面包的中央部位，再往自己方向下切（不能像拉锯一样来回用刀子切面包，尽量避免发出响声）。喝汤时，要用汤匙由内向外舀取，然后把汤送入口中，身体的上半部应略微前倾，以免汤水滴洒在衣服上。

（3）进餐的礼仪

① 穿着得体。男士应穿整洁的衣服和皮鞋，在正式宴会上还应系领带；女士应穿套装和有后跟的皮鞋；再昂贵的休闲服装，也不可穿进西餐厅。

② 女士优先。女士先入席，先就座，先品尝。

③ 坐姿优雅。由座椅的左边入座，上身、腹部与餐桌保持10厘米左右的距离。上身后背应靠近椅背（这是表示自己有很强的适应能力和自信心的坐姿），背部要直；坐的时间长了，可以将后背靠在椅背上；身体不可随便地左右摇晃。男士的坐姿一般是两膝稍微分开，与双肩对齐，双脚的全脚掌着地，双手放在自己的双腿上，或放在椅子的两边扶手上（这是热心、精力充沛和进取心强的男士的最典型坐姿）。女士的坐姿一般是双膝合拢，双手放在膝上的大腿部，或者使自己的两小腿交叉（如图10-3（B）所示），或者两手放在腰部和大腿之间的位置，或者放在椅子的一边扶手上（这是高雅、有学问的职业女性的最佳坐姿）。

④ 在主人致祝酒词时，应暂时停止进食，并及时给予掌声致谢。

⑤ 文明饮酒。在宴会上，一般不喝烈性酒；酒量宜控制在自己平时酒量的1/3；不可一边喝酒一边吸烟；不可吸着杯沿喝酒；不可用力摇晃酒杯；不可透着酒杯看人。手举酒杯的姿势一般应是用右手的拇指、食指和中指合力捏住酒杯的高脚部位，小手指可放在杯底下方，起托住酒杯的作用（不能用整个手掌握住酒杯，以免使杯子温度升高，酒的香甜气味挥发）。喝酒时的配菜也是有一定的讲究的。例如，喝红葡萄酒时，宜吃凉菜；喝白葡萄酒时，宜吃鱼、蛋、烤肉；喝度数较高的红葡萄酒时，宜吃野味。敬酒时，一般由主人先同主宾碰杯，再按顺时针方向依次同在座的客人碰杯；碰杯时，年纪轻的、身份低的人，应欠一下上身，并注意使自己的酒杯杯沿稍低于年纪大的、身份高的人，以示尊敬有礼。如果是喝啤酒，则不必碰杯，只需端起杯子在自己面前的桌面上轻轻地点几下即可。

### 实务训练 10-15

实训内容：西餐礼仪训练。

实训要求：自由结合，分别扮演不同的角色，写明训练过程及体会。

3）涉外公关中的馈赠礼仪

送礼是人际交往中常有的馈赠礼品的行为。在公关场合馈赠礼品，既不是为了显富，也不是为了满足某种炫耀欲望，而是为了表示友好，如祝福、祝贺、慰问、关心、鼓励、感谢等情意。不可以礼品的价格高低来衡量双方友情的深浅，更不可以对方所送礼物的价格来确定接待的规格。

在涉外公关活动中，如果是庆贺仪式，一般应备有花篮、工艺品等贺礼。在涉外公关活动中赠送礼品，要特别注意以下几点：

（1）精心选择

不同国家、民族、地区的人们，对动物、植物及其色彩等，都有着不同的认识，存在着一些与众不同的禁忌。无论是在涉外公关宣传活动中（包括在对外贸易的出口商品的包装和商标的设计方面），还是在馈赠礼品时，都应该小心谨慎。因此，在准备送礼之前，公关人员不仅要根据公关交往的中心内容选择合意的礼品，更重要的是，必须根据受礼者的不同国籍、民族习惯、生活禁忌，避开对方的忌讳而选择对方喜欢的礼品。

### 视野拓展10-3　图案及颜色禁忌

不同国家的人对礼品包装的图案及颜色有不同的禁忌。在中国一般将鹿看作快乐、活泼、长寿的象征，但在巴西等地却是“同性恋”的俗称；日本人把龟视为长寿的象征，而中国人忌讳龟，通常把仙鹤、松柏视为长寿的象征；在法国仙鹤是蠢汉和淫妇的代名词；孔雀在东方人的心目中是美丽的，但是在法国是淫妇的别称；郁金香是荷兰的国花，在土耳其是爱情的象征，但在法国人的眼里却是无情无义之物；斯里兰卡、印度视大象为庄严的象征，在欧洲人的词汇里大象则是笨拙的同义词；伊斯兰国家禁用猪及类似猪的图案设计；狗在北非视作不法；西方人忌讳黑猫，认为黑猫是不祥之物；澳大利亚人不喜欢兔子，因为兔子是当地一害；日本人喜爱樱花而忌讳荷花；阿拉伯人禁用六角星图案；意大利人忌用兰花图案；捷克人将红三角图案视为有毒的标志；法国禁用黑桃，认为黑桃是死人的象征；在美国人的眼中，红色代表愤怒，深色表示嫉妒，蓝色意味忧虑，黄色象征怯懦；瑞典人忌讳在商品上使用蓝色；西方人以黑色为不吉利，东方人却以白色为不吉利；英国人忌讳黄色，中国人和泰国人将黄色视为庄重、高贵和权力的象征，而埃塞俄比亚人办丧事时才穿黄色衣服；在拉丁美洲国家，人们将紫色与死亡联系在一起；日本人视红色和黑色为传统性色彩而偏好；绿色给人以凉爽和宁静的感觉，在意大利、新加坡等国普遍受欢迎，但日本人却认为绿色不吉祥。

（2）寓意新颖

在选择准备馈赠的礼物时，应以其寓意为重，力求礼物新颖、美观、大方、实用。常言道“千里送鹅毛，礼轻情义重”。所以，礼物的价格不一定要特别高，但一定要让礼物饱含送礼者的心意。

（3）当面致谢

对于公关交际对象送来的礼物，无论大、小、多、少，档次是高、是低，接受者一方都应表示真诚的谢意，并当面打开礼品的外包装，一边欣赏一边赞美“真美”“真漂亮”“太好了”“这正是我们最喜欢的，谢谢”。以前我们往往是在客人离开之后才打开礼品的外包装，欣赏礼品，这是不符合国际惯例的。如不当场赞美对方的礼物，容易给对方一个“主方对礼物并不在意”的错觉，甚至可能引起不必要的误会。

## 本章小结

公关语言是在公关情景下公关主体的语言活动及其结果，包括典型的公关语言和非典型的公关语言。公关语言的运用应遵循表达和领会的原则要求。公关语言艺术包括接近的语言艺术、说服的语言艺术、应急的语言艺术、拒绝的语言艺术、赞扬与批评的语言艺术等。跨文化沟通中语言的应用有一定的要求和技巧。公关礼仪是指社会组织对相关公众必须有的礼遇和尊重。作为一种传播和沟通的技巧，公关礼仪是公关人员在公关交际过程中必须遵循的。礼仪在公关活动中有重要作用，公关礼仪的运用也有一定的原则要求。常见的公关礼仪有称呼礼仪、介绍礼仪、致意礼仪、交谈礼仪、宴请礼仪、拜访礼仪、接待礼仪等。涉外公关礼仪有迎送礼仪、宴请礼仪、馈赠礼仪等。

## 课后思考

（1）公关口语的表达要注意哪些基本要求？

（2）在公众场合握手应注意些什么？

（3）在公众场合，主持人或中介人为别人做介绍时应注意些什么？

（4）礼仪所体现的原则有哪些？其中最重要、最基本的原则是什么？

（5）准备方案，并演练不同国家、民族在公关交往时的基本礼节。

# 主要参考文献


［1］森特 A H，等. 公共关系实务［M］. 张丹丹，等译. 8版. 北京：清华大学出版社，2017.

［2］韩金. 企业公共关系：理论、案例、实训［M］. 北京：清华大学出版社，2019.

［3］樊帅. 公共关系案例解析［M］. 北京：清华大学出版社，2019.

［4］金旗奖编委会. 2021最具公众影响力公共关系案例集［M］. 北京：中国财富出版社，2022.

［5］金旗奖编委会. 2018最具公众影响力公共关系案例集［M］. 北京：中国财富出版社，2019.

［6］廖为建. 公共关系学［M］. 北京：高等教育出版社，2011.

［7］李道平，等. 公共关系学［M］. 4版. 北京：经济科学出版社，2010.

［8］居延安. 公共关系学［M］. 5版. 上海：复旦大学出版社，2014.

［9］张敬慈，罗健. 公关礼仪［M］. 3版. 成都：四川大学出版社，2007.

［10］中国国际公关协会. 最佳公共关系案例［M］. 北京：清华大学出版社，2007.

［11］卡特里普，森特，布鲁姆. 公共关系教程［M］. 明安香，译. 8版. 北京：华夏出版社，2007.

［12］曾琳智. 新编公共关系学［M］. 上海：上海财经大学出版社，2005.

［13］李占才. 公共关系学概论［M］. 上海：上海交通大学出版社，2005.

［14］彭奏平. 公共关系实务［M］. 北京：清华大学出版社，2004.

［15］蒋春唐. 公共关系学教程［M］. 武汉：武汉大学出版社，2004.

［16］姚惠忠. 公共关系理论与实务［M］. 北京：北京大学出版社，2004.

［17］朱国定. 公共关系学［M］. 上海：立信会计出版社，2003.

［18］邱锐. 公共关系学［M］. 北京：中国经济出版社，2003.

［19］李健荣，丘伟光. 现代公共关系［M］. 北京：东方出版社，2003.

［20］熊源伟. 公共关系学［M］. 3版. 合肥：安徽人民出版社，2003.

［21］张百章，何伟祥. 公共关系原理与实务［M］. 大连：东北财经大学出版社，2002.

［22］叶万春，万后芬，蔡嘉清. 企业形象策划——CIS导入［M］. 2版. 大连：东北财经大学出版社，2006.

［23］李兴国. 公共关系实用教程［M］. 北京：高等教育出版社，2000.

［24］亨德里克斯. 公共关系案例［M］. 董险峰，牛宇闳，成迅歌，等译. 5版.

北京：机械工业出版社，2003.

［25］雷鸣雏. 顶尖策划［M］. 北京：企业管理出版社，2000.

［26］张德，吴剑平. 企业文化与CI策划［M］. 北京：清华大学出版社，2000.

［27］田辉. 危机公关：逆境中如何掌握声誉主导权［M］. 杭州：浙江大学出版社，2022.

［28］周安华. 公共关系：理论、实务与技巧［M］. 7版.北京：中国人民大学出版社，2022.

［29］敬坤. 公共关系学［M］. 北京：化学工业出版社，2023.

# 附录

## 公共关系行业产品标准术语

（中英文对照表）

1. 媒体关系/ media relations
2. 媒体研究/ media study
3. 媒体传播策略/ media communications strategy
4. 消费者触媒习惯/ consumers' media behavior analysis
5. 媒体关系评估/ media relations evaluation
6. 媒体传播计划 / media communications planning
7. 媒体关系管理/ media relations management
8. 媒体监测/ media monitoring
9. 传播绩效评估/ media communications evaluation
10. 软文投放/ advertorial pitching
11. 新闻发布/ press release
12. 专访安排/ interview arrangement
13. 稿件撰写/ press materials drafting
14. 新闻剪报/ news clipping
15. 活动管理/ event management
16. 活动策略规划/ event strategy
17. 活动计划/ event planning
18. 活动管理/ event management
19. 活动绩效评估/ event evaluation
20. 现场执行/ on-site execution
21. 视觉创意/ visual & creative
22. 设计制作/ designing & producing
23. 营销传播/ marketing communications
24. 营销传播研究/ marketing communications study
25. 消费者调查/ consumer surveys

26. 营销传播规划/ marketing communications strategy
27. 营销传播计划/ marketing communications planning
28. 营销传播管理/marketing communications management
29. 新产品上市/ new product launch
30. 巡展活动/ road show
31. 促销活动/ sales promotion
32. 企业传播/ corporate communications
33. 企业传播规划/ corporate communications strategy
34. 企业传播计划/ corporate communications planning
35. 企业传播管理/ corporate communications management
36. 出版物制作/ publishing
37. 网站制作/ website producing
38. 内部传播/ internal communications
39. 内部沟通体系/ internal communications system
40. 员工意见调查/ employee opinion survey
41. 内部传播规划/ internal communications strategy
42. 内部活动计划/ internal initiative planning
43. 内部传播计划/ internal communications planning
44. 内部关系管理/ internal relations management
45. 内部活动/ internal event
46. 团队建设/ team building
47. 内联网建设/ intranet building
48. 内刊制作/ in-house journal
49. 网络公关/ digital PR
50. 网络媒体研究/ digital media study
51. 网络受众分析/ digital audience analysis
52. 网络公关规划/ digital PR strategy
53. 网络传播计划/ digital communications planning
54. 网络媒体管理/ digital media management
55. 网络舆情监测/ digital monitoring
56. 网媒绩效评估/ media evaluation
57. 博客管理/ blog management
58. 论坛管理/ bbs management
59. sns 传播/ social network system communications
60. im 传播/ instant message communications
61. 搜索引擎优化/ search engines optimizing
62. 网站设计/ web designing

63. 声誉管理/ reputation management
64. 公关环境研究/ PR circumstance study
65. 企业公民政策/ corporate citizenship policy
66. 领导人形象管理/ ceo reputation management
67. 新闻发布管理系统/ press release management system
68. 企业信息监测/ corporate information monitoring
69. 领导人活动安排/ CEO's activities arrangement
70. 投资者关系/ investor relations
71. 投资者关系研究/ investor relations study
72. 投资者沟通体系/ investor communications system
73. 投资者关系规划/ investor relations strategy
74. 投资者沟通计划/ investor communications planning
75. 信息披露/ information disclosure
76. 沟通绩效评估/ communications evaluation
77. ipo 传播/ ipo communications
78. 路演/ road show
79. 年报制作/ annual reports producing
80. 股东大会/ shareholders conference
81. 公共事务/ public affairs
82. 政府版图研究/ government chart study
83. 政策决策研究/ policy & decision-making study
84. 政府关系规划/ government relations strategy
85. 社区关系规划/ community relations strategy
86. 政府关系管理/ government relations management
87. 社区项目管理/ community project management
88. 利益团体沟通管理/ stakeholders communications management
89. 赞助/ sponsorship
90. 危机管理/ crisis management
91. 危机管理体系/ crisis management system
92. 危机管理手册/ crisis management manual
93. 危机模拟培训/ simulated crisis training
94. 社交媒体监测/ social media monitoring
95. 危机对策方案/ crisis management solution
96. 危机评估/ crisis evaluation